REABILITAÇÃO E AUTOSSANEAMENTO DE LICITANTES

IMPEDIMENTO, INIDONEIDADE, ANÁLISE DE IMPACTO SANCIONATÓRIO E O REGIME DE RECUPERAÇÃO HABILITATÓRIA

RAFAEL WALLBACH SCHWIND

Prefácio
Marçal Justen Filho

Apresentação
Benjamin Zymler

REABILITAÇÃO E AUTOSSANEAMENTO DE LICITANTES

IMPEDIMENTO, INIDONEIDADE, ANÁLISE DE IMPACTO SANCIONATÓRIO E O REGIME DE RECUPERAÇÃO HABILITATÓRIA

Belo Horizonte

FÓRUM
CONHECIMENTO

2025

© 2025 Editora Fórum Ltda.

É proibida a reprodução total ou parcial desta obra, por qualquer meio eletrônico, inclusive por processos xerográficos, sem autorização expressa do Editor.

Conselho Editorial

Adilson Abreu Dallari
Alécia Paolucci Nogueira Bicalho
Alexandre Coutinho Pagliarini
André Ramos Tavares
Carlos Ayres Britto
Carlos Mário da Silva Velloso
Cármen Lúcia Antunes Rocha
Cesar Augusto Guimarães Pereira
Clovis Beznos
Cristiana Fortini
Dinorá Adelaide Musetti Grotti
Diogo de Figueiredo Moreira Neto (*in memoriam*)
Egon Bockmann Moreira
Emerson Gabardo
Fabrício Motta
Fernando Rossi
Flávio Henrique Unes Pereira

Floriano de Azevedo Marques Neto
Gustavo Justino de Oliveira
Inês Virgínia Prado Soares
Jorge Ulisses Jacoby Fernandes
Juarez Freitas
Luciano Ferraz
Lúcio Delfino
Marcia Carla Pereira Ribeiro
Márcio Cammarosano
Marcos Ehrhardt Jr.
Maria Sylvia Zanella Di Pietro
Ney José de Freitas
Oswaldo Othon de Pontes Saraiva Filho
Paulo Modesto
Romeu Felipe Bacellar Filho
Sérgio Guerra
Walber de Moura Agra

FÓRUM
CONHECIMENTO

Luís Cláudio Rodrigues Ferreira
Presidente e Editor

Coordenação editorial: Leonardo Eustáquio Siqueira Araújo
Thaynara Faleiro Malta
Revisão: Ana Cristina Chaves
Capa, projeto gráfico e diagramação: Walter Santos

Rua Paulo Ribeiro Bastos, 211 – Jardim Atlântico – CEP 31710-430
Belo Horizonte – Minas Gerais – Tel.: (31) 99412.0131
www.editoraforum.com.br – editoraforum@editoraforum.com.br

Técnica. Empenho. Zelo. Esses foram alguns dos cuidados aplicados na edição desta obra. No entanto, podem ocorrer erros de impressão, digitação ou mesmo restar alguma dúvida conceitual. Caso se constate algo assim, solicitamos a gentileza de nos comunicar através do *e-mail* editale@editoraforum.com.br para que possamos esclarecer, no que couber. A sua contribuição é muito importante para mantermos a excelência editorial. A Editora Fórum agradece a sua contribuição.

Dados Internacionais de Catalogação na Publicação (CIP) de acordo com ISBD

S415r	Schwind, Rafael Wallbach
	Reabilitação e autossaneamento de licitantes: impedimento, inidoneidade, análise de impacto sancionatório e o regime de recuperação habilitatória / Rafael Wallbach Schwind. Belo Horizonte: Fórum, 2025.
	303 p. 14,5x21,5cm
	ISBN impresso 978-85-450-0796-8
	ISBN digital 978-85-450-0801-9
	1. Direito administrativo. 2. Licitação pública. 3. Direito administrativo sancionador. 4. Consensualidade. 5. Contrato administrativo. 6. Lei 14.133/2021. 7. Reabilitação de licitantes. 8. Autossaneamento. 9. Integridade. I. Título.
	CDD: 342
	CDU: 342

Ficha catalográfica elaborada por Lissandra Ruas Lima – CRB/6 – 2851

Informação bibliográfica deste livro, conforme a NBR 6023:2018 da Associação Brasileira de Normas Técnicas (ABNT):

SCHWIND, Rafael Wallbach. *Reabilitação e autossaneamento de licitantes*: impedimento, inidoneidade, análise de impacto sancionatório e o regime de recuperação habilitatória. Belo Horizonte: Fórum, 2025. 303 p. ISBN 978-85-450-0796-8.

Para meus pais, Silvia e Sergio, e minha irmã Leticia.

À Luciana e ao nosso Felipe.

Família é tudo.

AGRADECIMENTOS

A ideia deste livro começou a ser concebida quando assisti a uma conferência na sétima edição (2015) do Global Revolution – evento realizado a cada dois anos pelo Public Procurement Research Group – PPRG, da Universidade de Nottingham.

Na época, a Operação Lava Jato estava no centro das atenções no Brasil. Uma questão que já se colocava – de forma ainda tímida, é verdade – dizia respeito ao destino que se daria às empresas acusadas. Deveriam ser afastadas do âmbito das licitações e contratações públicas? Como ficariam os seus acervos técnicos? Qual seria o futuro dos seus funcionários e colaboradores?

Pois foi no bucólico interior da Inglaterra, no belíssimo campus da Universidade de Nottingham, que surgiu uma ideia mais concreta sobre essas inquietações, quando um dos conferencistas fez uma apresentação sobre a figura do *self-cleaning*, regulamentada pela Diretiva 2014/24/EU, editada no ano anterior.

O racional era o seguinte: uma empresa afastada do mercado de contratações públicas poderia adotar providências destinadas a recuperar a sua confiabilidade. Caso essas medidas fossem julgadas suficientes, ela poderia voltar a participar de procedimentos de contratação pública. Tratava-se de uma solução mais eficaz e inteligente do que o seu mero afastamento das contratações administrativas.

Depois de assistir à exposição sobre o assunto, deparo-me com meu amigo e sócio Cesar Pereira pelos corredores da conferência. Ele também havia assistido ao mesmo *workshop* e ficara igualmente impactado pelo tema.

De volta ao Brasil, ele e eu iniciamos um estudo mais estruturado sobre o *self-cleaning* e produzimos um artigo sobre o tema. Eu escrevi outros textos na mesma temática e dei algumas palestras sobre o assunto em eventos diversos. Cesar foi sempre um grande incentivador, além de estar sempre pronto para discutir sobre os mais variados temas.

No ano seguinte, 2016, retornei à Universidade de Nottingham, dessa vez como *visiting scholar*, aprovado pelo PPRG – mais especificamente, pela Professora Annamaria La Chimia. O objetivo era dar início a um estudo mais robusto sobre o *self-cleaning* e sua compatibilidade com o direito brasileiro.

No meu retorno a Nottingham, devorei todos os livros e revistas da biblioteca da Universidade que tratavam de compras públicas – inclusive a "bíblia" sobre o assunto, produzida pela Professora Sue Arrowsmith. Além disso, tive conversas muito inspiradoras e instigantes com os Professores Annamaria La Chimia e Aris Georgopoulos, ambos integrantes do PPRG.

Com o Professor Georgopoulos, mantive uma agenda de duas ou três conversas por semana, sempre em algum café do campus ou num ótimo restaurante de culinária grega na cidade. Para mim foi uma oportunidade única ter discussões tão inspiradoras com um professor que reúne conhecimentos práticos e teóricos como poucos. Isso permite um aprendizado muito especial, que não se encontra nos livros.

Novamente em Nottingham, para a oitava edição do Global Revolution (em 2017) dessa vez como conferencista, fiz uma exposição justamente sobre a compatibilidade do *self-cleaning* com o direito brasileiro. Pude trocar ideias sobre o tema com professores altamente capacitados e renomados, de diversos países.

Entretanto, retornando ao Brasil, a rotina da advocacia me pegou, e o projeto de escrever um estudo sobre o tema foi deixado de lado.

Mas nunca esquecido.

Em 2021, ocorre um fato novo: a edição da nova lei brasileira de licitações e contratações públicas (Lei 14.133/2021). Pela primeira vez, dedicou-se um artigo inteiro para a reabilitação de licitantes, inclusive com requisitos que lembram muito aqueles do *self-cleaning* previstos na Diretiva 2014/24/EU.

Era a deixa para eu efetivamente levar adiante meu projeto de escrever um livro sobre o assunto. Aquela ideia genérica que havia surgido em 2015 estava positivada no Brasil.

Depois de finalizar outros projetos acadêmicos e profissionais, contei num primeiro momento com o auxílio de Matheus Guimarães para pesquisas sobre reabilitação no direito brasileiro. Avancei também com o estudo do direito europeu e norte-americano. Duas abordagens diferentes, igualmente interessantes.

Entrei o ano de 2024 com o propósito de finalizar este livro. Contei com a fundamental ajuda do Arthur Wontroba, que me auxiliou com pesquisas, notadamente na jurisprudência do TCU. Troquei algumas ideias com o Odilon Cavallari, que me ajudou muito na organização de algumas ideias que estavam travando o avanço do trabalho.

Finalizado o texto, recebi a notícia de sua aprovação para publicação diretamente do presidente e editor da Editora Fórum, Dr. Luís Cláudio Rodrigues Ferreira.

Ainda tive a felicidade de contar com o prefácio do Professor Marçal Justen Filho e com a apresentação do Ministro Benjamin Zymler. Marçal inclusive fez uma leitura muito atenta dos originais deste livro, apontando-me algumas reflexões muito pertinentes. Depois de 25 anos trabalhando juntos, confesso que ainda me surpreendo com a sua dedicação e seriedade acadêmica.

Ao longo do processo, tive o apoio da Luciana e do nosso Felipinho. Agora eles podem ver que eu estava realmente trabalhando naquelas noites não dormidas e nos fins de semana não aproveitados como gostaríamos.

Neste momento, agradeço muito a todas as pessoas acima nominadas. Cada uma delas contribuiu decisivamente para este livro. Não há exagero nenhum em dizer que, se não fossem elas, este livro não existiria.

"Quem sabe direito o que uma pessoa é? Antes sendo: julgamento é sempre defeituoso, porque o que a gente julga é o passado."

João Guimarães Rosa – *Grande Sertão: Veredas*

SUMÁRIO

PREFÁCIO
Marçal Justen Filho 23

APRESENTAÇÃO
Benjamin Zymler 27

INTRODUÇÃO 29

CAPÍTULO 1
EXCLUSÕES DE LICITANTES E O *SELF-CLEANING*
NO DIREITO COMUNITÁRIO EUROPEU 35
1.1   Introdução 35
1.2   A suspensão do direito de participar de contratos públicos na União Europeia 36
1.2.1 As causas mandatórias de exclusão (*exclusões mandatórias*) 37
1.2.2 As causas discricionárias de exclusão (*exclusões discricionárias*) 38
1.3   Os objetivos das exclusões dos procedimentos de contratação pública 42
1.3.1 Proteção dos recursos públicos e de outros interesses na performance dos contratos públicos 42
1.3.2 Prevenção de atos de corrupção ou outras condutas inaceitáveis ... 44
1.3.3 Promoção de valores relevantes para a União Europeia 45
1.3.4 Garantir que haja competição justa entre os agentes econômicos ... 46
1.3.5 A proteção das licitações como meio legítimo de realização de contratações públicas 47
1.3.6 Discussão sobre o propósito punitivo das sanções 48

1.4	A suspensão e a exclusão de agentes econômicos como meio adequado à promoção dos objetivos buscados	51
1.4.1	O atingimento dos objetivos buscados	51
1.4.2	Dificuldades práticas	52
1.4.3	A questão da redução da competitividade e sua compensação com os mecanismos de integridade	53
1.4.4	As medidas de *self-cleaning* como uma abordagem alternativa	54
1.5	Os fundamentos do *self-cleaning* no direito comunitário europeu	54
1.5.1	O conceito de *self-cleaning*	54
1.5.2	Os objetivos das medidas de *self-cleaning*	56
1.5.3	Os princípios que fundamentam o *self-cleaning*	58
1.5.3.1	Princípio da proporcionalidade	58
1.5.3.2	Princípio do tratamento não discriminatório	59
1.5.3.3	Princípio do livre trânsito de produtos e serviços	60
1.6	A positivação do conceito *self-cleaning* no direito comunitário europeu	61
1.6.1	Antecedentes	61
1.6.1.1	A possibilidade de afastamento de causas de exclusão mandatórias	62
1.6.1.2	A possibilidade de afastamento de causas de exclusão discricionárias	62
1.6.1.3	As menções ao *self-cleaning* antes da Diretiva atual	63
1.6.2	A introdução de regras de *self-cleaning* pela Diretiva 2014/24/EU	66
1.7	A aplicação das medidas de *self-cleaning* de acordo com a Diretiva 2014/24/EU	66
1.7.1	O âmbito de aplicação do *self-cleaning*	67
1.7.2	Não aplicação a decisões judiciais	67
1.7.3	O objetivo central das medidas de *self-cleaning*	68
1.7.4	O conteúdo das medidas de *self-cleaning*	69
1.7.4.1	Esclarecimento dos fatos	70
1.7.4.2	Reparação dos danos	71
1.7.4.3	Medidas de pessoal	72
1.7.4.4	Medidas estruturais e organizacionais	73
1.7.5	A definição das medidas em cada caso concreto	74
1.7.6	Critérios para a avaliação das medidas de *self-cleaning*	74
1.7.7	O direito a uma análise motivada das medidas adotadas	75
1.8	Aproximação com o direito brasileiro	75

CAPÍTULO 2
SUSPENSION E DEBARMENT DE LICITANTES E O SELF-CLEANING NO DIREITO NORTE-AMERICANO 77

2.1	Introdução	77
2.2	A *"present responsability"* dos interessados como requisito para sua contratação	78
2.3	A exigência de sistemas de *compliance*	81
2.4	As penalidades de *debarment* e *suspension*	82
2.5	Três características essenciais do *debarment* e da *suspension*	85
2.5.1	Ausência de propósito punitivo	85
2.5.2	Discricionaridade na sua aplicação	88
2.5.3	Continuidade dos contratos em curso	90
2.6	Debate sobre o caráter discricionário do *debarment* e da *suspension* e o seu caráter não punitivo	91
2.7	O *self-cleaning* propriamente dito	94
2.7.1	Fatores que podem impedir a aplicação do *debarment* ou da *suspension*	95
2.7.2	Fatores que podem reduzir o tempo de vigência das medidas de *debarment* ou *suspension*	98
2.8	A possibilidade de celebração de acordos para afastamento das medidas de *debarment* e *suspension*	100
2.9	Aproximação com o direito comunitário europeu e o direito brasileiro	102

CAPÍTULO 3
IMPEDIMENTO, DECLARAÇÃO DE INIDONEIDADE, AUTOSSANEAMENTO E REABILITAÇÃO POR MEIO DE ACORDOS NO SISTEMA BRASILEIRO 105

3.1	Introdução	105
3.2	Recapitulação de aspectos centrais do direito comunitário europeu e do direito norte-americano	106
3.3	Os procedimentos de contratação pública como gestão de riscos	109
3.4	Mecanismos de tratamento dos riscos nos procedimentos de contratação	113
3.4.1	Mecanismos preventivos	113
3.4.2	Mecanismos reativos	113
3.4.2.1	Mecanismos reativos sancionatórios internos ao contrato	115

3.4.2.2	Mecanismos reativos sancionatórios externos ao contrato	116
3.5	Os critérios de ponderação na aplicação do impedimento e da declaração de inidoneidade	117
3.5.1	Critério finalístico	117
3.5.2	Critério consequencialista	120
3.5.3	Aplicação concreta dos critérios finalístico e consequencialista	125
3.5.3.1	Alteração de controle de boa-fé: o *leading case* do TCU	126
3.5.3.2	Continuidade dos contratos em curso com empresa impedida ou declarada inidônea	128
3.5.3.3	Contratações de empresas sancionadas para o enfrentamento de crises e calamidades	131
3.6	O autossaneamento de licitantes e contratados por meio de acordos	132
3.6.1	Breves considerações sobre a consensualidade na atuação da Administração Pública	132
3.6.2	Consensualidade no exercício de prerrogativas sancionatórias	135
3.6.3	O permissivo legal genérico para a consensualidade administrativa (inclusive para o exercício de prerrogativas sancionatórias)	138
3.6.4	Os acordos substitutivos de sanção como instrumentos de autossaneamento de licitantes	142
3.6.5	Acordos de leniência como instrumentos de autossaneamento de licitantes e contratados	145
3.6.6	Acordos de não persecução civil como instrumentos de autossaneamento de licitantes e contratados	149
3.6.7	Os termos de compromisso celebrados com a CGU	150
3.7	A admissão ampla do autossaneamento (inclusive por acordos), o Regime de Recuperação Habilitatória e a reabilitação	151

CAPÍTULO 4
REABILITAÇÃO DE LICITANTES E CONTRATADOS NA LEI 14.133/2021: EVOLUÇÃO NORMATIVA, CABIMENTO E ASPECTOS GERAIS 155

4.1	Introdução	155
4.2	A reabilitação de licitantes e contratados	156
4.3	A reabilitação como superação de concepções meramente punitivistas	159
4.4	A reabilitação como instituto geral do direito sancionador	161
4.5	Breve retrospectiva do tratamento da reabilitação de licitantes e contratados no direito brasileiro	163

4.6	Aspectos gerais da reabilitação na Lei 14.133/2021	168
4.6.1	Âmbito de aplicação da reabilitação	168
4.6.2	Estabelecimento mais detalhado das exigências para reabilitação	169
4.6.3	Comparação com os requisitos para o *self-cleaning* no direito comunitário europeu e norte-americano	170
4.6.3.1	Reparação de danos	171
4.6.3.2	Recolhimento de multa	171
4.6.3.3	Medidas de reorganização empresarial	172
4.6.3.4	Prazo mínimo de aplicação da penalidade de afastamento	172
4.6.3.5	Medidas de colaboração	173
4.6.3.6	Abertura para estabelecimento de requisitos adicionais	174
4.6.3.7	Causas externas	174
4.6.3.8	Tabelas comparativas	175
4.7	Considerações gerais	178

CAPÍTULO 5
REQUISITOS PARA A REABILITAÇÃO DE LICITANTES E CONTRATADOS 179

5.1	Introdução	179
5.2	Reparação integral do dano causado à Administração Pública	179
5.2.1	O compromisso com a seriedade da reabilitação	180
5.2.2	A integralidade da reparação	180
5.2.3	O nexo causal entre as condutas penalizadas e o dano ocasionado	181
5.2.4	Danos causados necessariamente à Administração Pública	181
5.2.5	Situações em que não há dano efetivo à Administração Pública	182
5.2.6	Natureza jurídica da reparação de dano	183
5.2.7	A correta compreensão da reparação de danos	184
5.2.8	A insuficiência dos parâmetros previstos nos normativos da CGU	187
5.2.9	A experiência do TCU na quantificação de danos	189
5.2.10	A questão da remoção dos lucros ilícitos (*disgorgement of profits*)	193
5.2.10.1	O racional da remoção dos ganhos ilícitos	193
5.2.10.2	A incompatibilidade funcional da responsabilidade civil com a remoção dos lucros ilícitos	194
5.2.10.3	A abrangência do inciso I do art. 163 da Lei 14.133/2021	197
5.2.10.4	O entendimento do TCU a respeito do *disgorgement of profits*	199

5.2.11	A questão da dação de bens para ressarcimento de danos	200
5.3	Pagamento da multa	201
5.3.1	Necessidade de que a multa seja resultado de um procedimento sancionador válido	201
5.3.2	A exigibilidade da multa e os procedimentos sancionatórios em curso	201
5.3.3	Relação da multa com os fatos que levaram ao impedimento ou declaração de inidoneidade	202
5.3.4	Possibilidade de parcelamento da multa	203
5.3.5	Possibilidade de compensação da multa com créditos do interessado	205
5.4	Transcurso de prazos mínimos	206
5.4.1	A opção legislativa de se estabelecer um prazo mínimo de afastamento	206
5.4.2	A questão da reabilitação para impedimentos com prazo inferior a um ano	207
5.4.3	O prazo mínimo em impedimentos aplicados com prazo inferior a um ano	208
5.4.4	Contagem do prazo para que possa haver a reabilitação	209
5.4.5	Possibilidade de requerer a reabilitação antes do decurso do prazo mínimo de aplicação da penalidade	210
5.5	Cumprimento das obrigações definidas no ato punitivo	211
5.5.1	A existência de relativa liberdade para a definição dos requisitos para reabilitação do licitante ou contratado	211
5.5.2	Proporcionalidade e efetividade na fixação de requisitos pelo ato punitivo	212
5.5.3	Exemplos de medidas que podem ser estabelecidas pelo ato punitivo	213
5.5.4	Possibilidade de estabelecimento de requisitos de modo consensual	215
5.5.5	O silêncio do ato punitivo quanto à fixação de requisitos	216
5.6	Implantação ou aperfeiçoamento de programa de integridade	217
5.6.1	Âmbito de aplicação do requisito	217
5.6.2	Possibilidade de haver exigência pelo ato punitivo	219
5.6.3	O conceito de programa de integridade	221
5.6.4	A plasticidade na fixação de requisitos para os programas de integridade	222
5.7	Comentários finais sobre os requisitos de reabilitação	222

CAPÍTULO 6
QUESTÕES PROCEDIMENTAIS NA REABILITAÇÃO 223

6.1   Introdução 223
6.2   O estabelecimento dos requisitos de reabilitação na decisão de aplicação da penalidade 224
6.2.1 Requisitos de reabilitação não estabelecidos em lei 224
6.2.2 Requisitos de reabilitação estabelecidos em lei 224
6.2.3 Necessidade de estabelecimento de requisitos precisos e claros ...224
6.2.4 Direito do interessado em exigir o estabelecimento dos requisitos 225
6.2.5 Cabimento da definição consensual dos requisitos 226
6.3   A questão das alterações subsequentes dos requisitos de reabilitação 226
6.3.1 Impossibilidade de surpresa ao interessado 226
6.3.2 Possibilidade de alteração mediante consenso 227
6.3.3 Possibilidade de revisão a pedido do interessado 227
6.4   A "admissão" da reabilitação e a questão da discricionariedade administrativa 228
6.4.1 O direito à reabilitação 228
6.4.2 O direito a uma decisão em prazo razoável 229
6.5   Autoridade competente para decidir o pedido de reabilitação 229
6.6   Possibilidade de controle judicial da decisão 230
6.7   A questão do decurso do prazo mínimo de incidência da penalidade 230
6.8   Ônus da prova do cumprimento (ou descumprimento) dos requisitos 232
6.9   A possibilidade de prestação de garantias pelo interessado 232
6.10 Análise jurídica prévia com posicionamento conclusivo 233
6.10.1 A relevância da análise jurídica do cumprimento dos requisitos para reabilitação 233
6.10.2 Requisitos de validade da análise jurídica 234
6.10.3 O caráter conclusivo da análise jurídica 234
6.10.4 O caráter não vinculativo da análise jurídica 235
6.11 Fundamentação da decisão 235
6.12 A questão do questionamento dos valores cobrados pela Administração 236
6.13 Efeitos da decisão do pedido de reabilitação 237
6.14 Observações finais sobre as questões procedimentais da reabilitação 237

CAPÍTULO 7
REABILITAÇÕES ANÔMALAS 239
7.1	Introdução	239
7.2	Alteração de controle societário da empresa penalizada	240
7.2.1	Alteração do controle societário e comprometimento da pertinência e necessidade da penalidade aplicada	240
7.2.2	O reconhecimento de efeitos jurídicos à alteração do controle societário nos regimes de recuperação regulatória (RRR)	243
7.2.3	A identificação de um "Regime de Recuperação Habilitatória"	247
7.2.4	Ressalva quanto às alterações de controle societário com intuito de fraude	248
7.3	Revisão das penalidades de impedimento de licitar e contratar e de declaração de inidoneidade	248
7.3.1	Revisão de penalidade e reabilitação	248
7.3.2	Base legal da reabilitação pela revisão da penalidade	250
7.3.3	Desnecessidade de previsão expressa na Lei 14.133/2021	250
7.3.4	Impossibilidade de agravamento da sanção	251
7.4	Anulação ou revisão judicial da decisão de aplicação da penalidade	251
7.4.1	Anulação ou revisão judicial de decisão administrativa	251
7.4.2	Anulação ou revisão judicial de decisão judicial na qual se baseia a penalidade administrativa	252
7.5	A questão do decurso do prazo de aplicação da penalidade	252
7.5.1	O atingimento do prazo de afastamento fixado para o caso concreto	253
7.5.2	Aplicação às penalidades aplicadas com base na Lei 8.666/1993	253
7.5.3	Necessidade de observar eventuais períodos de suspensão	254
7.5.4	Manutenção do dever de reparação dos danos causados à Administração Pública	254
7.5.5	Não caracterização de reabilitação	255
7.6	Comentários finais	255

CAPÍTULO 8
REABILITAÇÃO PERANTE EMPRESAS ESTATAIS 257
8.1	Introdução	257
8.2	As decorrências da adoção do modelo empresarial na aplicação de sanções por empresas estatais	258

8.2.1	A adoção do modelo empresarial como opção do Estado	258
8.2.2	Os princípios da Administração Pública aplicados ao ambiente empresarial	259
8.2.3	A aplicação do impedimento e da suspensão de licitantes em ambiente empresarial	260
8.2.3.1	A análise das consequências da aplicação das sanções	261
8.2.3.2	A configuração do risco intolerável para uma empresa estatal	261
8.2.3.3	A existência de outros instrumentos de proteção da empresa estatal	262
8.2.3.4	Os interesses legítimos dos acionistas	262
8.2.3.5	Cabimento de regras mais maleáveis de reabilitação	263
8.2.3.6	Reafirmação da moralidade em ambiente empresarial	263
8.3	A reabilitação de licitantes na Lei das Estatais	264
8.3.1	A possibilidade de aplicação de suspensões e impedimentos pelas empresas estatais	264
8.3.2	A previsão de reabilitação perante empresas estatais	265
8.3.3	A possibilidade de reabilitação a qualquer tempo	266
8.3.4	O requisito legal para reabilitação perante empresas estatais	266
8.3.5	Inaplicabilidade automática dos requisitos de reabilitação previstos na Lei 14.133/2021	268
8.3.6	Inexistência de discricionariedade absoluta na decisão de reabilitação	268
8.3.7	Margem de liberdade para o estabelecimento de regras específicas nos regulamentos de licitações e contratações das estatais	269
8.3.8	Pagamento de multa como requisito para reabilitação perante a empresa estatal	271
8.3.9	Ausência de ofensa à isonomia	272
8.4	As previsões sobre reabilitação nos regulamentos das empresas estatais	272
8.4.1	Classificação dos regulamentos de acordo com a forma de tratamento da reabilitação	272
8.4.2	O tratamento com enfoque processual	273
8.4.3	Tratamento com foco na celebração de acordos com o particular apenado	274
8.5	Considerações finais	274

CONCLUSÕES 275

REFERÊNCIAS 295

PREFÁCIO

Em sua nova obra, "Habilitação e Autossaneamento de Licitantes: Impedimento, Inidoneidade, Análise de Impacto Sancionatório e o Regime de Recuperação Habilitatória", Rafael Wallbach Schwind formula proposições essenciais para a evolução das soluções de sancionamento dos particulares no âmbito de licitações e contratações administrativas.

A tese central do livro consiste na rejeição à concepção que floresceu no Brasil durante o século XX, a propósito do tema. Defende que o sancionamento por ilícitos em licitações e contratos administrativos deve ser orientado por concepções utilitaristas e consequencialistas. Isso significa que a restrição à participação em licitações e contratações administrativas deve tomar em vista as projeções quanto ao futuro. Combate a concepção de que o infrator "merece" ser excluído de âmbito licitatório e deve ser submetido a um período de purgação por suas culpas.

A questão central reside em incentivar o infrator a alterar as suas práticas e a comprometer-se com comportamentos éticos para o futuro. Isso não significa eliminar o dever de indenização pelos prejuízos acarretados, nem a dispensa do pagamento das multas devidas. A preocupação de Rafael versa sobre os efeitos nocivos decorrentes de longas restrições à participação em licitações e em contratos administrativos.

Como Rafael aponta, empresas que atuam em contratações públicas são titulares, muitas vezes, de qualificação técnica diferenciada e capacidade econômica relevante. A vedação à sua participação em licitações e contratações futuras pode gerar efeitos negativos para a própria Administração – eis que acarreta a redução do universo de potenciais licitantes. Desencadeia reflexos negativos sobre os empregados, reduz a arrecadação e se constitui em impedimento ao desenvolvimento econômico. Em muitos casos, a inidoneidade e a suspensão inviabilizam a continuidade da existência da empresa. Isso tudo se produz sem qualquer benefício para a Administração.

O livro desenvolve uma comparação erudita quanto aos modelos punitivos vigentes no direito comunitário europeu e no direito dos EUA. Evidencia que esses ordenamentos jurídicos privilegiam as medidas para a eliminação das falhas organizacionais e a implementação de programas de integridade. Nesse cenário, a empresa faltosa que tiver indenizado os prejuízos, pago as multas e implementado medidas internas para assegurar a sua confiabilidade será admitida a participar de licitações e contratações futuras. No direito comunitário europeu, difundiu-se a expressão *"self-cleaning"* (traduzível por "autossaneamento") para indicar essa solução. E a orientação é semelhante no direito americano.

A partir desse sólido embasamento acadêmico, Rafael dedica-se à análise do direito positivo brasileiro, tomando em vista especialmente a Lei 14.133/2021. Mas não se descura dos diversos outros diplomas legais que fornecem fundamento para soluções nesse sentido. Examina especialmente as hipóteses de Acordo de Leniência e de Acordo de Não Persecução Civil.

Rafael desenvolve o conceito de Estudo de Impacto Sancionatório, que apresenta uma relevância central no exercício da competência punitiva da Administração. Trata-se de incorporar ao âmbito da punição o dever de o agente administrativo avaliar as potenciais consequências decorrentes das diversas medidas que o caso concreto proporciona. A imposição de sanção restritiva do acesso futuro ao mercado público deve tomar em vista os impactos daí derivados. Isso significa, inclusive, reconhecer que os sancionamentos mais graves (tal como inidoneidade e suspensão) não devem ser adotados para infrações destituídas de potencial danoso futuro. Ou seja, deve-se admitir que a competência sancionatória envolve uma dimensão de discricionariedade muito mais intensa do que a doutrina e a jurisprudência tradicional admitiam. Anote-se que esse enfoque é compatível com aquele adotado em vista de infrações com potencial nocivo muito mais elevado. Por exemplo, as penas alternativas foram incorporadas na repressão criminal.

O livro examina com profundidade o instituto da reabilitação. A figura sempre foi tratada de modo secundário e superficial pela doutrina e pouco adotada na prática. Mas a reabilitação é o instrumento jurídico formal contemplado no direito positivo brasileiro para a implementação do autossaneamento. Portanto, deve ser examinada como uma alternativa para a implementação de soluções orientadas pela proporcionalidade.

A obra contempla a evidente (mas até agora não apontada) conexão entre os requisitos de participação em licitação e as regras de autossaneamento. Demonstra que a Administração Pública desenvolve uma gestão de riscos ao licitar e contratar. O atendimento aos requisitos de habilitação produz uma presunção de confiabilidade de que o sujeito detém condições de executar satisfatoriamente a prestação contratual. Já a prática de infrações graves gera a presunção da ausência de confiabilidade para tanto. Mas essas presunções são relativas e podem (e devem) ser afastadas em vista da comprovação de elementos que demonstrem em contrário.

O livro aponta, com grande argúcia, que o afastamento da presunção de inconfiabilidade pode exigir que o infrator observe certas práticas por um período mínimo de tempo. Daí a formulação do conceito de Regime de Recuperação Habilitatória. Essa fórmula indica um conjunto de regras diferenciadas, de aplicação temporária, destinadas a assegurar a suspensão da aplicação de sancionamentos mais severos aos autores de ilícitos administrativos graves, mediante a implementação de providências orientadas a restaurar a confiabilidade da empresa.

O livro de Rafael Wallbach Schwind renova o Direito das Licitações e Contratações Administrativas, seguindo uma trilha que vem sendo aberta por autores preocupados com a racionalização e a modernização das práticas administrativas. Contempla propostas teóricas e práticas que não podem ser ignoradas e que permitem a ampliação da integridade da atuação dos particulares e a maior eficiência na gestão pública.

Por tudo isso, a elaboração deste prefácio configura um grande privilégio para mim, inclusive pela oportunidade de constatar que a dinâmica do aperfeiçoamento dos estudos sobre licitações e contratos administrativos encontra-se em mãos de autores dotados de grande capacidade e qualificação.

Marçal Justen Filho
Professor Titular da UFPR de 1986 a 2006
Advogado e parecerista em Direito Público

APRESENTAÇÃO

É com grande satisfação que apresento a obra "Reabilitação e Autossaneamento de Licitantes: Impedimento, Inidoneidade, Análise de Impacto Sancionatório e o Regime de Recuperação Habilitatória", de autoria de Rafael Wallbach Schwind.

O autor é um prestigioso advogado e estudioso do Direito Administrativo, com uma sólida trajetória acadêmica e profissional. Suas pesquisas abrangem temas de grande interesse para o Direito Público, tais como a atuação empresarial do Estado, as contratações e concessões públicas, a arbitragem e as parcerias público-privadas, sempre com bastante profundidade e rigor científico.

Essas características de Rafael Wallbach Schwind podem ser percebidas no presente livro.

A obra realiza uma análise aprofundada do tema da reabilitação e do autossaneamento de licitantes e contratados, partindo da experiência da Comunidade Europeia e dos Estados Unidos até chegar à disciplina do assunto no ordenamento jurídico brasileiro.

O autor busca compreender e propor soluções para os desafios relacionados ao impedimento e à declaração de inidoneidade de empresas em contratações públicas. O foco está no equilíbrio entre a necessidade de proteger o interesse público e a possibilidade de recuperação da confiabilidade por parte das empresas penalizadas. Rafael Wallbach Schwind propõe uma abordagem que transcenda a mera punição, promovendo mecanismos que permitam a reintegração das empresas ao mercado de contratações públicas após adoção de medidas corretivas.

O livro é organizado em oito capítulos. Inicialmente, o autor traz o conceito de *self-cleaning*, detalhando a sua aplicação nos sistemas jurídicos europeu e norte-americano. Na sequência, verifica a existência do instituto no ordenamento jurídico brasileiro, avançando no estudo das penas de impedimento de licitar e contratar e declaração de inidoneidade e dos requisitos para o autossaneamento e a reabilitação, à luz da Lei 14.133/2021 e da Lei 13.303/2016. No último capítulo, o autor reúne as principais conclusões do trabalho, sintetizando os aspectos principais do tema explorado.

O estudo da reabilitação e do autossaneamento mostra-se inovador, uma vez que desloca as atenções do puro punitivismo para um tratamento mais prospectivo do direito sancionador, baseado na eliminação das causas que ensejaram o cometimento da infração. O autor sugere mecanismos que podem contribuir para uma aplicação mais racional das sanções licitatórias, sem descuidar da busca da integridade e da justa competição no mercado das contratações públicas.

Ao conjugar uma sólida base teórica com exemplos práticos e propostas inovadoras, Rafael Wallbach Schwind fornece uma contribuição significativa para gestores públicos, juristas e empresas, propondo uma visão prospectiva e equilibrada para um tema de alta relevância no direito administrativo contemporâneo.

Benjamin Zymler
Ministro do Tribunal de Contas da União

INTRODUÇÃO

Este livro faz um estudo verticalizado a respeito da reabilitação e do autossaneamento de licitantes e contratados.

Quando empresas que participam de procedimentos de contratações administrativas sofrem medidas de impedimento de licitar e contratar ou de declaração de inidoneidade, ficam afastadas do mercado de contratações públicas por um período específico, fixado no ato punitivo. Entretanto, é conferido a elas o direito de adotar providências destinadas à recuperação de sua confiabilidade. Quando tais medidas são adotadas, o período de afastamento é reduzido, uma vez que não fará mais sentido alijá-las da possibilidade de serem contratadas pela Administração Pública se elas recuperaram a sua confiabilidade. Nesses casos, dá-se a reabilitação do interessado. A reabilitação, portanto, é um ato constitutivo negativo de uma penalidade, de modo que o interessado possa ser reintegrado antecipadamente ao mercado de contratações públicas.

Em paralelo, é possível que haja a celebração de acordos, inclusive antes da aplicação de uma penalidade, por meio dos quais o particular pode assumir perante a Administração Pública o compromisso de adotar medidas destinadas à recuperação de sua confiabilidade. Nessas situações, pode ocorrer o seu autossaneamento, ou seja, o interessado adota providências concretas que resultam na superação das causas que poderiam levar à aplicação de um impedimento ou declaração de inidoneidade. Embora o termo "autossaneamento" não seja empregado no direito positivo, é admitido o seu cabimento, notadamente por meio de mecanismos de consensualidade no exercício do poder sancionador. Na prática, o autossaneamento acaba por afastar a adoção de uma penalidade mais grave quando o particular adota providências reputadas como positivas pela Administração.

Desde logo, esclareça-se a terminologia adotada neste livro. Por *autossaneamento (em sentido amplo)*, refere-se à possibilidade de um licitante ou contratado adotar providências que resultem na superação das causas que em tese levariam à aplicação do impedimento ou declaração de inidoneidade. O autossaneamento pode ocorrer antes da aplicação da penalidade (quando, então, será considerado um *autossaneamento em sentido estrito*) ou depois da aplicação do impedimento ou declaração de inidoneidade (quando será uma *reabilitação* propriamente dita, no sentido empregado pelo art. 163 da Lei 14.133/2021).

Tradicionalmente, a reabilitação e o autossaneamento são assuntos pouco estudados no Brasil. Entretanto, a temática ganhou novos contornos com a Lei 14.133/2021 – que, pela primeira vez, estabelece com maior detalhamento quais são os requisitos para a reabilitação de licitantes – e com a admissão de instrumentos típicos de consensualidade no âmbito do direito administrativo sancionador. Nesse cenário, não nos parece admissível que um tema de tamanha relevância deixe de receber a devida atenção.

Em contraposição, a temática do autossaneamento e da reabilitação é muito estudada em outros sistemas jurídicos, como os da União Europeia e dos Estados Unidos, que contemplam a figura do *self-cleaning*, ainda que com abordagens bastante distintas.

Poderia se dizer que as medidas de autossaneamento em sentido amplo acabariam encorajando os agentes econômicos à prática de ilícitos, uma vez que as medidas de autossaneamento seriam uma solução fácil em caso de constatação de ilegalidades. Entretanto, não é esta a concepção defendida neste livro. Tem-se muito claro que a adoção de medidas de autossaneamento requer um investimento muito grande de tempo e de recursos para a sua execução, sem nenhuma garantia prévia de que elas venham a ser aceitas no futuro pelas autoridades adjudicantes. Assim, o autossaneamento não encoraja a prática de ilícitos. Apenas incentiva os agentes econômicos a reconhecer que praticaram ilegalidades e a adotar medidas que impeçam que elas ocorram novamente no futuro.

Portanto, a possibilidade de autossaneamento e de reabilitação de empresas acusadas de faltas graves de nenhum modo deve ser tomada como um desmerecimento da gravidade dos atos ilícitos. Tampouco significa desconsiderar princípios básicos que devem nortear a relação entre o poder público e a iniciativa privada, como os da legalidade, moralidade e probidade. Na realidade, o autossaneamento e a reabilitação de empresas acusadas da prática de atos graves significam a promoção de uma forma de abordagem mais inteligente da questão do que aquela baseada numa visão estritamente punitivista.

É claro que a punição de malfeitos é um instrumento legítimo. No entanto, a abordagem exclusivamente punitivista não resolve a integralidade do problema. Mais do que punir os envolvidos em atos graves, é necessário pensar de modo prospectivo em medidas que promovam um ambiente mais sadio de contratações públicas, com novas práticas que reduzam os riscos de que ilícitos similares voltem a acontecer.

Essa preocupação de natureza prospectiva se coloca nas punições que afastam os licitantes do mercado de contratações públicas. Diferente das sanções de advertência e pecuniárias, que miram o passado, as penalidades que resultam no afastamento das empresas do mercado de contratações públicas olham para o futuro. Buscam proteger a Administração Pública da possibilidade de celebrar contratos com empresas que praticaram malfeitos graves e, portanto, perderam sua confiabilidade perante o poder público.

No entanto, para que esse objetivo de proteção da Administração Pública seja atendido, o mero afastamento das empresas do mercado de contratações públicas por um determinado tempo não é a melhor abordagem. É necessário verificar se tais empresas adotaram medidas que realmente permitam concluir que os malfeitos do passado não venham a se refletir no futuro. As empresas que demonstrarem a adoção de certas providências terão a sua confiabilidade restaurada, eventualmente antes do término do prazo da punição aplicada. Desse modo, poderão voltar a participar de licitações e contratações com a Administração Pública.

Portanto, existe uma lógica diferenciada na aplicação das penalidades que miram o futuro. Não se trata da mesma lógica aplicável às penalidades de advertência e pecuniárias. Nessa lógica diferenciada, deve-se verificar se a empresa continua efetivamente representando um risco intolerável às contratações públicas a ponto de que o seu afastamento desse mercado seja a única solução possível. Em outras palavras: deve-se afastar tais empresas do âmbito das contratações públicas apenas se (e enquanto) elas realmente representarem um risco inaceitável para a Administração Pública.

É justamente nesse contexto que se insere a possibilidade de que as empresas acusadas da prática de malfeitos graves possam promover o seu autossaneamento ou a sua reabilitação.

Para o enfrentamento desse tema, dividiu-se a exposição em oito capítulos.

O Capítulo 1 examina o *self-cleaning* no direito comunitário europeu. Como será demonstrado, há diversas similaridades entre aquele sistema e o brasileiro na forma de enfrentamento da questão.

O Capítulo 2 tratará do *self-cleaning* no direito norte-americano. O sistema norte-americano é bem diferente do comunitário europeu e do brasileiro, mas possibilita lições valiosas – notadamente no tocante à compreensão da lógica (protetiva, e não punitiva) das medidas de afastamento do mercado de contratações públicas e quanto à celebração de acordos.

Feita essa análise do autossaneamento no direito comparado, será iniciado o estudo do tema no sistema brasileiro. O Capítulo 3 demonstrará que as medidas de impedimento de licitar e contratar e de declaração de inidoneidade destinam-se primordialmente à proteção da Administração Pública e, portanto, só se justificam nos casos em que o particular representa um risco intolerável à Administração. Nesse contexto, defende-se que haja uma Análise de Impacto Sancionatório, em que o juízo de aplicação das medidas sancionatórias deverá fazer uma ponderação dos critérios finalístico e consequencialista. Ainda no Capítulo 3, será examinado o autossaneamento de licitantes e contratados por meio de mecanismos de consensualidade.

No Capítulo 4, será iniciado o estudo da reabilitação propriamente dita, que é o autossaneamento reativo à aplicação de um impedimento ou declaração de inidoneidade, na forma do art. 163 da Lei 14.133/2021. Serão feitas considerações iniciais sobre a evolução da reabilitação e da sua positivação na legislação atual.

O Capítulo 5 examinará a fundo os requisitos legais para a reabilitação de licitantes e contratados, dissecando-se cada um deles sob os diversos ângulos possíveis.

No Capítulo 6, serão analisados os aspectos procedimentais da reabilitação. Trata-se de ponto relevante para a própria aplicabilidade do instituto.

O Capítulo 7 tratará do que denominamos como "reabilitações anômalas", ou seja, situações em que ocorre uma reabilitação sem que haja necessariamente o cumprimento dos requisitos previstos em lei.

No Capítulo 8, será examinada a reabilitação no âmbito das empresas estatais. Entende-se que, nas relações contratuais em ambiente empresarial, há nuances diferenciadas, que devem ser mais bem compreendidas na aplicação de sanções.

As Conclusões encerrarão a análise, relacionando os pontos principais das teses defendidas nos capítulos anteriores.

Ao longo da exposição, ficará evidenciado o entendimento aqui defendido de que deve haver uma relevante maleabilidade na aplicação concreta do autossaneamento e da reabilitação. A adoção de mecanismos típicos de consensualidade permite soluções customizadas, dando ensejo inclusive à proposta de um "Regime de Recuperação Habilitatória", em que será possível uma definição consensual de medidas, prazos, valores – enfim, todo o detalhamento, inclusive com um monitoramento das ações, de modo a viabilizar a superação das causas que em tese levariam ao afastamento do interessado do mercado de contratações públicas.

CAPÍTULO 1

EXCLUSÕES DE LICITANTES E O *SELF-CLEANING* NO DIREITO COMUNITÁRIO EUROPEU

1.1 Introdução

O direito comunitário europeu prevê que os agentes econômicos que praticaram determinados ilícitos podem ser excluídos da possibilidade de participar de licitações e de estabelecer relações contratuais com a Administração Pública.

A exclusão de empresas inidôneas apresenta uma série de objetivos, tais como os de proteger os recursos públicos, promover certos valores resguardados pela União Europeia e garantir que a Administração Pública somente contrate agentes econômicos íntegros e por meio de procedimentos de escolha legítimos.

Entretanto, ao mesmo tempo em que prevê a possibilidade (e em certos casos o dever) de exclusão de agentes econômicos do âmbito das contratações públicas, o direito comunitário europeu contempla a figura do *self-cleaning*.

O termo *self-cleaning* é derivado da tradução literal do termo técnico alemão "*Selbstreinigung*", que significa "autolimpeza" (ou autossaneamento, como se prefere utilizar neste estudo). Aliás, os dois países da Europa em que o conceito de *self-cleaning* se encontra consolidado há mais tempo, tendo influenciado normas recentes sobre o assunto no âmbito do direito comunitário, são a Alemanha[1] e a Áustria.[2]

---

[1] Conforme demonstrado por Hans-Joachim Priess, Herman Pünder e Roland M. Stein em: PÜNDER, Herrman; PRIESS, Hans-Joachim; ARROWSMITH, Sue. *Self-cleaning in public procurement law*. Köln: Carl Heymanns, 2009, p. 51-100.

[2] Conforme demonstrado por Axel Reidlinger, Stephan Denk e Hanna Steinbach em: PÜNDER, Herrman; PRIESS, Hans-Joachim; ARROWSMITH, Sue. *Self-cleaning in public procurement law*. Köln: Carl Heymanns, 2009, p. 33-50.

A ideia geral do *self-cleaning* é que, se o interessado adotou determinadas providências para garantir que os ilícitos praticados no passado não venham a se repetir no futuro, ele voltou a ser uma empresa que goza de confiabilidade. Como os objetivos buscados com uma eventual exclusão do âmbito das contratações públicas são alcançados também por meio do autossaneamento, entende-se que as autoridades adjudicantes não podem excluir dos procedimentos de contratação aqueles agentes econômicos que adotaram medidas efetivas de *self-cleaning*.

Neste capítulo, será examinado como funciona o *self-cleaning* no direito comunitário europeu. Conforme será demonstrado adiante, a sistemática do direito comunitário europeu guarda diversas similaridades com a reabilitação prevista no sistema brasileiro e permite lições muito valiosas para a aplicação do ordenamento nacional.

1.2 A suspensão do direito de participar de contratos públicos na União Europeia

No âmbito do direito comunitário europeu, as penalidades de exclusão dos licitantes dos procedimentos públicos de contratação são tratadas pela Diretiva 2014/24/EU (art. 57º).[3]

A Diretiva prevê causas que levam *obrigatoriamente* à exclusão de empresas (*exclusões mandatórias*), e outras que *podem* conduzir à exclusão de empresas da participação dos certames, dependendo do entendimento da autoridade adjudicante (*exclusões discricionárias*).

---

[3] Até 2014, a suspensão e exclusão de licitantes dos procedimentos públicos de licitação eram tratadas pela Diretiva 2004/18/EC, mais especificamente em seu art. 45. Em linhas gerais, a nova Diretiva, de 2014, tratou da matéria de forma muito similar. Uma das diferenças mais marcantes, no entanto, foi justamente a previsão expressa, pela primeira vez, da possibilidade de as empresas se valerem de medidas de autossaneamento – o *self-cleaning*. Antes disso, o conceito de *self-cleaning* só era estabelecido em alguns Estados-Membros, como Alemanha, Áustria e Itália (VAN GARSSE, Steven; DE MARS, Sylvia. Exclusion and self-cleaningin the 2014 Public Sector Directive. *In*: MARIQUE, Y. and WAUTERS, K. (eds.). *EU Directive 2014/24 on Public Procurement*: a new turn for competition inpublic markets? Brussels: Larcier, p.121-138; FRITON, Pascal; ZÖLL, Janis. Exclusion grounds. *In*: CARANTA, Roberto; SANCHEZ-GRAELLS, Albert (org.). *European Public Procurement*: commentary on Directive 2014/24/EU. Cheltenham-Northampton: Edward Elgar, 2021, p. 621). Essa questão será exposta abaixo em maiores detalhes.

1.2.1 As causas mandatórias de exclusão (*exclusões mandatórias*)

As causas mandatórias de exclusão dos procedimentos de contratação pública estão previstas no item 1 do art. 57º da Diretiva. O dispositivo estabelece que as autoridades adjudicantes *devem* excluir um operador econômico da participação num procedimento de contratação se ele tiver sido condenado por decisão final transitada em julgado com fundamento num dos seguintes motivos: (i) participação em organização criminosa, (ii) corrupção, (iii) fraude, (iv) infrações terroristas ou relacionadas com atividades terroristas, (v) lavagem de dinheiro ou financiamento do terrorismo, e (vi) trabalho infantil e outras formas de tráfico de pessoas.

O item 2 do mesmo art. 57º ainda estabelece que um operador econômico *fica excluído* da participação num procedimento de contratação se a autoridade adjudicante tiver conhecimento de que ele não cumpriu as suas obrigações em matéria de pagamento de impostos ou contribuições para a seguridade social e se isso tiver sido determinado por decisão judicial ou administrativa transitada em julgado e com efeito vinculativo de acordo com a legislação do país onde se encontra estabelecido ou do Estado-membro da autoridade adjudicante.[4]

Diante de situações qualificadas como de exclusão mandatória, a regra é que a autoridade adjudicante *deve* excluir o agente econômico da possibilidade de ser contratado. Não há, em princípio, margem de discricionariedade para a decisão.

Entretanto, há *causas derrogatórias* de uma exclusão mandatória. Ou seja, diante da presença de certas hipóteses – em geral bastante restritas – que envolvem um interesse público muito relevante, associadas à saúde pública e à proteção do meio ambiente, a exclusão poderá ser afastada. De acordo com o Considerando nº 100 da Diretiva 2014/24/EU, os Estados-Membros deverão ter a possibilidade de prever uma derrogação às exclusões mandatórias em situações excepcionais nas quais "razões imperativas de interesse geral tornem indispensável a adjudicação de um contrato". O Considerando em questão menciona o seguinte exemplo: "se determinadas vacinas ou equipamento de

---

[4] O mesmo dispositivo ressalva, contudo, que a penalidade deixa de ser aplicável se o interessado tiver cumprido as suas obrigações, seja efetuando os pagamentos cabíveis, seja celebrando um acordo vinculativo com vistas a pagar os impostos ou contribuições em atraso, incluindo, se for o caso, eventuais juros ou multas.

emergência só puderem ser obtidos junto de um operador econômico ao qual se aplica um dos motivos de exclusão obrigatória".

Segundo Pascal Friton e Janis Zöll, a derrogação se aplica apenas se houver um único interessado capaz de ofertar o trabalho, bem ou serviço desejado ou se a exclusão mandatória for aplicável a todos os interessados. Se o produto almejado pela Administração Pública puder ser obtido junto a interessados não excluídos, a derrogação somente poderá ser aplicada em situações muito específicas – por exemplo, se os outros interessados só puderem ofertar o serviço ou bem em tempo insuficiente para atender a urgência excepcional na sua aquisição. Eventual preferência pelo interessado excluído fundada em razões exclusivamente econômicas não será suficiente para justificar a sua contratação.[5]

Os Estados-Membros devem transpor para seu direito interno as previsões sobre exclusões mandatórias. Diferentemente do que acontece com as causas discricionárias de exclusão, as causas mandatórias não podem ser suavizadas nem flexibilizadas. Além disso, devido ao seu efeito negativo na concorrência, os Estados-Membros não podem tornar as causas de exclusão mandatória mais rigorosas. Apenas podem estabelecer que causas qualificadas pela Diretiva como sendo discricionárias sejam mandatórias, nos termos do item 4 do art. 57º da Diretiva.[6]

1.2.2 As causas discricionárias de exclusão (*exclusões discricionárias*)

Já o item 4 do art. 57º da Diretiva dispõe sobre as causas discricionárias de exclusão (ou "exclusões discricionárias").

O dispositivo estabelece que as autoridades adjudicantes *podem* excluir ou *podem* ser solicitadas pelos Estados-membros a excluir um operador econômico da participação em um procedimento

---

[5] FRITON, Pascal; ZÖLL, Janis. Exclusion grounds. *In*: CARANTA, Roberto; SANCHEZ-GRAELLS, Albert (org.). *European Public Procurement*: commentary on Directive 2014/24/EU. Cheltenham-Northampton: Edward Elgar, 2021, p. 605. Os doutrinadores inclusive observam que a Diretiva anterior, de 2004, sobre contratações públicas tinha regra similar, mas utilizava o termo "interesse geral", no art. 45(1)(3). A Diretiva atual fala em "interesse público" no art. 57(3)(1) e no Considerando nº 100. Entretanto, considerando os exemplos citados, concluem que não há diferença de interpretação apenas pela utilização de expressão diversa.

[6] FRITON, Pascal; ZÖLL, Janis. Exclusion grounds. *In*: CARANTA, Roberto; SANCHEZ-GRAELLS, Albert (org.). *European Public Procurement*: commentary on Directive 2014/24/EU. Cheltenham-Northampton: Edward Elgar, 2021, p. 594.

de contratação numa das seguintes situações: (i) se a autoridade adjudicante puder demonstrar o descumprimento de certas obrigações em matéria ambiental, social e laboral;[7] (ii) se o operador econômico tiver sido declarado em estado de insolvência ou em processo de insolvência, ou se os seus bens estiverem sob administração judicial ou por um liquidatário, se tiver celebrado um acordo com os credores, se as suas atividades estiverem suspensas ou se encontrarem em qualquer situação análoga resultante de um processo da mesma natureza nos termos da legislação e regulamentação nacionais;[8] (iii) se o operador econômico cometeu qualquer falta profissional grave que põe em causa a sua idoneidade; (iv) se houver indícios suficientes para concluir que o operador econômico celebrou acordos com outros operadores econômicos com o objetivo de distorcer a concorrência; (v) se houver conflito de interesses que não possa ser eficazmente corrigido por outras medidas menos invasivas; (vi) se houver uma distorção da concorrência decorrente da participação dos operadores econômicos na preparação do procedimento de contratação que não possa ser corrigida por outras medidas menos invasivas; (vii) se o operador econômico tiver acusado deficiências significativas ou persistentes na execução de um requisito essencial no âmbito de um contrato público anterior, ou anterior contrato com uma autoridade adjudicante ou um anterior contrato de concessão, tendo tal fato conduzido à rescisão antecipada desse anterior contrato, à condenação por danos ou a outras sanções equiparáveis; (viii) se o operador econômico tiver sido considerado responsável por declarações falsas ao prestar as informações requeridas para a verificação da ausência de motivos de exclusão, seja no cumprimento dos critérios de seleção, tiver retido essas informações ou não puder apresentar os documentos comprobatórios exigidos nos

---

[7] Exige-se a observância do art. 18º, item 2, da Diretiva 2014/24/EU, que estabelece o seguinte: "Os Estados-Membros tomam as medidas necessárias para assegurar que, ao executarem os contratos públicos, os operadores econômicos respeitem as obrigações aplicáveis em matéria ambiental, social e laboral estabelecidas pelo direito da União, por legislação nacional, por convenções coletivas ou pelas disposições de direito internacional em matéria ambiental, social e laboral constantes do Anexo X".

[8] Nessa hipótese em específico, contudo, o próprio item 4 do art. 57º da Diretiva estabelece que os Estados-Membros podem exigir ou prever a possibilidade de a autoridade adjudicante não excluir um operador econômico que esteja numa das situações referidas, caso a autoridade adjudicante tenha determinado que o operador econômico em causa será capaz de executar o contrato, tendo em conta as regras e medidas nacionais aplicáveis à continuação da atividade em situações como essas.

termos do art. 59º da Diretiva;⁹ ou (ix) se o operador econômico tiver diligenciado no sentido de influenciar indevidamente o processo de tomada de decisão da autoridade adjudicante, de obter informações confidenciais suscetíveis de influenciar materialmente as decisões relativas à exclusão, seleção ou adjudicação.

Além disso, o item 2 do art. 57º da Diretiva prevê que as autoridades adjudicantes *podem* excluir ou *podem* ser solicitadas pelos Estados-Membros a excluir um operador econômico da participação num procedimento de contratação quando a autoridade puder demonstrar, por qualquer meio adequado, que o operador econômico não cumpriu as suas obrigações relativas ao pagamento de impostos ou de contribuições para a seguridade social.

Diante de uma dessas causas de exclusão, a previsão confere certa margem de discricionariedade à autoridade adjudicante. Contudo, essa relativa discricionariedade deve ser exercida de acordo com o direito comunitário e o direito nacional. A exclusão de um agente econômico dos procedimentos de contratação pública deverá observar, por exemplo, os princípios da proporcionalidade e da não-discriminação, que informam o direito comunitário.

Da mesma forma, os Estados-Membros, ao internalizarem essas regras ao seu direito nacional, também devem assegurar que os princípios gerais do direito comunitário, tais como os da proporcionalidade e da não-discriminação já citados, sejam respeitados pelas autoridades nacionais.¹⁰

Na prática, os Estados-Membros dispõem de certa discricionariedade quando transpõem as causas discricionárias de exclusão para o seu direito interno. Podem transpô-las como causas discricionárias – permitindo que as autoridades contratantes tenham certa liberdade

---

[9] O art. 59º da Diretiva 2014/24/EU prevê que os licitantes apresentem determinadas declarações e uma série de outros documentos para participar dos procedimentos de contratação pública.

[10] ARROWSMITH, Sue; PRIESS, Hans-Joachim; FRITON, Pascal. Self-cleaning – an emerging concept in EC Public Procurement Law? *In:* PÜNDER, Hermann; PRIESS, Hans-Joachim; ARROWSMITH, Sue (org.). *Self-cleaning in public procurement law.* p. 11. Peter Trepte defende que são princípios do Tratado da União Europeia aplicáveis às licitações públicas os seguintes: (i) tratamento igualitário; (ii) transparência; (iii) segurança jurídica; (iv) proporcionalidade; e (v) reconhecimento mútuo (TREPTE, Peter. *Public procurement in the EU.* 2. ed. New York: Oxford, 2007, p. 13). A respeito do princípio da proporcionalidade nas licitações públicas, Sune Troels Poulsen, Peter Stig Jakobsen e Simon Evers Kalsmose-Hjelmborg sintetizam que cada medida deve ser "apropriada, necessária e razoável de forma a atingir o objetivo buscado" (*EU public procurement law.* 2. ed. Copenhagen: DJOF Publishing, 2012, p. 62).

para decidir pela exclusão ou não de licitantes – ou como mandatórias – exigindo que as autoridades excluam os licitantes quando se depararem com a presença de causas dessa natureza. Isso pode acontecer em relação a todas as causas discricionárias (em bloco, portanto), ou com algumas delas, a critério do Estado-membro.[11]

Seja como for, se um Estado-membro transpõe causas discricionárias de exclusão para seu direito interno, a decisão por excluir ou não um licitante é tomada pelas autoridades contratantes. Logo, as autoridades competentes devem prestar especial atenção ao princípio da proporcionalidade, o que requer uma análise da seriedade e da gravidade da conduta.[12]

É interessante observar que, diante de tantas aberturas que a Diretiva 2014/24/EU faz em relação à forma de incorporação das causas de exclusão aos ordenamentos jurídicos de cada Estado-membro, pode-se dizer que não há um sistema propriamente dito de *debarment* em âmbito comunitário.[13] Afinal, exclusão é diferente de *debarment*. Por

---

[11] Por exemplo, a Dinamarca obriga a exclusão de licitantes que incidirem nas causas de exclusão constantes das alíneas 'e' e 'h' do item 4 do art. 57º da Diretiva (que, em tese, seriam discricionárias). Na França, a exclusão é mandatória se o licitante incide nas condutas 'b' e 'h' do item 4 do art. 57º. Itália, Romênia e Espanha transpuseram as causas discricionárias como mandatórias para seus ordenamentos internos. Na Finlândia, a causa prevista na alínea 'a' do item 4 do art. 57º será da exclusão mandatória se o representante do licitante tiver sido condenado por ofensa relacionada a segurança do trabalho, horas de trabalho, discriminação no trabalho e outras condutas similares. Na Polônia, as exclusões previstas nas alíneas 'd', 'f' e 'h' do item 4 do art. 57º da Diretiva são mandatórias. Na Alemanha, as causas discricionárias permanecem como discricionárias em seu ordenamento interno (FRITON, Pascal; ZÖLL, Janis. Exclusion grounds. *In:* CARANTA, Roberto; SANCHEZ-GRAELLS, Albert (org.). *European Public Procurement*: commentary on Directive 2014/24/EU. Cheltenham-Northampton: Edward Elgar, 2021, p. 607-608). Para um estudo coletivo e aprofundado sobre a incorporação da Diretiva 2014/24/EU por diversos Estados-Membros, não só em relação às causas de exclusão de licitantes, confira-se: TREUMER, Steen; COMBA, Mario (org.). *Modernising public procurement*: the approach of EU Member States. Cheltenham: Edward Elgar, 2018.

[12] FRITON, Pascal; ZÖLL, Janis. Exclusion grounds. *In:* CARANTA, Roberto; SANCHEZ-GRAELLS, Albert (org.). *European Public Procurement*: commentary on Directive 2014/24/EU. Cheltenham-Northampton: Edward Elgar, 2021, p. 608.

[13] *Debarment* significa a exclusão da possibilidade de participar de procedimentos de contratação pública quando a empresa afastada incorreu em condutas consideradas inaceitáveis. A este assunto se retornará adiante. A conclusão de que a União Europeia não possui um sistema propriamente de *debarment* é de Peter Trepte. Segundo o doutrinador, diversas questões precisariam ser definidas para que houvesse efetivamente um sistema de exclusões organizado e coerente. Para ele, uma abordagem mais consistente sobre o caráter mandatório ou discricionário das exclusões proporcionaria maior segurança jurídica (TREPTE, Peter. Exclusion and debarment under EU Procurement Law. *In:* LA CHIMIA, Annamaria; TRYBUS, Martin. *Reforming public procurement law.* Oxford: Hart, 2024, p. 173-187). Isso está em desenvolvimento no Reino Unido, que, após o Brexit, estabeleceu regras diferenciadas sobre *self-cleaning*. Em síntese, o *Procurement Act* estabeleceu a possibilidade de aplicação do *debarment*, que é a exclusão da possibilidade

exclusão, deve-se compreender apenas os procedimentos de contratação em curso. Já o *debarment* proíbe os interessados de participar de um número indefinido de futuros procedimentos de contratação por um período específico de tempo.[14] O conceito de *debarment* será explorado no capítulo sobre o sistema norte-americano.

1.3 Os objetivos das exclusões dos procedimentos de contratação pública

Pouco se escreve sobre os propósitos das exclusões de empresas interessadas em firmar contratos públicos, mesmo no direito europeu.

Entretanto, um entendimento mais aprofundado acerca dos objetivos buscados com a penalidade de suspensão é relevante para a compreensão do *self-cleaning* no direito comunitário europeu. Isso porque, como será tratado abaixo, a aplicação de medidas de *self-cleaning* se destinará justamente a atender aos mesmos objetivos que são pretendidos com as exclusões mandatórias ou discricionárias.

Em outras palavras, é importante fixar desde logo o entendimento de que o *self-cleaning* não se destina a excepcionar os objetivos buscados com a exclusão de possíveis licitantes. Na realidade, as medidas de *self-cleaning* pretendem justamente dar aplicação aos mesmos fins pretendidos com a aplicação de penalidades.

1.3.1 Proteção dos recursos públicos e de outros interesses na performance dos contratos públicos

Um dos objetivos da penalidade de suspensão ou exclusão dos interessados em contratar com o Poder Público na União Europeia é

---

de participar de procedimentos de contratação pública quando o interessado incorreu em condutas consideradas inaceitáveis. A empresa penalizada passa, então, a constar de uma lista de empresas excluídas (*"Debarment List"*). Entretanto, a empresa pode apresentar um *"application for removal"* (previsto na Parte 3, Capítulo 6, Seção 64), em que deve demonstrar a existência de elementos novos (ou a existência de questões não consideradas até então) que demonstrem a recuperação da sua confiabilidade. Sobre o tema, confiram-se: ARROWSMITH, Sue. *Constructing rules on exclusions (debarment) under a post-Brexit regime on public procurement*: a preliminary analysis. Disponível em: <https://ssrn.com/abstract=3659909>. Acesso em: 10 jan. 2024; JONES, Alison. Combatting corruption and collusion in UK public procurement: proposals for post-Brexit reform. *The Modern Law Review*, n. 4, vol. 84, jul. 2021, p. 667-707.

[14] FRITON, Pascal; ZÖLL, Janis. Exclusion grounds. In: CARANTA, Roberto; SANCHEZ-GRAELLS, Albert (org.). *European Public Procurement*: commentary on Directive 2014/24/EU. Cheltenham-Northampton: Edward Elgar, 2021, p. 588 e 592.

a proteção dos recursos públicos e outros interesses na performance dos contratos públicos.

As regras que tratam da suspensão ou exclusão dos licitantes estão inseridas em um conjunto de dispositivos da Diretiva que lidam com a possibilidade de exclusão de agentes econômicos que não estão aptos a desempenhar o contrato. Assim, até mesmo por uma questão de interpretação sistemática, conclui-se que as normas que tratam da exclusão de licitantes têm como um de seus objetivos justamente prevenir a possibilidade de a Administração Pública contratar agentes econômicos que tenham demonstrado não ser confiáveis por haverem se envolvido em práticas irregulares.

Sob certo ângulo, portanto, pode-se dizer que há uma justificável presunção de que existe um risco maior de as empresas condenadas pela prática de atos irregulares não cumprirem as suas obrigações quando da execução de um contrato (público, inclusive), se comparadas às empresas que nunca se envolveram em nenhum tipo de ilegalidade.

Por essa perspectiva, a previsão da suspensão do direito de firmar contratos com a Administração Pública busca também proteger a correta utilização dos recursos públicos. Do contrário, a Administração estará sujeita a realizar pagamentos a uma empresa que poderá não executar o contrato. Uma situação assim seria prejudicial não somente ao patrimônio público, mas também à própria qualidade do que se pretende que seja executado, seja um determinado fornecimento, uma obra ou a prestação de um serviço público.

Assegurar que os possíveis contratados sejam confiáveis é sem dúvida um dos objetivos das exclusões discricionárias, pelo menos daquelas que são relacionadas a condenações criminais ou por outros tipos de condutas graves.[15]

Também as exclusões mandatórias têm o objetivo de garantir que os contratados sejam confiáveis, muito embora elas tenham uma preocupação maior com o apoio a políticas que são refletidas na criminalização de condutas – tais como o apoio a medidas de anticorrupção, por exemplo.

---

[15] Nesse sentido, por exemplo, a Corte Europeia de Justiça, no caso *La Cascina*, afirmou que uma das preocupações das causas de exclusão é garantir a confiabilidade dos possíveis contratados, bem como a sua solvência e a sua honestidade profissional (Casos C-226/04 e C-228/04, *La Cascina*, 2006). Apesar de a decisão ser anterior à Diretiva atual, a afirmação é compatível com a nova norma.

1.3.2 Prevenção de atos de corrupção ou outras condutas inaceitáveis

As penalidades de exclusão dos licitantes destinam-se também a prevenir a prática de atos de corrupção ou outras condutas inaceitáveis pelos agentes econômicos.

Essa prevenção não se volta apenas ao mercado de contratações públicas. As exclusões em virtude da prática de corrupção e outras condutas ilegais servem como uma ferramenta para prevenir a ocorrência desse tipo de comportamento tanto nas contratações públicas quanto nas contratações privadas. Isso porque qualquer condenação poderá resultar na exclusão dos licitantes, seja a decisão relacionada a condutas praticadas no âmbito de contratos administrativos ou em qualquer outra atividade econômica sem relação com o Poder Público.[16]

Outra característica inerente à aplicação de penalidades de suspensão ou exclusão de licitantes é que elas tornam a atuação das empresas sancionadas mais difícil, de um modo geral, em todos os mercados. A imagem do agente econômico é afetada não apenas frente ao Estado, mas perante todo o mercado. Isso significa que suas contratações por terceiros poderão ser prejudicadas – ou até mesmo totalmente impedidas – em função de opções institucionais feitas por esses terceiros, seja de modo formal (tal como a aplicação de previsões contidas em programas de *compliance* que impeçam a contratação de empresas consideradas inidôneas pelo Poder Público),[17] seja de modo informal (decisões tomadas caso a caso, ainda que sem uma orientação prévia totalmente formalizada).

Portanto, num certo sentido, as penalidades de exclusão e suspensão refletem uma política da União Europeia contra as práticas de corrupção e outras ilegalidades graves. Em especial no que toca às exclusões mandatórias, o legislador enviou uma forte mensagem aos operadores econômicos no sentido de que não devem se envolver com práticas ilícitas.

Essa função preventiva da prática de atos ilícitos já foi destacada pela Comissão Europeia de Comunicação de Desqualificações. Na

---

[16] ARROWSMITH, Sue; PRIESS, Hans-Joachim; FRITON, Pascal. Self-cleaning – an emerging concept in EC Public Procurement Law? *In:* PÜNDER, Hermann; PRIESS, Hans-Joachim; ARROWSMITH, Sue (org.). *Self-cleaning in public procurement law.* p. 19.

[17] É possível que um programa de *compliance* instituído por uma empresa estabeleça restrições ou até mesmo uma total impossibilidade de contratação de empresas que tenham sido condenadas por corrupção ou outras condutas ilegais.

Comunicação COM (2006)0073, a Comissão afirmou que as desqualificações em virtude de condenações criminais são "uma categoria de sanção cujo objetivo primário é preventivo. Quando uma pessoa que foi condenada por uma ofensa é impedida de exercer certos direitos (...), isso ocorre primariamente para prevenir que ele ou ela incorra em reincidência".[18] Essa afirmação se aplica também às exclusões do direito de firmar contratos com a Administração Pública.

Admite-se na União Europeia, portanto, a utilização do poder da Administração Pública de realizar licitações e firmar contratos administrativos como um mecanismo apropriado e legítimo de dar aplicação concreta a certas políticas.[19] A suspensão e a exclusão de agentes econômicos podem inclusive ser mais efetivas do que outros métodos regulatórios mais tradicionais de sancionamento, como a aplicação de multa e de penas restritivas da liberdade.

Deve haver, no entanto, a adequação dessas políticas aos contextos nacionais de cada Estado-membro. A Corte de Justiça Europeia, no caso *La Cascina*, já enunciou que os Estados-membros podem decidir por não aplicar as exclusões discricionárias, ou aplicá-las com rigor diferenciado em cada caso, "de acordo com considerações legais, econômicas ou sociais que prevalecem em nível nacional".[20]

1.3.3 Promoção de valores relevantes para a União Europeia

Além de buscarem a prevenção de certas ofensas, as exclusões e suspensões de licitantes que praticaram atos ilegais servem como uma forma de promover certos valores tidos como relevantes pela União Europeia e pelos seus Estados-membros.

---

[18] ARROWSMITH, Sue; PRIESS, Hans-Joachim; FRITON, Pascal. Self-cleaning – an emerging concept in EC Public Procurement Law? *In:* PÜNDER, Hermann; PRIESS, Hans-Joachim; ARROWSMITH, Sue (org.). *Self-cleaning in public procurement law*. p. 19.

[19] Acerca das licitações como instrumento de políticas públicas em diversos setores, confiram-se: ARROWSMITH, Sue; KUNZLIK, Peter (coord.). *Social and environmental policies in EC procurement law*: new directives and new directions. Cambridge: Cambridge University Press, 2009; SJAFJELL, Beate; WIESBROCK, Anja (coord.). *Sustainable public procurement under EU Law*. Cambridge: Cambridge University Press, 2016. Especificamente a propósito das medidas de exclusão como instrumento de políticas no direito comunitário europeu, consulte-se: WILLIAMS, Sope. Coordinating public procurement to support EU objectives – a first step? The case of exclusions for serious criminal offences. *In:* ARROWSMITH, Sue; KUNZLIK, Peter (coord.). *Social and environmental policies in EC procurement law*: new directives and new directions. Cambridge: Cambridge University Press, 2009, p. 479-498.

[20] Casos C-226/04 e C-228/04, *La Cascina*, 2006.

Essas sanções objetivam a promoção de uma mudança cultural por meio da aceitação dos valores da União Europeia pela sociedade como um todo.[21]

Tais objetivos são buscados na medida em que os governos procuram evitar associarem-se diretamente a empresas que não observaram os mesmos valores no passado, ou impedir que as autoridades adjudicantes firmem contratos com empresas que não seguem padrões adequados de integridade. Portanto, a aplicação de penalidades a licitantes que não se mostraram íntegros destina-se a estabelecer um "exemplo" para condutas futuras em licitações e nas contratações, inclusive privadas.

A aplicação de penalidades no âmbito de licitações e contratos públicos no direito comunitário europeu deixa transparecer, num certo sentido, uma preocupação com a disseminação de valores que são importantes para a integração dos países, colocando-se as licitações e contratações públicas no centro de um contexto de políticas da União Europeia. No âmbito das contratações públicas, portanto, cada Estado-membro deveria dar um bom exemplo por meio da não contratação de empresas que incorreram em certos tipos de condutas ilícitas.

1.3.4 Garantir que haja competição justa entre os agentes econômicos

As penalidades de exclusão de licitantes também buscam assegurar que haja uma competição justa entre os vários agentes econômicos.

Caso um agente econômico incorra numa das condutas que levam à aplicação de sanções, ele obterá uma vantagem competitiva injusta em face dos seus concorrentes. A concorrência será desigual e injusta se for permitido que certos agentes atuem por meio de práticas ilegais. Portanto, ao estabelecer penalidades de suspensão ou exclusão aos agentes que se comportem de modo inadequado, busca-se também assegurar uma competição justa, de forma que os licitantes que atuam de modo íntegro não sejam prejudicados por aqueles que utilizam meios ilícitos para obter uma contratação.

---

[21] Sobre a relação entre o direito e o desenvolvimento cultural das sociedades, confira-se: LINARELLI, John. Corruption in developing countries and in countries in transition: legal and economic perspectives. *In*: ARROWSMITH, Sue; DAVIES, Arwel (editors). *Public Procurement*: global revolution. Kluwer Law, 1998, p. 125-137.

A relação entre penalidades e justa competição já foi discutida em ao menos dois casos concretos perante a Corte Europeia de Justiça. No Caso *Michanski*, concluiu-se que a exclusão de agentes econômicos do âmbito das contratações públicas procura assegurar igual tratamento e promover futura competição.[22] No Caso *La Cascina*, já referido, argumentou-se que as exclusões discricionárias relacionadas ao não pagamento de tributos ou contribuições para a seguridade social servem para assegurar que todos os concorrentes sejam tratados de modo equivalente ao se impedir que certas empresas obtenham vantagens competitivas indevidas e injustas.

Há quem diga inclusive que as regras de exclusão de licitantes que tenham praticado condutas ilegais foram criadas *exclusivamente* para impedir que os concorrentes tenham vantagens competitivas indevidas nos procedimentos de contratação pública. É o caso de Albert Sánchez Graells.[23] Para ele, como a Corte de Justiça Europeia já esclareceu, o propósito dos princípios básicos da igualdade e da não-discriminação e da obrigação de transparência é garantir que os licitantes estejam numa posição de igualdade tanto quando formulam suas propostas como também quando as autoridades adjudicantes as examinam.[24] Logo, o racional por trás do sistema de exclusões de licitantes é prevenir a participação de interessados que estão *ex ante* numa posição de vantagem indevida em comparação com os demais competidores.

1.3.5 A proteção das licitações como meio legítimo de realização de contratações públicas

Outro objetivo das exclusões do direito de participar de procedimentos de contratação consiste em assegurar a licitação como o meio realmente mais legítimo, em regra, para a realização de contratações públicas.

---

[22] Caso C-213/07 *Michanski AE*, outubro de 2008.
[23] GRAELLS, Albert Sánchez. *Public procurement and the EU competition rules*. 2. ed. Oxford: Hart Publishing, 2015, p. 294. O doutrinador inclusive sustenta que o estabelecimento de exclusões pelos Estados-membros deveria ocorrer de tal modo que apenas as situações que geram vantagens competitivas indevidas estejam cobertas – i.e., elas não deveriam ser estabelecidas com vistas apenas a atender considerações "formais" de igualdade e não-discriminação (cit., p. 294).
[24] Caso C-19/00 *SIAC Construction* (2001) ECR I-7725 34; Caso C-448/01 *EVN e Wienstrom* (2003) ECR I-14527 47; e Caso C-213/07 *Mikhaniki* (2008) ECR I-9999 45.

Num certo sentido, os cidadãos têm o direito de confiar que o Estado só vai celebrar contratos com empresas confiáveis e nunca aplicará seus recursos de modo a beneficiar atividades ilícitas.

Por meio do afastamento de agentes econômicos desonestos e que incorreram em condutas ilícitas, o resultado final acaba sendo a percepção pelos cidadãos de que as licitações, sejam quais forem os procedimentos específicos, são o meio mais legítimo para travar relações contratuais entre a Administração Pública e os particulares. A ausência de percepção das licitações como um mecanismo legítimo poderia desestruturar o sistema de contratações públicas, que tem as licitações como o caminho eleito em regra para a celebração de contratações públicas.

Essas considerações são muito importantes para o estudo do *self-cleaning*. Isso porque, conforme será demonstrado abaixo, as autoridades que julgarão a suficiência das medidas de *self-cleaning* terão de considerar uma variedade de aspectos, inclusive se as medidas concretas são compreensíveis e merecem crédito a ponto de ser afastada a penalidade de exclusão do direito de participar de licitações e celebrar contratos públicos.

1.3.6 Discussão sobre o propósito punitivo das sanções

Existe discussão no direito comunitário sobre se as sanções de exclusão ou suspensão de licitantes teriam também um propósito meramente punitivo por si só. Ou seja, discute-se se um dos vários objetivos dessas sanções seria a pura e simples punição do agente econômico envolvido com práticas irregulares.

Essa questão do propósito meramente punitivo das sanções é relevante porque, se o sancionamento do licitante for um objetivo por si só, poderia se argumentar que o *self-cleaning* não seria aceitável, uma vez que ele afastaria justamente a penalidade de suspensão ou exclusão do agente econômico.

Para Arrowsmith, Priess e Friton, mesmo antes da atual Diretiva que trata do assunto, as exclusões mandatórias claramente não teriam o objetivo propriamente de punir o licitante.[25] Segundo os doutrinadores, a União Europeia tem a competência de adotar medidas de

---

[25] ARROWSMITH, Sue; PRIESS, Hans-Joachim; FRITON, Pascal. Self-cleaning – an emerging concept in EC Public Procurement Law? *In*: PÜNDER, Hermann; PRIESS, Hans-Joachim; ARROWSMITH, Sue (org.). *Self-cleaning in public procurement law*. p. 21-23.

caráter punitivo, ao menos em relação a certos tipos de condutas que são abrangidas pelas exclusões mandatórias. Isso poderia conduzir ao raciocínio de que as exclusões mandatórias teriam também o objetivo de simplesmente punir o agente econômico envolvido naquelas práticas. Entretanto, os doutrinadores argumentam que as hipóteses de exclusões mandatórias não são fundamentadas na competência punitiva reconhecida à União Europeia, diferentemente do que acontece em outras situações. Para eles, as exclusões mandatórias teriam como objetivo central a prevenção de práticas ilícitas e irregulares, e não uma pretensão punitiva adicional.

Em relação às exclusões discricionárias, os mesmos doutrinadores fazem considerações um pouco diferentes. Para eles, o direito comunitário não pode afastar eventual intenção pré-existente dos Estados-membros de utilizar as exclusões discricionárias com propósitos punitivos. Essa impossibilidade seria um princípio geral da União Europeia. Alguns Estados-membros de fato utilizam essas exclusões como uma punição adicional aos agentes econômicos envolvidos em práticas ilícitas. É o caso da França, por exemplo, em que uma das penalidades previstas no Código Penal consiste justamente no seu impedimento à participação em licitações e contratos públicos.[26] Entretanto, os doutrinadores argumentam que a maneira com a qual os Estados-membros lidam com as exclusões discricionárias deve ser informada pelo princípio da proporcionalidade, dado o impacto dessas penalidades sobre o exercício de direitos fundamentais.

Nesse ponto, coloca-se a questão se seria realmente válido que alguns Estados-membros previssem as exclusões de licitantes com efeitos punitivos por si só. Alguém poderia argumentar que o princípio da proporcionalidade impediria isso. No entanto, os doutrinadores argumentam que, na realidade, outras penalidades podem ser aplicadas com objetivos estritamente punitivos – tais como multas e restrições à liberdade dos envolvidos. Assim, o objetivo de punição por si só, adotado por alguns países, poderia ser aplicado em conjunto com medidas de *self-cleaning*, de modo que esse objetivo seria buscado por meio de outras penalidades que não propriamente a suspensão ou exclusão do direito de firmar contratos públicos.

---

[26] O art. 131-39 do Código Penal francês estabelece que "Quando a lei assim preveja para pessoas jurídicas, os crimes ou delitos poderão ser sancionados com uma ou várias das pelas seguintes: (...) 5º. A exclusão das contratações públicas a título definitivo ou por um período de até cinco anos".

De certo modo, essa discussão ficou ao menos parcialmente superada desde a edição da Diretiva 2024/24/EU, que passou a prever expressamente o cabimento de medidas de *self-cleaning*. Assim, se antes havia a necessidade de se encontrar fundamentos para a admissão de tais medidas – que, apesar de não contarem com previsão expressa no direito comunitário europeu até então, eram aplicadas inclusive com bastante sucesso em países como Alemanha e Áustria –, agora a previsão expressa na Diretiva 2014/24/EU deixa claro que o *self-cleaning* enquanto instituto é plenamente compatível com o direito comunitário e deverá ser objeto de internalização pelos diversos Estados-membros.

Note-se, aliás, que a Diretiva atual não deixa claro se as medidas de exclusão têm propósito punitivo ou se elas buscam apenas assegurar confiança e execuções contratuais apropriadas. A existência ou não de propósitos punitivos, na realidade, não é relevante para que se admita a existência de medidas de *self-cleaning*.[27]

Há ainda outro fator importante, que diz respeito ao conteúdo das medidas de *self-cleaning* que foi positivado na Diretiva. As medidas de *self-cleaning* não afastam toda e qualquer penalidade junto aos agentes econômicos envolvidos em atos ilícitos. Os agentes econômicos não deixam simplesmente de ser punidos. Eles podem ser condenados criminalmente e podem ter de pagar multas, por exemplo. As medidas de *self-cleaning*, portanto, não afastam totalmente as punições sobre as empresas. Apenas permitem que uma dessas punições, que é a exclusão do direito de participar de licitações e contratos públicos, seja afastada desde que a empresa tome uma série de providências destinadas a que as condutas ilícitas do passado não se repitam no futuro.

Essa forma de reabilitação das empresas por meio de medidas de *self-cleaning* deixa transparecer que o impedimento à participação em licitações e contratos administrativos não apresenta realmente um objetivo de punição por si só. Trata-se mais propriamente de uma defesa em favor do Estado, de modo a (i) impedir que ele acabe contratando agentes econômicos inidôneos e (ii) estimular que os agentes econômicos atuem de modo íntegro, desincentivando-os à prática de atos ilícitos.

Nesse sentido, por exemplo, Erling Hjelmeng e Tina Soreide defendem que, apesar de a suspensão do direito de licitar e contratar poder ter consequências severas sobre as empresas e indivíduos, por

---

[27] FRITON, Pascal; ZÖLL, Janis. Exclusion grounds. *In*: CARANTA, Roberto; SANCHEZ-GRAELLS, Albert. *European Public Procurement*: commentary on Directive 2014/24/EU. Cheltenham-Northampton: Edward Elgar Publishing, 2021, p. 594.

vezes até mais graves do que uma sentença judicial, o objetivo buscado não é a punição, mas apenas a proteção das finanças do Estado e da legitimidade governamental.[28]

1.4 A suspensão e a exclusão de agentes econômicos como meio adequado à promoção dos objetivos buscados

Diante dos objetivos expostos acima, parece claro que a penalidade de exclusão de licitantes considerados inidôneos é um meio adequado para a promoção de certos valores relevantes ao direito comunitário europeu.

1.4.1 O atingimento dos objetivos buscados

O atingimento dos objetivos buscados com a exclusão de interessados é especialmente relevante em relação à aplicação de recursos públicos somente em favor de agentes econômicos confiáveis. A condenação de uma empresa ou a prática comprovada de atos ilegais em geral gera dúvidas sobre a confiabilidade desses agentes e do trabalho que realizam. Pela exclusão desses interessados, em princípio garante-se que a Administração Pública não contratará agentes econômicos desonestos.

Além disso, a exclusão de licitantes que se comportaram de maneira inadequada tem realmente o efeito de promover certos valores pretendidos pela União Europeia. Conforme mencionado acima, a ameaça de exclusão apresenta um caráter preventivo individual e também provoca uma prevenção geral sobre todo o mercado. Isso é especialmente relevante para as empresas que dependem basicamente do mercado público de contratações – como o fornecimento de materiais de defesa ou a realização de construções de ferrovias e rodovias, por exemplo. Em relação a elas, o risco de exclusão é ainda mais grave.

A exclusão de empresas que praticaram graves atos ilegais também proporciona uma competição mais justa, uma vez que exclui

---

[28] HJELMENG, Erling; SOREIDE, Tina. Debarment in public procurement: rationales and realization. *In*: RACCA, G.M.; YUKINS, C. *Integrity and efficiency in sustainable public contracts*. p. 4-5. Disponível em: <https://papers.ssrn.com/sol3/papers.cfm?abstract_id=2462868>. Acesso em: 23 abr. 2025.

companhias que tenham obtido vantagens indevidas justamente em função de um comportamento inadequado.

1.4.2 Dificuldades práticas

É lógico que a exclusão de licitantes apresenta algumas dificuldades práticas na sua aplicação.

Há a questão das empresas excluídas que fundam novas companhias, muitas vezes com o intento exclusivo de escapar da punição que lhes foi aplicada. Existe também a situação das partes relacionadas, ou seja, as discussões sobre se empresas podem ser afetadas pela penalidade aplicada a outra companhia do mesmo grupo econômico.

Outro ponto que leva a sérias discussões diz respeito à extensão da penalidade de exclusão a outros órgãos, inclusive de outros Estados-membros (*cross-debarment*),[29] que eventualmente podem até mesmo ter um entendimento diferente acerca dos fatos ocorridos.

Existem discussões também sobre a suspensão de licitantes que são apenas *suspeitos* de terem praticado atos ilícitos.[30] Afinal, se a realização de licitações confiáveis é o objetivo final buscado com as exclusões e suspensões, questiona-se por que não suspender licitantes que ainda sejam objeto de investigação, inclusive pouco importando o local do mundo em que tais investigações ocorram.

Entretanto, essas dificuldades não excluem o entendimento predominante no direito comunitário europeu de que a sistemática de exclusão dos agentes econômicos que se comportaram de modo indevido é eficiente para o atingimento dos objetivos propostos.

---

[29] Acerca da questão do *cross-debarment*, ainda que não especificamente tratando da realidade do direito comunitário europeu, confira-se pela excelência do texto: YUKINS, Christopher R. Cross-debarment: a stakeholder analysis. *George Washington International Law Review*, nº 219, 2013, p. 219-234. Entretanto, o problema do *cross-debarment* não é exclusivo do direito norte-americano. Em abril de 2010, por exemplo, vários Bancos Multilaterais de Desenvolvimento assinaram o *Agreement on Mutual Enforcement of Debarment Decisions*, que trata justamente da questão. Sobre o tema: NESTI, Lorenzo. The 2010 "agreement on mutual enforcement of debarment decisions" and its impact for the fight against fraud and corruption in public procurement. *Journal of Public Procurement*, vol. 14, n. 1, 2014, p. 62-95.

[30] HJELMENG, Erling; SOREIDE, Tina. Debarment in public procurement: rationales and realization. In: RACCA, G. M.; YUKINS, C. *Integrity and efficiency in sustainable public contracts*. p. 14. Disponível em: <https://papers.ssrn.com/sol3/papers.cfm?abstract_id=2462868>. Acesso em: 23 abr. 2025. Embora possa parecer absurdo afastar licitantes que apenas estejam sob investigação – e de fato será um despropósito em certos casos –, essa possibilidade não fica longe nem mesmo da realidade brasileira. Basta pensar nas suspensões cautelares de participação em licitações.

1.4.3 A questão da redução da competitividade e sua compensação com os mecanismos de integridade

Um possível contraponto seria o de que a exclusão de potenciais interessados reduziria a competitividade.[31] Assim, apesar de as licitações procurarem garantir a melhor relação possível entre preço e qualidade – de modo a assegurar a boa aplicação dos recursos obtidos por meio da tributação –, seria possível haver um conflito.

É inegável que o impedimento a que certos interessados participem de procedimentos de contratações públicas reduz o número de potenciais contratados, o que pode forçar a Administração Pública, em certos casos, a contratar por um maior preço ou por uma qualidade inferior. Pode-se dizer que a suspensão do direito de licitar tem a potencialidade de diminuir o *value for money* nas contratações públicas.

Entretanto, essa consequência negativa da suspensão do direito de licitar pode ser aceita na medida em que ela protege a Administração Pública do risco de contratar com um licitante não confiável, o que significa um importante benefício no longo prazo. A suspensão do direito de licitar não deixa de ser um investimento necessário para se assegurar a confiança dos cidadãos nas licitações públicas como um meio eficaz de celebração de contratos administrativos vantajosos. Com a exclusão de fornecedores desonestos, supõe-se que o mercado fica reduzido a agentes econômicos íntegros, que não representarão riscos sérios à Administração Pública e ao emprego de recursos do Estado.

Outro fator relevante é que os custos de transação incidentes sobre aqueles que praticaram atos ilícitos aumentam de modo significativo. Eles deverão se submeter às penalidades cabíveis, terão sua imagem comprometida e deverão adotar os mecanismos necessários para garantir sua integridade e, assim, reabilitarem-se de modo a participar de novos procedimentos de contratações públicas.

Além disso, conforme já exposto acima, a aplicação de sanções de exclusão de licitantes provoca um impacto em termos preventivos. À medida que a integridade das empresas aumenta, a concorrência justa é assegurada e, ao final, a combinação preço-qualidade será melhorada

---

[31] Sobre o impacto das medidas anticorrupção na concorrência, ainda que tratando da realidade norte-americana, confira-se: YUKINS, Christopher R. Mandatory disclosure: case study in how anti-corruption measures can affect competition in defense markets. *GW Legal Studies Research Paper*, nº 2015-14, abril/2015. Disponível em: <http://www.ssrn.com/abstract=2600676>. Acesso em: 9 maio 2016.

como um resultado das normas de suspensão e exclusão de licitantes desonestos. As possíveis desvantagens de curto prazo, tal como a diminuição do *value for money*, acabam sendo compensadas[32] e, de certo modo, provocam uma mudança cultural no mercado por meio da aceitação e efetiva prática de condutas pautadas pela integridade.[33]

1.4.4 As medidas de *self-cleaning* como uma abordagem alternativa

Apesar do exposto até aqui, tem-se muito claramente no direito comunitário europeu que, embora a suspensão do direito de participar de licitações e contratos públicos seja um meio normalmente adequado para se atender aos objetivos buscados, ela nem sempre será necessária.

Os casos em que se constata a ocorrência de atos que levariam em tese à exclusão de uma empresa podem ser conduzidos de outras formas. Trata-se de se levar em consideração as medidas de *self-cleaning*, ou seja, de a empresa adotar mecanismos para promover a sua reabilitação, de modo que possa participar novamente dos procedimentos de contratação pública.

1.5 Os fundamentos do *self-cleaning* no direito comunitário europeu

Cabe, portanto, examinar o *self-cleaning* propriamente dito no âmbito do direito comunitário europeu.

1.5.1 O conceito de *self-cleaning*

Ao lado de prever a possibilidade de os agentes econômicos que praticaram irregularidades terem suspenso o seu direito de participar de licitações e contratos públicos, o direito comunitário europeu contempla também a figura do *self-cleaning*.

---

[32] HJELMENG, Erling; SOREIDE, Tina. Debarment in public procurement: rationales and realization. *In*: RACCA, G. M.; YUKINS, C. *Integrity and efficiency in sustainable public contracts*. p. 5. Disponível em: <https://papers.ssrn.com/sol3/papers.cfm?abstract_id=2462868>. Acesso em: 23 abr. 2025.

[33] ARROWSMITH, Sue; PRIESS, Hans-Joachim; FRITON, Pascal. Self-cleaning – an emerging concept in EC Public Procurement Law? *In*: PÜNDER, Hermann; PRIESS, Hans-Joachim; ARROWSMITH, Sue (org.). *Self-cleaning in public procurement law*. p. 24.

A ideia geral do *self-cleaning* é que um agente econômico poderá readquirir o direito de participar de licitações e de firmar contratos públicos caso demonstre que adotou medidas efetivas para assegurar que os atos irregulares praticados no passado não mais ocorrerão no futuro.

Evidentemente, não é possível fixar em abstrato quais seriam as medidas necessárias e adequadas para que o interessado possa promover esse autossaneamento. Isso dependerá das circunstâncias de cada caso concreto, levando-se em conta a gravidade do ato praticado, a sua duração, a sua eventual recorrência e o seu impacto econômico. Entretanto, tais medidas envolverão normalmente (i) o esclarecimento dos fatos e das circunstâncias relacionadas às irregularidades, (ii) a reparação dos danos causados, (iii) a adoção de medidas relacionadas ao pessoal que atua em nome da empresa, e (iv) a adoção de medidas estruturais e de organização interna pela empresa.[34]

O racional do conceito de *self-cleaning*, portanto, consiste em permitir uma espécie de redefinição da conduta futura das empresas condenadas, de forma que elas sejam reabilitadas a participar de licitações e firmar contratos com a Administração Pública caso tomem determinadas medidas consideradas necessárias e suficientes.

Em outras palavras, uma empresa que em tese poderia ser impedida de participar de procedimentos de contratação pública em virtude de ter se envolvido com práticas criminosas ou em ilícitos administrativos poderá ser admitida nos procedimentos licitatórios caso tenha tomado todas as medidas necessárias para assegurar que não incorrerá mais nas condutas reprováveis que praticou no passado.

O *self-cleaning*, portanto, parte da ideia de que existe uma forma alternativa para se lidar com situações que conduziriam em tese à exclusão de um licitante. Em vez de se promover a sua exclusão, o que seria potencialmente danoso em termos concorrenciais, estabelece-se que as autoridades adjudicantes têm o dever de avaliar se os interessados adotaram certas medidas que, em última análise, destinam-se a restabelecer a sua confiabilidade perante a Administração Pública.[35]

---

[34] O detalhamento do que significa cada uma dessas medidas será examinado abaixo.

[35] Na síntese de Pascal Friton e Janis Zöll, a exclusão de uma empresa do âmbito das contratações públicas não será necessária em todos os casos para que se atinjam os interesses buscados. O *self-cleaning* pode ser "um método menos drástico e pode inclusive encorajar os objetivos mencionados" (FRITON, Pascal; ZÖLL, Janis. Exclusion grounds. *In*: CARANTA, Roberto; SANCHEZ-GRAELLS, Albert (org.). *European Public Procurement*: commentary on Directive 2014/24/EU. Cheltenham-Northampton: Edward Elgar, 2021, p. 621-622).

1.5.2 Os objetivos das medidas de *self-cleaning*

Poderia se argumentar que as medidas de *self-cleaning* inviabilizariam todos aqueles objetivos que são buscados com a exclusão de licitantes que praticaram atos irregulares. Assim, todo o sistema baseado no incentivo à integridade ficaria comprometido.

Entretanto, entende-se que as medidas de *self-cleaning* na realidade são capazes de promover justamente os mesmos propósitos que são buscados pelas exclusões de licitantes.

O objetivo de proteger os recursos públicos e outros interesses na performance de contratos públicos depende de se criar um ambiente em que a Administração Pública contrate apenas agentes econômicos confiáveis. Esse objetivo pode ser atingido também por meio da adoção de mecanismos de *self-cleaning*. Se uma empresa adotou medidas efetivas para a sua reabilitação, pressupõe-se que ela tenha voltado a ser um agente econômico confiável, não mais se justificando a sua suspensão ou exclusão do direito de participar de licitações e firmar contratos públicos. Afinal, a empresa terá se desvinculado das pessoas envolvidas com os atos irregulares, terá recomposto os prejuízos causados e terá adotado os mecanismos de pessoal e organizacionais necessários para garantir que os atos ilícitos do passado não se repitam novamente no futuro. Nessa situação, o agente econômico deverá ser considerado confiável para o fim de participar de licitações e firmar contratos com o Estado.

O mesmo ocorre em relação ao objetivo de se prevenir atos de corrupção e outros comportamentos indesejáveis. Se a empresa adotou mecanismos de pessoal, promoveu medidas adequadas de *compliance* – tais como: deu informações adequadas ao seu pessoal a respeito das políticas da empresa nas licitações públicas, formulou regras de conduta e de transparência para a prevenção de atos de corrupção, estabeleceu um programa de integridade adequado, criou um cargo de *compliance officer*, dentre outras –, não haverá razão para questionar a confiabilidade da companhia. Ela contará com instrumentos de controle interno que inclusive poderão ser mais eficientes do que aqueles existentes em empresas que nunca foram condenadas por nenhuma conduta irregular ou ilícita. Logo, não haveria motivo para sua exclusão de possíveis licitações públicas e contratos com o Estado.

Poderia se dizer que as medidas de *self-cleaning* acabariam encorajando os agentes econômicos à prática de ilícitos, uma vez que as medidas de autossaneamento seriam uma solução fácil em caso de constatação de ilegalidades. No entanto, tem-se muito claro no direito comunitário europeu que a implementação de medidas de *self-cleaning* requer um investimento muito grande de tempo e de recursos humanos e econômicos, sem nenhuma garantia prévia de que elas venham a ser aceitas no futuro pelas autoridades adjudicantes. Assim, o *self-cleaning* não encoraja a prática de atos ilícitos, e sim incentiva os agentes econômicos a reconhecer que praticaram ilegalidades e a adotar medidas que impeçam que elas ocorram novamente no futuro.[36]

O objetivo de promover valores importantes à União Europeia também pode ser atingido pelas medidas de *self-cleaning*. À medida que um agente econômico adota providências concretas e eficientes para promover o seu autossaneamento, passa-se uma mensagem clara ao mercado de que a atuação econômica somente é legítima e aceitável se forem observados valores como o da integridade.

Além disso, as medidas de *self-cleaning* podem assegurar que haja justa competição entre as empresas. Isso porque os agentes econômicos que adotarem medidas de autossaneamento terão de compensar os prejuízos causados e ainda deverão promover medidas que consomem tempo e recursos significativos para garantir que recuperaram a sua confiabilidade. Portanto, as medidas de *self-cleaning*, num certo sentido, fazem com que as vantagens ilegalmente obtidas no passado sejam compensadas.

Por fim, as medidas de *self-cleaning* também auxiliam a percepção pelos cidadãos de que as licitações são o modo mais legítimo em regra de se realizar contratações públicas. Isso porque tais medidas se destinam justamente a garantir que os procedimentos licitatórios sejam realizados de forma idônea, com empresas confiáveis, que dispõem de mecanismos efetivos para impedir que ilícitos cometidos no passado se repitam novamente no futuro.

Partindo-se dessa conclusão de que as medidas de *self-cleaning*, desde que efetivas e compatíveis com cada caso concreto, são suficientes para garantir que haja maior integridade nos procedimentos de contratações públicas, entende-se no direito comunitário europeu que as autoridades adjudicantes dos Estados-membros não podem excluir de seus procedimentos os agentes econômicos que adotaram medidas adequadas de autossaneamento. A exclusão desses interessados quando

---

[36] ARROWSMITH, Sue; PRIESS, Hans-Joachim; FRITON, Pascal. Self-cleaning – an emerging concept in EC Public Procurement Law? *In:* PÜNDER, Hermann; PRIESS, Hans-Joachim; ARROWSMITH, Sue (org.). *Self-cleaning in public procurement law*. p. 25.

as medidas de *self-cleaning* forem adequadas seria uma violação direta ao princípio da proporcionalidade.[37]

1.5.3 Os princípios que fundamentam o *self-cleaning*

A doutrina aponta que o conceito de *self-cleaning* deriva diretamente de alguns princípios que informam o direito comunitário europeu.

1.5.3.1 Princípio da proporcionalidade

O princípio da proporcionalidade é previsto no art. 5, seções 3 e 4, do Tratado da União Europeia.[38] Ele estabelece que as ações adotadas pela União Europeia não devem ir além do necessário para atingir os objetivos buscados.[39]

Em diversas ocasiões, a Corte Europeia de Justiça ressaltou o princípio da proporcionalidade como sendo um dos princípios gerais da União Europeia. A Corte já estatuiu, por exemplo, que as proibições de atividades econômicas são aceitáveis apenas quando forem apropriadas e necessárias ao atingimento de um objetivo legitimamente perseguido pela legislação. Assim, quando é possível escolher entre diversas medidas, deve-se optar pela menos onerosa, de modo que as desvantagens causadas não sejam desproporcionais em relação aos objetivos buscados.[40-41]

---

[37] ARROWSMITH, Sue; PRIESS, Hans-Joachim; FRITON, Pascal. Self-cleaning – an emerging concept in EC Public Procurement Law? *In:* PÜNDER, Hermann; PRIESS, Hans-Joachim; ARROWSMITH, Sue (org.). *Self-cleaning in public procurement law.* p. 27.

[38] A seção 4 do art. 5º do Tratado da União Europeia prevê o seguinte: "Em virtude do princípio da proporcionalidade, o conteúdo e a forma da ação da União não devem exceder o necessário para alcançar os objetivos dos Tratados. As instituições da União aplicam o princípio da proporcionalidade em conformidade com o Protocolo relativo à aplicação dos princípios da subsidiariedade e da proporcionalidade".

[39] De acordo com Peter Trepte, em geral, o princípio da proporcionalidade é invocado também para se verificar se uma determinada ação, apesar de ser discriminatória, pode ser justificada (*Public procurement in the EU.* 2. ed. New York: Oxford, 2007, p. 13). Nesse sentido, confiram-se os seguintes julgados da Corte Europeia de Justiça, a título de exemplos: Caso C-324/93 *R v Secretary of State for the Home Department, ex parte Evans Medical Ltd and Macfarlan Smith Ltd* (1995) ECR I-593 e Caso C-315/01 *Gesellschaft für Abfallentsorgungs – Technik GmbH (GAT) v Österreichische Autobahnen e Schnell Strassen AG* (2003) ECR I-6351.

[40] ARROWSMITH, Sue; PRIESS, Hans-Joachim; FRITON, Pascal. Self-cleaning – an emerging concept in EC Public Procurement Law? *In:* PÜNDER, Hermann; PRIESS, Hans-Joachim; ARROWSMITH, Sue (org.). *Self-cleaning in public procurement law.* p. 13.

[41] Note-se a proximidade desse raciocínio com a proposta de análise de impacto sancionatório por nós proposta na sequência desta obra.

O princípio da proporcionalidade se aplica também às sanções criminais e administrativas. Entende-se no direito comunitário europeu que as sanções somente devem ser aplicadas na medida em que permitam o atingimento dos objetivos buscados. Descarta-se a possibilidade de sancionar alguém para além da gravidade do ato que foi praticado.

Especificamente no âmbito das licitações públicas, a Corte de Justiça Europeia já fixou o entendimento de que as medidas de exclusão dos interessados não devem ir além do que for necessário para que os objetivos buscados sejam atingidos.

Um exemplo marcante de incidência do princípio da proporcionalidade no âmbito das penalidades aplicadas em procedimentos de contratação pública foi o caso *Fabricom*, da Bélgica.[42] Tratou-se de uma situação equiparável à de uma exclusão por conduta grave incorrida pelo licitante, que foi a sua participação prévia na elaboração do projeto que foi licitado. Havia uma regra na Bélgica que previa a exclusão automática do licitante em situação análoga a essa. Entretanto, a Corte Europeia de Justiça entendeu que essa regra não era compatível com o direito comunitário que tratava das licitações, uma vez que não permitia a possibilidade de o acusado apresentar elementos que demonstrassem que a experiência adquirida não causava distorção na competição. Buscou-se, portanto, a finalidade da norma, para que não houvesse uma exclusão incompatível com o princípio da proporcionalidade.

O conceito de *self-cleaning* apresenta forte relação com o princípio da proporcionalidade. Se uma empresa adota medidas de autossaneamento efetivamente capazes de fazer com que os atos reprováveis praticados no passado não ocorram mais no futuro, seria desproporcional que essa empresa continuasse impedida de participar de procedimentos de contratação pública. Os objetivos buscados com a exclusão já terão sido atingidos plenamente com as medidas de *self-cleaning*. A empresa não representará mais um risco à Administração Pública.

1.5.3.2 Princípio do tratamento não discriminatório

O conceito de *self-cleaning* é uma derivação também do princípio do tratamento não discriminatório.[43]

---

[42] Casos C-21/03 e C-34/03 *Fabricom* (2005).
[43] Acerca do princípio do igual tratamento, ou vedação ao tratamento discriminatório, consultem-se: TREPTE, Peter. *Public procurement in the EU*. 2. ed. New York: Oxford, 2007,

O princípio do tratamento não discriminatório tem larga aplicação nas licitações públicas. A Corte Europeia de Justiça já se manifestou em diversas ocasiões sobre isso. No caso *Storebaelt*,[44] a Corte ressaltou a importância do princípio na interpretação das regras que regem a licitação, afirmando que esse é um ponto central da Diretiva. No caso *Commission v. França*,[45] a Corte estatuiu que o princípio da igualdade de tratamento se aplica a todas as etapas dos procedimentos de contratação.

Com base nesses e em outros precedentes, afirma-se que "o princípio da igualdade de tratamento requer que situações comparáveis não sejam tratadas diferentemente, e que situações diferentes não sejam tratadas de modo similar, a não ser que a diferença ou similaridade possam ser justificadas objetivamente".[46]

Em relação às medidas de *self-cleaning*, afirma-se que os interessados que tenham adotado medidas eficientes de autossaneamento não devem ser tratados da mesma forma do que aqueles que, apesar de terem incorrido em práticas que levam à exclusão, não adotaram nenhuma medida para eliminar as causas que levaram às suas condenações. Embora ambos tenham cometido práticas reprováveis, apenas um deles adotou medidas para que pudesse novamente ser considerado confiável a ponto de participar de procedimentos de contratações públicas.

1.5.3.3 Princípio do livre trânsito de produtos e serviços

Por fim, aponta-se que o *self-cleaning* encontra fundamento no princípio do livre trânsito de produtos e serviços.

A liberdade de trânsito de produtos e serviços é considerada uma das liberdades fundamentais da União Europeia – ao lado da liberdade de trânsito de pessoas e de capital. Significa que todos os participantes do mercado devem ter a possibilidade de ofertar os seus produtos e serviços. Restrições quantitativas, quotas de importação e exportação ou em geral de movimentação e produtos e serviços são restrições à

---

p. 13-15; POULSEN, Sune Troels; JAKOBSEN, Peter Stig; KALSMOSE-HJELMBORG, Simon Evers. *EU public procurement law*. 2. ed. Copenhagen: DJOF Publishing, 2012, p. 52-60.

[44] Caso C-243/89 *Storebaelt* (1993).
[45] Caso C-16/98 *Commission v. França* (2000).
[46] ARROWSMITH, Sue; PRIESS, Hans-Joachim; FRITON, Pascal. Self-cleaning – an emerging concept in EC Public Procurement Law? *In*: PÜNDER, Hermann; PRIESS, Hans-Joachim; ARROWSMITH, Sue (org.). *Self-cleaning in public procurement law*. p. 29.

liberdade fundamental garantida pelo direito europeu. A liberdade de trânsito é inclusive um dos pilares nos quais se baseia a União Europeia para que a integração entre os Estados-membros seja efetiva.

Aplicado aos procedimentos de contratações públicas, a liberdade de trânsito de produtos e serviços assegura que qualquer agente econômico do mercado tem o direito fundamental de se candidatar para que seja contratado pela Administração Pública.

Além disso, nos casos em que o contrato público envolve prestações além das fronteiras de um Estado-membro – o que não obriga o interessado a necessariamente participar da licitação no outro país –, a exclusão de um determinado agente econômico dos procedimentos de contratação pública pode representar uma restrição à liberdade de trânsito de produtos e serviços.

Em função desses fatores, costuma-se afirmar que as medidas de *self-cleaning* proporcionam uma aplicação concreta do princípio fundamental da liberdade de trânsito de produtos e serviços no âmbito da União Europeia.

1.6 A positivação do conceito *self-cleaning* no direito comunitário europeu

A Diretiva 2014/24/EU da União Europeia é primeiro instrumento normativo da União Europeia que trata de modo expresso da figura do *self-cleaning* como mecanismo destinado à reabilitação de empresas para que elas tenham restabelecido o seu direito de celebrar contratos com a Administração Pública.

Entretanto, o conceito de *self-cleaning* não é uma inovação completa da Diretiva. Antes mesmo da previsão expressa dos mecanismos de *self-cleaning*, já se identificavam alguns antecedentes que conduziam ao racional que informa tais medidas.

O fato é que o caminho da positivação do conceito de *self-cleaning* no direito comunitário europeu foi o resultado de uma construção que levou vários anos. A consolidação da ideia de *self-cleaning* demandou a superação de alguns preconceitos e a solidificação de certos conceitos.

1.6.1 Antecedentes

Podem ser identificados alguns antecedentes que já conduziam à identificação de uma noção de *self-cleaning* no direito comunitário europeu, mesmo antes de sua positivação expressa.

1.6.1.1 A possibilidade de afastamento de causas de exclusão mandatórias

Conforme mencionado acima, em princípio as causas de exclusão mandatórias levarão à exclusão de potenciais interessados dos procedimentos de contratação pública, não havendo margem de discricionariedade à autoridade adjudicante.

Entretanto, mesmo antes de se prever expressamente a possibilidade de *self-cleaning* no direito comunitário europeu (que, como se verá, aplica-se também às exclusões mandatórias), já existia o entendimento de que poderia haver uma certa margem para que a exclusão fosse derrogada (ou seja, não fosse aplicada).

Nesse contexto, havia o entendimento de que mesmo as exclusões mandatórias poderiam ser afastadas. Isso porque o art. 45º, parágrafo 1, subparágrafo 3, da Diretiva 2004/18/EC, que antecedeu a atual Diretiva, estabelecia que "Os Estados-Membros poderão prever uma derrogação à obrigação referida no primeiro parágrafo por razões imperativas de interesse geral".

Não havia uma definição do que significavam as "razões imperativas de interesse geral" mencionadas pelo dispositivo. Entretanto, já se entendia que seria do interesse geral que as empresas condenadas deveriam se reabilitar (ou se "limpar", "*clean*"), de modo a impedir a recorrência de condutas de corrupção e outras ofensas graves no futuro.[47]

Portanto, admitia-se em certos casos o afastamento de uma exclusão mandatória em razão do interesse geral de que as empresas se reabilitassem e voltassem a gozar da confiabilidade necessária perante a Administração Pública – o que é justamente o cerne das medidas de *self-cleaning*. Nessas situações, admite-se a presença de outro interesse, igualmente relevante, que faz com que se tolere a contratação de uma empresa reputada inidônea.

1.6.1.2 A possibilidade de afastamento de causas de exclusão discricionárias

Em relação às causas de exclusão discricionárias, o próprio reconhecimento de que há uma margem de discricionariedade na aplicação

---

[47] ARROWSMITH, Sue; PRIESS, Hans-Joachim; FRITON, Pascal. Self-cleaning – an emerging concept in EC Public Procurement Law? *In:* PÜNDER, Hermann; PRIESS, Hans-Joachim; ARROWSMITH, Sue (org.). *Self-cleaning in public procurement law.* p. 8.

da sanção permite concluir que ela poderá não ser aplicada em determinadas condições – mesmo quando ainda não havia uma previsão expressa das medidas de *self-cleaning*.

Nesse contexto, a discricionariedade deverá ser exercida de acordo com os princípios do direito comunitário europeu, tais como os da proporcionalidade e da não-discriminação. Assim, em princípio a sanção deverá ser aplicada apenas na medida em que promova os objetivos buscados. Além disso, de acordo com o princípio da não-discriminação, não se deve conceder tratamentos idênticos a agentes econômicos que se comportaram de maneiras diversas. Aqueles que demonstrarem maior integridade depois de serem sancionados não merecerão o mesmo tratamento que a Administração dará àquele que, mesmo condenado, simplesmente não adota nenhuma medida para assegurar sua integridade no futuro.

Portanto, mesmo antes da previsão expressa do *self-cleaning*, já havia várias possibilidades de não aplicação de sanções ou aplicação de formas diferenciadas, de modo a não impedir totalmente a sua participação em procedimentos de licitações e contratações públicas. De modo geral, tais situações derivavam de uma aplicação concreta dos princípios do direito comunitário europeu, mas não tinham previsão expressa em norma alguma.

1.6.1.3 As menções ao *self-cleaning* antes da Diretiva atual

Outro dado relevante é que o tema do *self-cleaning* foi amplamente debatido e inclusive constou de versões preliminares da Diretiva anterior (Diretiva 2004/18/EC).

Como comentam Arrowsmith, Priess e Friton, durante o processo legislativo que antecedeu a Diretiva 2004/18/EC, foi levantada a questão de se incluir uma exceção expressa à exclusão obrigatória quando os motivos que deram causa à condenação fossem resolvidos. O assunto foi tratado pela primeira vez na Opinião do Comitê das Regiões, de 2001 (OJ C 144/23), ainda nas fases preparatórias da Diretiva 2004/18/EC. Uma norma com esse propósito foi incluída em diversas propostas e versões iniciais daquela Diretiva. Numa versão já adiantada do documento, chegou-se inclusive a incluir uma previsão de que a penalidade não seria aplicada se o operador econômico tivesse "removido a causa da condenação, por exemplo penalizando um empregado que cometeu um dos [fatos relevantes] sem o conhecimento do operador".

Entretanto, essa previsão não foi mantida nas versões posteriores e não há registros públicos acerca das razões da remoção dessa regra.[48]

Aparentemente, a previsão normativa do *self-cleaning* acabou sendo excluída da versão final da Diretiva de 2004 porque se pretendia basear as exceções na previsão que tratava do *interesse geral*.[49] Assim, conforme mencionado acima, havia o entendimento por parte dos estudiosos de que se poderia excepcionar a aplicação da penalidade de suspensão ou exclusão se o interessado demonstrasse haver tomado medidas de *self-cleaning* – o que seria uma exceção aplicada com base no *interesse geral*.

Com isso, a versão final da Diretiva 2004/18/EC acabou não prevendo nenhuma derrogação expressa dessas normas para fins de *self-cleaning*, muito embora ela contemplasse alguns princípios gerais que já se entendia servirem de base para a aplicação de medidas de *self-cleaning*.

De todo modo, além da questão do interesse geral, o argumento considerado mais substancial para embasar a aplicação de medidas de *self-cleaning* baseava-se no princípio da proporcionalidade, contemplado pelo direito comunitário europeu. Considerava-se que a suspensão que recaísse sobre empresas que voltaram a ser confiáveis em virtude da adoção de medidas de *self-cleaning* seria incompatível com o princípio da proporcionalidade. Nesse contexto, merece destaque o clássico estudo de Arrowsmith, Priess e Friton, publicado em 2009 (portanto, vários anos antes da Diretiva atual), para quem "as autoridades adjudicantes devem aceitar a existência de medidas de *self-cleaning* como uma limitação às regras de exclusões mandatórias e, portanto, devem admitir interessados que adotaram medidas efetivas de *self-cleaning*".[50]

Esse entendimento foi confirmado pelo "Livro Verde" sobre a modernização das políticas da União Europeia sobre licitações, de 2011. O documento consignou o seguinte:

---

[48] ARROWSMITH, Sue; PRIESS, Hans-Joachim; FRITON, Pascal. Self-cleaning – an emerging concept in EC Public Procurement Law? *In:* PÜNDER, Hermann; PRIESS, Hans-Joachim; ARROWSMITH, Sue (org.). *Self-cleaning in public procurement law.* p. 8.

[49] HJELMENG, Erling; SOREIDE, Tina. Debarment in public procurement: rationales and realization. *In:* RACCA, G. M.; YUKINS, C. Integrity and efficiency in sustainable public contracts. p. 1-15. Disponível em: <https://papers.ssrn.com/sol3/papers.cfm?abstract_id=2462868>. Acesso em: 23 abr. 2025.

[50] ARROWSMITH, Sue; PRIESS, Hans-Joachim; FRITON, Pascal. Self-cleaning – an emerging concept in EC Public Procurement Law? *In:* PÜNDER, Hermann; PRIESS, Hans-Joachim; ARROWSMITH, Sue (org.). *Self-cleaning in public procurement law.* p. 25.

Um importante assunto sobre o qual as atuais Diretivas da União Europeia sobre licitações permanecem silentes é o que se costuma referenciar como medidas de *"self-cleaning"*, i.e., medidas adotadas pelos operadores econômicos interessados para remediar uma situação que afetou a sua elegibilidade. A efetividade das medidas depende da sua aceitação pelos Estados-membros. O assunto das "medidas de *self-cleaning*" decorre da necessidade de se encontrar um ponto de equilíbrio entre a aplicação dos motivos de exclusão e o respeito à proporcionalidade e à igualdade de tratamento. A consideração de medidas de *"self-cleaning"* pode ajudar as entidades adjudicantes na realização de uma avaliação objetiva e completa da situação individual do candidato ou proponente no momento de decidir pela sua exclusão ou não de um processo de licitação.

O artigo 45 permite que os Estados-membros levem em consideração medidas de *"self-cleaning"* desde que essas medidas eliminem as preocupações com a honestidade profissional, a solvência e a confiabilidade do candidato ou proponente. Entretanto, não há regras uniformes de *"self-cleaning"*, ainda que essas medidas tomadas pelos operadores econômicos para remediar sua exclusão devam ser levadas em consideração de qualquer modo pelas autoridades adjudicantes em alguns Estados-membros.[51]

Portanto, o "Livro Verde", em 2011, já mencionava expressamente a figura do *self-cleaning* justamente como um meio de se eliminar preocupações acerca da confiabilidade dos agentes econômicos.

Como se vê, a ideia de *self-cleaning* já era um conceito relativamente bem estabelecido no direito comunitário europeu. Ainda que sua positivação expressa somente tenha ocorrido com a Diretiva 2014/24/EU, o ideário que informa o conceito de *self-cleaning* já era claramente identificável. Já se reconhecia a possibilidade de empresas penalizadas participarem de certames licitatórios desde que adotassem medidas adequadas que se voltariam a reparar os prejuízos provocados e impedir que novos atos ilícitos fossem praticados. Assim, em vez da penalização da empresa, proporcionava-se uma reabilitação dessas corporações, de modo que suas atividades econômicas prosseguissem normalmente.

---

[51] EU Commission, *Green Paper on the modernisation of EU public procurement policy*, COM (2011) 15 final, 27 de janeiro de 2011.

1.6.2 A introdução de regras de *self-cleaning* pela Diretiva 2014/24/EU

Apesar de o conceito de *self-cleaning* já estar estabelecido há muito tempo no direito comunitário europeu, a introdução de regras específicas tratando expressamente do assunto representou uma evolução marcante.

O *self-cleaning* está previsto no art. 57º, item, 6, da Diretiva 2014/24/EU. O dispositivo tem a seguinte redação:

> 6. Qualquer operador econômico que se encontre numa das situações referidas nos nºs 1 e 4 pode fornecer provas de que as medidas por si tomadas são suficientes para demonstrar a sua fiabilidade não obstante a existência de uma importante causa de exclusão. Se essas provas forem consideradas suficientes, o operador econômico em causa não é excluído do procedimento de contratação.
>
> Para o efeito, o operador econômico deve provar que ressarciu ou que tomou medidas para ressarcir eventuais danos causados pela infração penal ou pela falta grave, esclareceu integralmente os fatos e as circunstâncias através de uma colaboração ativa com as autoridades responsáveis pelo inquérito e tomou as medidas concretas técnicas, organizativas e de pessoal adequadas para evitar outras infrações penais ou faltas graves.
>
> As medidas tomadas pelos operadores econômicos são avaliadas tendo em conta a gravidade e as circunstâncias específicas da infração penal ou falta cometida. Caso as medidas sejam consideradas insuficientes, o operador econômico recebe uma exposição dos motivos dessa decisão.
>
> Um operador econômico que tenha sido excluído, por decisão transitada em julgado, de participar em procedimentos de contratação pública ou concessão não pode recorrer à possibilidade prevista no presente número durante o período de exclusão resultante dessa decisão nos Estados-Membros onde esta produz efeitos.

A norma estabelece regras a respeito do âmbito de aplicação do *self-cleaning*, do objetivo central buscado com o autossaneamento das empresas, do conteúdo das medidas e do modo de avaliação. É o que se passa a examinar nos tópicos abaixo.

1.7 A aplicação das medidas de *self-cleaning* de acordo com a Diretiva 2014/24/EU

As previsões da Diretiva 2014/24/EU demandam uma análise mais aprofundada.

1.7.1 O âmbito de aplicação do *self-cleaning*

A Diretiva estabelece claramente que o *self-cleaning* deve ser levado em consideração em qualquer das situações referidas nos itens 1 e 4 do art. 57º. Isso significa que o autossaneamento dos interessados se aplica aos casos de exclusões tanto mandatórias quanto discricionárias.

Assim, independentemente de qual seja a gravidade do ato praticado, se for uma das situações previstas na norma, a exclusão poderá ser afastada no caso concreto se o interessado adotar medidas efetivas de *self-cleaning*.

1.7.2 Não aplicação a decisões judiciais

A Diretiva, contudo, ressalva que um operador que tenha sido excluído "por decisão transitada em julgado, de participar em procedimentos de contratação pública ou concessão não pode recorrer" ao *self-cleaning* "durante o período de exclusão resultante dessa decisão nos Estados-Membros onde esta produz efeitos" (art. 57º, item 6).

A norma está se referindo nesse ponto às decisões judiciais. Como já mencionado, em certos Estados-membros se admite que o Poder Judiciário, em processos que tratam de condutas ilícitas, fixe na sentença justamente a penalidade de impedimento à participação em procedimentos de contratação pública. É o caso da França, por exemplo, em que o Código Penal contempla essa possibilidade no art. 131-39.

Assim, de acordo com a Diretiva, no caso de o agente econômico ser penalizado pelo Poder Judiciário com a suspensão do direito de participar de procedimentos de contratação pública por um determinado período, essa penalidade não poderá ser afastada em razão da adoção de medidas de *self-cleaning*. É evidente que o condenado continua incentivado a adotar medidas para o seu autossaneamento, a fim de que possa reconquistar a condição de agente econômico confiável. Mas o mero decurso do prazo da suspensão aplicada pelo Poder Judiciário não resolve a sua situação. De todo modo, ainda que o agente adote medidas de *self-cleaning* adequadas, deverá observar o prazo de suspensão que foi fixado por decisão judicial transitada em julgado.

Em tese, até seria possível que as medidas de *self-cleaning*, desde que reconhecidamente adequadas e suficientes, pudessem reduzir o prazo da suspensão aplicada pelo Judiciário. Entretanto, ao que parece, a Diretiva optou por privilegiar a soberania dos Estados-membros nesse ponto.

Sob um certo ângulo, a ausência de aplicação do conceito de *self-cleaning* às decisões judiciais não deixa de ser contraditória. Afinal, se a ideia é instituir uma nova cultura de integridade nos procedimentos de contratações públicas, por que não aplicar o instituto também às exclusões definidas em decisões judiciais? Nesse aspecto, as decisões judiciais que determinam a exclusão dos licitantes parecem ter um caráter essencialmente punitivo. O agente econômico é sancionado de modo irreversível, sem qualquer oportunidade para promover medidas que restabeleçam a sua confiabilidade ao longo do período em que permanecerá suspenso.

Além disso, a vedação à aplicação do conceito de *self-cleaning* às decisões judiciais deixa transparecer uma certa ausência de confiança em relação ao instituto, bem como propicia um sistema dual que pode ser injustamente desproporcional, uma vez que é plenamente possível que a condenação ocorrida num Estado-membro não resultasse no mesmo tipo de sancionamento em outro Estado-membro, reduzindo assim, de modo desproporcional, a competitividade.[52]

Em função dessas críticas, Albert Sánchez Graells defende que o *self-cleaning* deveria se aplicar também às exclusões determinadas em decisões judiciais, ainda que isso representasse um exame ainda mais rigoroso (e difícil) das medidas a serem implementadas. Segundo ele, ao menos uma cláusula de escape deveria ter sido prevista na Diretiva, por questões de interesse público (o que pode ser o caso em mercados altamente concentrados e especializados), de modo que a penalidade fosse afastada se o agente econômico tomasse as medidas adequadas. De todo modo, o doutrinador defende que os Estados-membros deveriam explorar alternativas para desenvolver um sistema mais consistente e orientado à competitividade, uma vez que se deve dar o devido valor ao *self-cleaning*.[53]

1.7.3 O objetivo central das medidas de *self-cleaning*

A Diretiva estabelece que as medidas de *self-cleaning* tomadas pelo interessado destinam-se a "demonstrar a sua fiabilidade não obstante a existência de uma importante causa de exclusão".

---

[52] GRAELLS, Albert Sánchez. *Public procurement and the EU competition rules*. 2. ed. Oxford: Hart Publishing, 2015, p. 295.
[53] GRAELLS, Albert Sánchez. *Public procurement and the EU competition rules*. 2. ed. Oxford: Hart Publishing, 2015, p. 295-296.

Nessa previsão, a Diretiva parece clara no sentido de que o objetivo central das medidas de *self-cleaning* é que o interessado demonstre que voltou a ser confiável. Essa confiabilidade é imprescindível para que se justifique o emprego de recursos públicos em favor do agente econômico. Do contrário, o Poder Público estaria contratando pessoas que não observam as normas aplicáveis, não seguem padrões mínimos de integridade e que inclusive podem descumprir o contrato. Isso transmitiria uma mensagem equivocada acerca dos valores buscados pela União Europeia e colocaria em xeque as licitações públicas como o instrumento central para a realização de contratações pela Administração Pública.

1.7.4 O conteúdo das medidas de *self-cleaning*

Mas quais seriam as medidas de *self-cleaning* que, postas em prática pelas empresas, poderiam justificar o afastamento de uma penalidade de suspensão do direito de participar de licitações e de firmar contratos com a Administração Pública?

Na realidade, é impossível estabelecer "em tese" quais seriam as medidas suficientes em todo e qualquer caso. O conteúdo efetivo das medidas de *self-cleaning* dependerá de cada caso concreto, devendo-se levar em consideração a gravidade da conduta praticada, a sua duração, a sua recorrência, o seu impacto econômico e a adequação das medidas adotadas pela empresa à luz das peculiaridades do caso em questão.[54]

O aspecto central é que as medidas de *self-cleaning*, em todos os casos, devem dificultar do modo mais eficiente possível a recorrência

---

[54] O Considerando nº 102 da Diretiva 2014/24/EU estabelece o seguinte: "Deverá (...) prever-se a possibilidade de os operadores econômicos poderem adotar medidas de execução destinadas a remediar as consequências de quaisquer infrações penais ou faltas graves e a prevenir eficazmente a repetição de tais faltas. Essas medidas poderão consistir, em particular, em intervenções ao nível do pessoal e da organização, como sejam a ruptura de todas as ligações com as pessoas ou organizações envolvidas na conduta ilícita, medidas adequadas de reorganização do pessoal, a aplicação de sistemas de notificação e controle e a criação de uma estrutura de auditoria interna para acompanhar o cumprimento e a adoção de regras internas em matéria de responsabilidade e compensação. Se tais medidas proporcionarem garantias suficientes, o operador econômico em questão deverá deixar de estar excluído por esses motivos apenas. Os operadores econômicos deverão ter a possibilidade de solicitar que sejam examinadas as medidas de execução tomadas com vista a uma eventual admissão ao procedimento de contratação. No entanto, deverá ser deixada ao critério dos Estados-Membros a determinação das exatas condições processuais e materiais aplicáveis nesses casos. Em particular, os Estados-Membros são livres de decidir se querem deixar ao cuidado das autoridades adjudicantes as avaliações pertinentes ou confiar essa tarefa a outras autoridades a nível central ou não central".

dos atos delituosos. Não se trata de instituir a impunidade, e sim de exigir a adoção de medidas eficazes que permitam restaurar a confiança que se espera de uma empresa séria.

Em regra, essa confiabilidade das empresas de modo a poderem voltar a participar de licitações será alcançada por meio de quatro medidas concretas que são previstas expressamente na Diretiva.

1.7.4.1 Esclarecimento dos fatos

Um dos requisitos que a Diretiva 2014/24/EU prevê para o autossaneamento da empresa é o de que ela deve provar que "esclareceu integralmente os fatos e as circunstâncias através de uma colaboração ativa com as autoridades responsáveis" pela investigação.

Isso significa que a empresa deverá contribuir com os procedimentos de investigação, de modo a esclarecer os fatos praticados e as responsabilidades de todas as pessoas envolvidas, de maneira compreensível e do modo mais rápido possível.

Com frequência, o esclarecimento dos fatos demandará investigações internas prévias de modo que o próprio interessado tenha um conhecimento adequado do que efetivamente ocorreu. Em certos casos, auditores externos são recomendados.[55]

Na realidade, a colaboração com as autoridades será um importante aspecto na avaliação da seriedade das medidas de *self-cleaning*. Por autoridades, incluem-se a polícia, promotores de justiça e autoridades de defesa da concorrência. Os interessados deverão esclarecer como os fatos ocorreram, por que não foram impedidos, quem são os responsáveis e quais danos foram provocados.[56]

O esclarecimento completo dos fatos é necessário inclusive para que se possa dimensionar adequadamente quais serão as medidas de *self-cleaning* apropriadas. Sem o esclarecimento do que realmente ocorreu, as medidas subsequentes de *self-cleaning* não teriam embasamento factual e não se poderia dar crédito a elas como um esforço realmente eficaz de eliminação da ocorrência de práticas delituosas.

---

[55] FRITON, Pascal; ZÖLL, Janis. Exclusion grounds. *In:* CARANTA, Roberto; SANCHEZ-GRAELLS, Albert (org.). European Public Procurement: commentary on Directive 2014/24/EU. Cheltenham-Northampton: Edward Elgar, 2021, p. 625.

[56] FRITON, Pascal; ZÖLL, Janis. Exclusion grounds. *In:* CARANTA, Roberto; SANCHEZ-GRAELLS, Albert (org.). European Public Procurement: commentary on Directive 2014/24/EU. Cheltenham-Northampton: Edward Elgar, 2021, p. 625.

Dentre as atividades relacionadas ao esclarecimento dos fatos, há dois precedentes interessantes da Alemanha em que se optou pela realização de auditorias especiais por contadores públicos ou terceiros independentes.[57] De todo modo, em regra não é obrigatório que haja um auditor independente. O fundamental é que a empresa colabore efetivamente com as autoridades encarregadas das investigações, de modo que todos os fatos e responsabilidades sejam de conhecimento dessas autoridades.

1.7.4.2 Reparação dos danos

O segundo requisito das medidas de *self-cleaning* previsto na Diretiva 2014/24/EU é o de que o interessado "deve provar que ressarciu ou que tomou medidas para ressarcir eventuais danos causados pela infração penal ou pela falta grave". Assim, uma vez esclarecidos os fatos e circunstâncias que ocorreram, o interessado deverá adotar medidas destinadas a ressarcir os prejuízos que causou.

Há, portanto, uma preocupação com que o interessado recomponha os prejuízos que causou com sua atuação irregular. Num certo sentido, o ressarcimento dos danos não diz respeito apenas aos que foram prejudicados. O ressarcimento é relevante também para que a empresa recupere a sua confiabilidade. Se o interessado não promover o ressarcimento dos danos que causou, terá sido beneficiado indevidamente.

Além disso, o ressarcimento integral dos danos tem um efeito preventivo perante a própria empresa e o mercado como um todo. Qualquer agente econômico saberá que não basta promover certas medidas de *self-cleaning* para escapar de uma possível exclusão. O ressarcimento dos danos também deverá ocorrer em qualquer caso.

Note-se, contudo, que a regra não prevê que o ressarcimento deve necessariamente ser prévio à reabilitação da empresa. Admite-se também que a empresa prove que "tomou medidas para ressarcir" eventuais danos. A doutrina especializada não chega a esclarecer o que significa essa previsão, mas o fato é que, se a regra contempla duas realidades distintas (ressarcimento e tomar medidas para ressarcir), é porque pretendeu tratar de situações diversas.

---

[57] Corte de Apelação de Düsseldorf, decisão de 9 de abril de 2003 – Verg 66/02; e Corte Regional de Berlim, decisão de 22 de março de 2006 – 23 O 118/04.

A Diretiva também não esclarece qual a extensão do ressarcimento – por exemplo, se basta o ressarcimento da Administração Pública, se concorrentes eventualmente prejudicados terão de ser ressarcidos, e assim por diante. Tampouco há clareza para as situações em que há discussão sobre a existência efetiva de um dano e sobre a sua quantificação. Para esses casos, há o entendimento de que o particular pode pagar o montante cobrado e reaver posteriormente eventual excesso.[58]

Por fim, há uma observação de caráter lógico. O ressarcimento somente será exigido para que haja o autossaneamento do interessado nos casos em que o agente econômico efetivamente causou um dano. Na ausência de danos, não há o que ressarcir.[59]

1.7.4.3 Medidas de pessoal

Para que ocorra o *self-cleaning*, a Diretiva estabelece também que o interessado deverá provar que tomou "medidas concretas (...) de pessoal adequadas para evitar outras infrações penais ou faltas graves".

A adoção de medidas relacionadas ao pessoal da empresa é extremamente difícil, mas fundamental para os processos de *self-cleaning*. Na prática, isso significa que a empresa será obrigada a desligar os seus acionistas, executivos e empregados que tiveram relação com a prática de atos delituosos. Esse desligamento deverá ocorrer de forma imediata e de modo que as pessoas que forem desligadas compreendam o motivo de tal ato.

Essas medidas de pessoal significam que, para promover o seu autossaneamento, a empresa terá de se assegurar que todas as pessoas envolvidas com a prática de atos fraudulentos realmente foram desligadas da companhia de acordo com as previsões trabalhistas, caso aplicáveis.

No caso de acionistas, a empresa deverá se assegurar de que tais pessoas serão impedidas de ter qualquer influência na condução dos negócios da companhia. Esse tipo de influência pode derivar, por exemplo, de acordos firmados entre o acionista afastado e seus sucessores

---

[58] FRITON, Pascal; ZÖLL, Janis. Exclusion grounds. *In:* CARANTA, Roberto; SANCHEZ-GRAELLS, Albert (org.). European Public Procurement: commentary on Directive 2014/24/EU. Cheltenham-Northampton: Edward Elgar, 2021, p. 624.

[59] FRITON, Pascal; ZÖLL, Janis. Exclusion grounds. *In:* CARANTA, Roberto; SANCHEZ-GRAELLS, Albert (org.). European Public Procurement: commentary on Directive 2014/24/EU. Cheltenham-Northampton: Edward Elgar, 2021, p. 624.

– que podem permitir de algum modo que o acionista afastado tenha certos poderes de ingerência sobre a empresa.

Nos casos em que a participação da pessoa foi menor (por exemplo, se ela apenas tinha ciência dos fatos e adotou condutas periféricas), medidas mais brandas poderão ser adotadas, tais como uma simples reprimenda.

1.7.4.4 Medidas estruturais e organizacionais

A quarta medida para a reabilitação do agente econômico consiste em provar que "tomou as medidas concretas técnicas, organizativas (...) adequadas para evitar outras infrações penais ou faltas graves".

Isso significa que, além de lidar com o ressarcimento de prejuízos que causou no passado e de prever medidas de pessoal no presente, o interessado deverá estabelecer medidas voltadas para o futuro. As autoridades adjudicantes somente considerarão que as medidas de *self-cleaning* são suficientes se forem adotadas medidas estruturais e organizacionais pela companhia, as quais deverão se voltar à prevenção da ocorrência de atos delituosos similares no futuro.

Há uma grande variedade de medidas cabíveis. Podem compreender, por exemplo, a realização de treinamentos *in-house* com membros de seus quadros de funcionários e colaboradores e a formulação de regras internas de conduta que se destinem à prevenção da ocorrência de atos delituosos – as quais deverão igualmente contemplar sanções em caso de transgressão. Essas regras internas de conduta podem, por exemplo, estabelecer padrões de comportamento que sejam adotados pelos funcionários nos casos de haver algum contato suspeito. Inserem-se aqui, portanto, os programas de *compliance*.

Outras medidas de organização da empresa podem envolver, por exemplo, o estabelecimento de um sistema duplo de controle e até mesmo a previsão de um rodízio de empregados em seus quadros – ao menos nos departamentos em que o pessoal tenha maior probabilidade de se envolver com atos de corrupção.

Há também a possibilidade de se adotar outras medidas preventivas, tais como o estabelecimento de um responsável pelo *compliance* (*compliance officer*), interno ou externo à empresa, e a nomeação de um *ombudsman*, que poderá ser acionado por eventuais delatores de práticas criminosas.

1.7.5 A definição das medidas em cada caso concreto

Apesar de a Diretiva estabelecer o conteúdo geral das medidas de *self-cleaning*, é possível que algumas delas não sejam aplicáveis no caso concreto.

Um exemplo disso já foi mencionado acima. Se o ato praticado pelo agente econômico não gerou prejuízo a ninguém, nem mesmo à Administração Pública, não haverá reparação de danos a ser feita ainda que o ato seja reprovável.

Outro exemplo muito claro é o da empresa que foi excluída por não ter cumprido determinada obrigação de natureza laboral. Nesse caso, não há motivo para exigir que ela adote determinados mecanismos de *compliance* se a sua falha não tem propriamente relação com atos ilegais de corrupção ou similares.

1.7.6 Critérios para a avaliação das medidas de *self-cleaning*

A Diretiva estabelece que "as medidas tomadas pelos operadores econômicos são avaliadas tendo em conta a gravidade e as circunstâncias específicas da infração penal ou falta cometida".

Portanto, pelo menos dois critérios devem ser levados em conta pelas autoridades na avaliação das medidas de *self-cleaning*: a gravidade do ato praticado pelo agente econômico e as circunstâncias específicas da infração ou falta cometida. Não há um modelo padrão de medidas de *self-cleaning* que seria aceitável em todos os casos.

A gravidade do ato praticado influencia diretamente as medidas de *self-cleaning*. Em princípio, quanto mais graves tiverem sido os atos ilícitos cometidos pelo agente econômico, mais abrangentes deverão ser as medidas de *self-cleaning* para que a empresa efetivamente volte a ser considerada um operador confiável. A gravidade dos atos é um indício de que são necessárias medidas mais drásticas de autossaneamento.

As medidas de *self-cleaning* também serão o resultado direto das circunstâncias específicas da infração ou falta cometida. Isso ocorre porque há uma grande variedade de condutas que podem levar um agente econômico a ser excluído dos procedimentos de contratação pública. Algumas consistem em meras faltas na execução de obrigações contratuais ou legais. Outras são práticas criminosas. Mesmo entre essas últimas, existem diversas condutas diferentes que podem conduzir à exclusão do agente econômico. Sendo assim, é evidente que o conteúdo das medidas de autossaneamento deverá levar em conta quais foram efetivamente as circunstâncias em que o agente praticou os atos irregulares.

1.7.7 O direito a uma análise motivada das medidas adotadas

O interessado que adotar medidas de *self-cleaning* não receberá automaticamente a sua reabilitação. Não se trata de uma *"get out of the jail card"*.[60] As autoridades competentes devem tomar uma decisão quanto à suficiência das medidas adotadas, levando em conta a gravidade e as particularidades das circunstâncias ocorridas.

A Diretiva ainda estabelece que "Caso as medidas sejam consideradas insuficientes, o operador econômico recebe uma exposição dos motivos dessa decisão".

Há, portanto, um dever de motivação do ato de análise das medidas de *self-cleaning*. A autoridade competente para analisar as medidas adotadas pelo agente econômico não poderá rejeitá-las de modo não fundamentado.

Além de se tratar de uma questão de transparência,[61] a exposição dos motivos da decisão que analisou as medidas de *self-cleaning* não deixa de ter um efeito pedagógico. O interessado deve saber as razões pelas quais suas medidas foram consideradas insuficientes para que tenha a oportunidade de complementá-las de modo a atingir a finalidade buscada.

1.8 Aproximação com o direito brasileiro

O conceito de *self-cleaning* no direito comunitário europeu é de grande importância para o desenvolvimento de uma sistemática similar no Brasil. O assunto será desenvolvido em capítulo específico. De todo modo, já podem ser enunciados alguns fatores que permitem chegar a essa conclusão.

---

[60] FRITON, Pascal; ZÖLL, Janis. Exclusion grounds. *In:* CARANTA, Roberto; SANCHEZ-GRAELLS, Albert (org.). European Public Procurement: commentary on Directive 2014/24/EU. Cheltenham-Northampton: Edward Elgar, 2021, p. 627.

[61] Sobre a aplicação do princípio da transparência nos procedimentos de contratação pública da União Europeia, confira-se: TREPTE, Peter. *Public procurement in the EU*.2.ed. New York: Oxford, 2007, p. 15-32.

O primeiro deles é que há uma grande semelhança na sistemática de punição de licitantes e contratados que praticaram atos irregulares. Embora no Brasil não haja uma classificação entre exclusões mandatórias e exclusões discricionárias, há a previsão das penalidades de "impedimento de licitar e contratar" e de "declaração de inidoneidade para licitar ou contratar" (art. 156, incisos III e IV, da Lei 14.133/2021), que têm como efeito prático impedir que o agente econômico participe de procedimentos de contratações públicas, ao menos por um período específico. Além disso, tal como na União Europeia, um dos objetivos dessas sanções é a proteção da Administração Pública, para que ela não contrate licitantes desonestos ou que representem riscos à execução dos contratos.

O segundo fator de aproximação é que os princípios da União Europeia dos quais se extrai o conceito de *self-cleaning* também são contemplados pelo direito brasileiro. Ninguém questiona que as penalizações de licitantes e contratados no Brasil são informadas pelo princípio da proporcionalidade e da isonomia, notadamente depois da reforma da LINDB e da edição da Lei 14.133/2021. Ambos os princípios servem de fundamento direto para o conceito de *self-cleaning* e orientam decisões informadas por juízos de natureza consequencialista – o que denominaremos na sequência de "Análise de Impacto Sancionatório".

O terceiro fator é que, no Brasil, existem vários institutos que poderiam servir de veículo para o estabelecimento de medidas de *self-cleaning* (ou autossaneamento). A Administração Pública e os órgãos de controle podem negociar acordos sobre diversas matérias, inclusive tratando da aplicação de sanções. Há previsões normativas de acordos substitutivos de sanções, acordos de leniência e termos de ajustamento de conduta que têm por efeito justamente a suspensão de uma penalidade específica. Além disso, existem previsões normativas que conferem efeitos específicos a programas de integridade.

O quarto fator relevante é que o direito brasileiro contempla a figura da reabilitação de empresas que tenham sido penalizadas com um impedimento ou com uma declaração de inidoneidade. Por meio da reabilitação, a empresa readquire o direito de participar de procedimentos de contratação pública. O autossaneamento (*self-cleaning*) pode ser justamente o caminho para que o agente econômico obtenha o resultado final almejado, que é justamente a sua reabilitação quando a penalidade já foi previamente aplicada.

CAPÍTULO 2

SUSPENSION E *DEBARMENT* DE LICITANTES E O *SELF-CLEANING* NO DIREITO NORTE-AMERICANO

2.1 Introdução

O sistema administrativo sancionatório norte-americano relativo a licitações e contratações públicas apresenta peculiaridades marcantes em comparação com o sistema comunitário europeu.

De modo geral, a *Federal Acquisition Regulation* (FAR), que disciplina as contratações administrativas no âmbito do governo federal,[62] contém regras menos precisas, embora bastante extensas, sobre a aplicação de penalidades. Dentre as várias penalidades que podem ser aplicadas, destacam-se para o objeto deste estudo o *debarment* – que equivale a um impedimento de licitar – e a *suspension* – que é um afastamento temporário de natureza cautelar da participação em licitações. Trata-se das medidas administrativas mais graves que podem ser aplicadas.

No entanto, tal como na Diretiva 2014/24/EU da União Europeia, a FAR igualmente se preocupa em estabelecer regras prospectivas, voltadas a melhorar os padrões de integridade nas relações público-privadas. Isso é feito por meio do estabelecimento de uma série de requisitos estruturais e comportamentais que a FAR contempla para que o particular, caso os adote, possa (i) afastar uma potencial aplicação de *debarment* ou *suspension* ou (ii) reduzir o tempo de vigência dessas penalidades caso já aplicadas.

---

[62] O FAR (*Federal Acquisition Regulation*) é o regulamento principal utilizado pelas agências executivas na aquisição de suprimentos e serviços. Tornou-se efetivo em 1º de abril de 1984.

A FAR chega a anunciar expressamente em um de seus dispositivos que as medidas de *debarment* e *suspension* são tão sérias e graves que só podem ser aplicadas para a proteção do interesse da Administração Pública "e não para o propósito de punição" – FAR 9.402(b).

Portanto, com mais clareza em comparação com o direito comunitário europeu, o sistema norte-americano afasta de modo expresso concepções estritamente punitivistas no seu direito administrativo sancionador relacionado a contratações públicas. Parte-se do pressuposto de que o sancionamento pela prática de atos ilícitos pode ser objeto de punições monetárias (aplicação de multas) ou mesmo de sanções aplicadas em outras esferas (cíveis e criminais, por exemplo). O afastamento de uma empresa do mercado de contratações públicas somente deve ocorrer em casos extremos, nos quais essa empresa represente um perigo efetivo e atual à própria Administração Pública. Nessa avaliação de riscos, se o particular conseguir demonstrar que, apesar de ter praticado alguma ilicitude grave, adotou providências para o restabelecimento de sua condição de licitante "presentemente responsável" (conceito de *present responsability*), poderá ser afastada a aplicação das medidas de *debarment* e de *suspension* ou, no mínimo, poderá ser abreviado o prazo de aplicação dessas providências caso já tenham sido aplicadas.

Sob um certo ângulo, há uma concepção prática e utilitarista que afasta propósitos estritamente punitivistas na aplicação do *debarment* e da *suspension*. Afinal, trata-se de penalidades voltadas ao futuro, com a finalidade de proteger a Administração Pública. O licitante que não foi responsável no passado não necessariamente continuará assim no presente.

Nesse contexto, o *self-cleaning* exerce um papel central no sistema punitivo aplicável às contratações públicas nos EUA. Diversas normas da FAR incentivam que as empresas adotem medidas voltadas a reduzir o risco de práticas de irregularidades para o futuro – medidas que, evidentemente, devem ser bem executadas e demandam tempo e recursos para sua implementação e manutenção.

Examinemos essa sistemática de modo mais aprofundado.

2.2 A *"present responsability"* dos interessados como requisito para sua contratação

Quando um órgão do governo norte-americano desenvolve um procedimento para a aquisição de bens ou serviços, deve verificar se os interessados são "responsáveis" (se são dotados de *"present responsability"*).[63]

De acordo com a FAR, é imprescindível que uma empresa seja reconhecida como "responsável" para que ela possa ser considerada pela Administração Pública em seus procedimentos de contratação.[64-65]

Nenhuma contratação administrativa pode ser feita com um particular se ele não for reconhecido formalmente como responsável pelo *contracting officer*. Por conseguinte, qualquer empresa interessada em ser contratada deve demonstrar afirmativamente que detém essa qualidade – o que abrange, quando necessário, os seus subcontratados.

A FAR prevê que eventual contratação de um licitante não responsável, baseada apenas no fato de que ele apresentou o menor preço, pode vir a ser uma "falsa economia", visto que a situação pode resultar na não execução – ou na execução insatisfatória – do contrato.

Em síntese, diante de um risco consistente de que o interessado não seja uma empresa responsável, a Administração Pública em regra não deverá contratá-lo.[66]

Para se concluir pela responsabilidade ou não do interessado, a FAR estabelece que ele deve reunir certas características: (i) ter recursos financeiros (ou a capacidade de obtê-los) para a boa execução do objeto contratado; (ii) ter a capacidade de cumprir o objeto contratado dentro do prazo fixado; (iii) ter um histórico de performance satisfatório; (iv) ter um histórico de integridade e ética nos negócios; (v) ter organização, experiência, controle e qualificações técnicas necessárias (ou ter a habilidade de obtê-las); (vi) ter os equipamentos e instrumentos necessários (ou a capacidade de obtê-los); bem como (vii) ser qualificado como elegível pela legislação aplicável.[67]

---

[63] Ao longo desta obra, adotaremos a expressão "responsabilidade" para fazer referência à *"present responsability"*, por questão de fluência do texto. Pretende-se indicar a qualidade da empresa que é responsável e que eventualmente tenha recuperado essa responsabilidade caso em algum momento tenha praticado atos que comprometeram essa característica.

[64] FAR 9.103(a) a 9.103(c) e FAR 9.402(a).

[65] Para uma análise histórica do termo "contratado responsável" em contratações públicas nos EUA, confira-se: MEUNIER, Robert F.; NELSON, Trevor B. A. Is it time for a single federal suspension and debarment rule? *Public Contract Law Journal*. vol. 46, n. 3, 2017, p. 556-564. Segundo os doutrinadores, o termo foi utilizado pela primeira vez num Ato do Congresso de 1884, em resposta a fraudes em processos de contratação durante a Guerra Civil norte-americana. O conceito foi evoluindo ao longo dos anos, até resultar na regulação da FAR.

[66] FAR 9.103(c).

[67] FAR 9.104-1(a) a 9.104-1(g).

Além disso, em adição aos requisitos acima, a *Common Rule* [68] prevê que o *suspension and debarment official* ("SDO") – autoridade competente para a aplicação do *debarment* e da *suspension* – deve considerar: (i) o efetivo ou potencial impacto do ato ilícito; (ii) a frequência e (ou) duração da ilicitude; (iii) se há uma história pretérita ou padrão de conduta na prática de ilícitos; (iv) se o contratado foi previamente desqualificado em procedimentos de contratação anteriores por ter praticado um ato ilícito; (v) se o contratado já celebrou acordo administrativo que tenha tratado de conduta similar; (vi) se o contratado planejou, iniciou ou executou as ilicitudes; (vii) se os ilícitos eram práticas difundidas na organização empresarial; (viii) as posições dos indivíduos envolvidos nas organizações; e (ix) outros fatores apropriados às circunstâncias analisadas.

Portanto, afora os requisitos técnicos e econômicos aplicáveis, deve-se verificar se o contratado em potencial apresenta uma performance pretérita desabonadora ou representa riscos reputacionais efetivos para a Administração Pública. Uma falha pretérita relacionada a questões éticas e de integridade, por exemplo, pode constituir um fator que impeça a contratação do interessado.[69] Em suma: atos de corrupção e desempenhos de má qualidade podem afetar a avaliação da performance pretérita do interessado.

Para a avaliação da responsabilidade das empresas, as agências utilizam o *Contractor Performance Assessment Reporting System (CPARS)* e o *Past Performance Information Retrieval System (PPIRS)*. Trata-se de ferramentas que contêm as métricas para avaliar a qualidade da performance pretérita dos interessados.[70]

---

[68] Cabe aqui uma breve explicação sobre a *Common Rule*. As regras da FAR sobre *debarment* e *suspension* se aplicam a procedimentos de contratação realizados por agências federais. Já a denominada *Common Rule* se aplica, de acordo com a FAR9.403, a *debarment* e *suspension* envolvendo subsídios, acordos cooperativos, contratos de assistência, empréstimos, seguros, pagamentos para uso específico, acordos de doação e outras situações (PACHTER, John; YUKINS, Christopher; TILLIPMAN, Jessica. US Debarment: an introduction. *In:* VAN ROOJI, Benjamin; SOKOL, D. Daniel. *The Cambridge Handbook of Compliance* n. 288. Cambridge: Cambridge University Press, 2021, p. 294).

[69] Steven L. Schooner tem uma visão interessante sobre o tema. Segundo ele, "o objetivo desse exercício estatutário de mandato [ou seja, a escolha de um contratado responsável] é confirmar que os dólares dos contribuintes de impostos resultam na contratação dos bens e serviços descritos nos contratos (e não na meca aquisição de um processo judicial)" (SCHOONER, Steven L. The paper tiger stirs: rethinking suspension and debarment. *Public Procurement Law Review*, vol. 13, 2004, p. 3).

[70] PACHTER, John; YUKINS, Christopher; TILLIPMAN, Jessica. US Debarment: an introduction. *In:* VAN ROOJI, Benjamin; SOKOL, D. Daniel. *The Cambridge Handbook of Compliance*, n. 288. Cambridge: Cambridge University Press, 2021, p. 293.

Em última análise, o procedimento de contratação pública representa um teste de aferição da *present responsability* dos interessados.[71-72] Pretende-se saber se eles, *atualmente*, possuem os predicados necessários para sua consideração como responsáveis. Desde logo, destaque-se que o advérbio "atualmente" faz toda a diferença e é ponto crucial para a compreensão do autossaneamento.[73]

2.3 A exigência de sistemas de *compliance*

Em linha com a exigência de que os potenciais contratados sejam "responsáveis", o direito norte-americano incentiva – ou mesmo exige, em certas situações – que as empresas tenham sistemas de *compliance*.

A FAR prevê que os contratados devem conduzir sua atuação no mais alto grau de integridade e honestidade.[74] Além disso, estabelece que os contratados devem ter programas de treinamento de *compliance* e ética nos negócios, bem como um sistema de controles internos que (i) sejam "compatíveis com o tamanho da companhia e com a extensão do seu envolvimento com contratações públicas", (ii) facilitem "a descoberta a tempo de condutas impróprias relacionadas com contratos públicos", e (iii) assegurem medidas corretivas que sejam devidamente aplicadas e conduzidas".[75]

Além dessas previsões, que se aplicam como um guia para todas as contratações federais, a FAR ainda estabelece algumas situações em que é obrigatória a existência de um Código de Ética e Conduta e a existência de uma *hotline* para denúncias.[76]

---

[71] PACHTER, John; YUKINS, Christopher; TILLIPMAN, Jessica. US Debarment: an introduction. *In*: VAN ROOJI, Benjamim; SOKOL, D. Daniel. *The Cambridge Handbook of Compliance*, n. 288. Cambridge: Cambridge University Press, 2021, p. 289.

[72] Chama a atenção o fato de que a FAR e outras normas aplicáveis não contêm uma definição do que seja *"present responsability"*. A ausência de definição e a incerteza gerada por possíveis interpretações subjetivas é objeto de crítica de David Robbins (ROBBINS, David. Is it time to define 'present responsibility'? *The Government Contractor*, vol. 64, n. 40, Thomson Reuters. out/2022, p. 1-4). Entretanto, o doutrinador não chega a propor uma definição do que seria *"present responsability"*.

[73] De acordo com Todd J. Canni e Steven A. Shaw, "quando um contratado é reconhecido como atualmente responsável [*"presently responsible"*] apesar de conduta pretérita desabonadora, ele não representa ameaça aos interesses do Estado, o que faz com que o *debarment* seja uma medida inapropriada" (CANNI, Todd J.; SHAW, Steven A. Comments on wartime contracting commission's recommendations on suspension and debarment. *Service contractor*. set. 2011, p. 14).

[74] FAR 3.1002(a)-(b).

[75] FAR 3.1002(b).

[76] Por exemplo: a existência de um Código de Ética e Conduta é obrigatória se o valor do contrato exceda US$5,5 milhões e o prazo de execução for de 120 dias ou mais – FAR

Portanto, há uma preocupação da regulação com o estabelecimento de um contexto de práticas que diminuam os riscos de ocorrência de atos ilícitos e colaborem para que eles sejam conhecidos e resolvidos da forma mais rápida e eficiente possível. Em síntese: um ambiente saudável para que haja apenas empresas responsáveis, que é a qualidade essencial para que a Administração Pública as contrate.

2.4 As penalidades de *debarment* e *suspension*

Caso um interessado não seja considerado "responsável" na avaliação dos fatores sumariados acima, ele não poderá ser o vencedor daquele procedimento específico em disputa. Ou seja, sua proposta não será considerada nos certames específicos.[77] Há, inclusive, a possibilidade de ser afastado, unitariamente, de diversos procedimentos em curso, o que pode ser considerada uma *debarment de facto*.[78]

No entanto, há ainda as medidas de *debarment* e *suspension*, que se aplicam não apenas a uma licitação específica, mas a todos os procedimentos de contratação iniciados em um determinado período.

O *debarment* e a *suspension* são mecanismos estabelecidos pela FAR para reduzir os riscos de contratação de uma empresa não responsável.[79] Isso porque tanto o *debarment* quanto a *suspension* são providências voltadas a excluir um potencial interessado do mercado de contratações públicas, impedindo, assim, que a Administração Pública trave relações contratuais com ele.

No *debarment*, o particular fica impedido de participar de licitações e contratações públicas por um determinado período, que será

3.1004(a). A existência de uma *hotline* é obrigatória (a não ser que o contrato tenha por objeto a aquisição de um item comercial, ou seja executado inteiramente no exterior) se (i) o contrato exceder US$5,5 milhões; (ii) a agência tem um *hotline* ou (iii) o contrato for financiado por um fundo de assistência a desastres – FAR 3.004(b)(1).

[77] Portanto, de um lado há a possibilidade de desclassificação ou inabilitação (para utilizar termos típicos do sistema jurídico brasileiro) de um interessado num procedimento específico; de outro lado há a possibilidade de imposição de medidas de aplicação geral a todos os procedimentos de contratação (que são o *debarment* e a *suspension*).

[78] Isso pode acontecer inclusive em diversos procedimentos ao longo do tempo, resultando no que se chama de *debarment "de facto"*. Uma discussão que se coloca nesses casos é se o particular deve ter o direito a um devido processo administrativo, considerando a possibilidade de recorrência das desclassificações (PACHTER, John; YUKINS, Christopher; TILLIPMAN, Jessica. US Debarment: an introduction. *In:* VAN ROOIJ, Benjamin; SOKOL, D. Daniel. *The Cambridge Handbook of Compliance* n. 288. Cambridge: Cambridge University Press, 2021, p. 291).

[79] FAR 9.402(a).

em regra de até três anos – salvo algumas exceções, que comportam períodos maiores ou menores.[80-81]

Já a *suspension* tem uma natureza cautelar. Trata-se da suspensão do direito de participar de licitações antes do início de um processo de investigação ou de um processo judicial, ou no curso desses processos, e somente pode ser aplicada se houver evidências adequadas de que o interessado representa um risco significativo e *imediato* ao Estado. Em regra, a suspensão somente pode durar enquanto estiver em curso a investigação. Se tiver sido aplicada antes do início do procedimento legal, a suspensão deverá se encerrar caso esse procedimento não se inicie em até doze meses contados da *suspension note*, a não ser que o *Assistant Attorney General* requeira sua extensão por até mais seis meses.

A aplicação do *debarment* e da *suspension* deve ser precedida do devido procedimento administrativo[82-83] e só pode acontecer quando o *suspension and debarment official* ("SDO") concluir, a partir dos elementos apurados nesse procedimento, que estão presentes as hipóteses que levam à aplicação de uma dessas medidas.[84-85]

---

[80] FAR 9.406-4(a). A regra geral é que o *debarment* não exceda o período de três anos. Entretanto, há três exceções: pode chegar (i) a cinco anos em virtude de violações às previsões legais relacionadas a ambientes de trabalhos livres de drogas (*"Drug-Free Workplace"*); (ii) a um ano caso haja certo número de empregados condenados por violação aos estatutos relacionados a ambiente de trabalho livre de drogas que indique que a empresa falhou no seu objetivo de proporcionar um *"Drug-Free Workplace"*; e (iii) a dois anos em certos casos nos quais a *suspension* precede o *debarment*.

[81] É possível que o *debarment* se estenda por um período adicional ao originalmente fixado caso o SDO entenda que essa extensão é necessária para proteger os interesses da Administração Pública. Nesse caso, entretanto, a penalidade não pode ser estendida com base nos mesmos fatos e circunstâncias que levaram ao *debarment* inicial. Deverão ser outros fatos – FAR 9.406-4(b).

[82] A FAR detalha os procedimentos de *debarment* (FAR 9.406-3) e de *suspension* (FAR 9.407-3).

[83] Uma decisão seminal da US Court of Appeals do DC Circuit, em 1964, determinou que as regulações garantam proteções relativas ao devido processo legal para empresas acusadas de práticas que podem conduzir ao *debarment* – Gonzalez v. Freeman, 344, F.2d 570, 574 (D.C. Cir. 1964), conforme: PACHTER, John; YUKINS, Christopher; TILLIPMAN, Jessica. US Debarment: an introduction. *In:* VAN ROOJI, Benjamin; SOKOL, D. Daniel. *The Cambridge Handbook of Compliance*, n. 288. Cambridge: Cambridge University Press, 2021, p. 293.

[84] O procedimento se inicia com uma *"Show Cause Letter"*, que é uma notificação endereçada ao contratado comunicando-o de que está sendo considerada a possibilidade de aplicar medidas de *debarment* ou *suspension* e confere a oportunidade para a apresentação de provas de que se trata de uma empresa responsável (TILLIPMAN, Jessica. A House of Cards Falls: why 'Too Big to Debar' is all slogan and little substance. *Fordham Law Review Res Gestae*, New York, vol. 80, n. 49, 2012, p. 52).

[85] Para um aprofundamento a respeito dos procedimentos e garantias envolvidas, confira-se: YUKINS, Christopher; KANIA, Michal. Suspension and debarment in the U.S. Government: Comparative Lessons for the EU's Next Steps in Procurement. *Upphandlingsrättslig Tidskrift (UrT)*, vol. 19, n. 2, 2019, p. 59-64.

As causas para a aplicação de *debarment* são várias. Em síntese, a medida é aplicada caso fique comprovado que a empresa (i) cometeu fraude ou crime para obter, tentar obter ou executar um contrato administrativo, (ii) violou normas federais ou estaduais de natureza antitruste na submissão de ofertas para contratações públicas, (iii) cometeu peculato, roubo, falsificação, suborno ou destruição de provas, fez declarações falsas, cometeu sonegação de tributos, violou legislação criminal federal relacionada a tributos ou cometeu receptação; (iv) colocou a inscrição *"Made in America"* em produtos que não foram manufaturados nos Estados Unidos ou em suas áreas periféricas, ou (v) cometeu qualquer outra ofensa que caracterize falha de integridade ou desonestidade comercial séria que comprometa sua caracterização como empresa responsável.[86]

As causas que justificam a aplicação da *suspension* são as mesmas, acrescidas de outras que dizem respeito à natureza cautelar da medida em questão.[87]

Portanto, o *debarment* e a *suspension* são medidas aplicáveis a situações de extrema gravidade,[88] em que a conduta do particular, relacionada diretamente ou não a uma contratação administrativa, compromete a sua caracterização como empresa responsável.[89-90]

---

[86] FAR 9.406-2(a).

[87] As causas para aplicação da *suspension* são descritas em detalhes na FAR 9.407-2(a). Para os fins do presente estudo, é desnecessário relacionar todas elas, uma vez que o interesse desta obra é analisar o instituto da reabilitação, que tem uma relação mais direta com penalidades de natureza não cautelar como é o caso do *debarment*.

[88] De acordo com Emmanuelle Auriol e Tina Soreide, as medidas de *suspension* e *debarment* são algumas das últimas medidas que devem ser utilizadas, e sempre de modo cauteloso (AURIOL, Emmanuelle; SOREIDE, Tina. An economic analysis of debarment. *International Review of Law and Economics* n. 50, jun. 2017, p. 36-49).

[89] Note-se que as hipóteses que em tese dão ensejo à aplicação de *debarment* ou *suspension* podem não ter nenhuma relação direta com uma contratação administrativa. Violações do direito antitruste, violações graves a normas ambientais, cometimento de crimes tributários e práticas de desonestidade comercial grave são alguns dos exemplos que podem levar ao afastamento de uma empresa do mercado de contratações públicas nos Estados Unidos, ainda que tais fatos ocorram sem qualquer relação direta com uma contratação administrativa. Segundo Richard J. Bednar, embora muitos possam arguir que somente condutas relacionadas a contratações públicas poderiam levar ao *debarment*, uma vez que a lógica reside na proteção da Administração Pública, a FAR lista expressamente uma série de causas que podem ou não ter relação com procedimentos de contratação pública – como violações antitruste, pagamento de propina, declarações falsas e evasão de tributos. Assim, é possível aplicar o *debarment* "em função de qualquer causa tão séria que afete a responsabilidade atual de uma corporação" (BEDNAR, Richard J. Emerging issues in suspension & debarment: some observations from an experienced head. *Public Procurement Law Review*, vol. 13, 2004, p. 19). O doutrinador cita dois casos rumorosos como exemplos dessa possibilidade: (i) a aplicação de *debarment* à WorldCom,

O objetivo é afastar a possibilidade de a Administração Pública travar relações contratuais com uma empresa cuja gravidade dos fatos por ela praticados seja tamanha que comprometa a sua caracterização como uma empresa responsável.

2.5 Três características essenciais do *debarment* e da *suspension*

Três características do *debarment* e da *suspension* são centrais para a compreensão do sistema norte-americano: (i) trata-se de medidas de natureza protetiva, que não podem ter propósito meramente punitivo; (ii) a sua aplicação é de natureza discricionária; e (iii) tais medidas em regra não afetam contratos que já estejam em curso.

Cabe aprofundar esses três aspectos, que são relevantes para as ideias desenvolvidas neste estudo.

2.5.1 Ausência de propósito punitivo

O *debarment* e a *suspension* não têm propósito de punição dos particulares. O objetivo dessas medidas reside em proteger a Administração Pública para que ela não estabeleça relações contratuais com uma empresa que não preencha os requisitos necessários para sua caracterização como empresa responsável.

A ausência de finalidade punitiva do *debarment* e da *suspension* está prevista expressamente na FAR 9.402(b), nos seguintes termos:

Inc., *dba MCI* pela alegada prática de fraude consistente em inflar artificialmente os seus lucros para a Securities and Exchange Comission e para investidores (sendo que, no caso, segundo o doutrinador, relatórios do *Board* da companhia revelaram falhas estruturais e operacionais em seus sistemas internos de controle) e (ii) a exclusão de *Enron* e da *Arthur Andersen* pela prática de destruição de documentos e manipulação de dados na contabilidade da primeira, o que "poderia refletir numa baixa capacidade de prover trabalhos de boa qualidade" (*Idem*, p. 19).

[90] Para Richard J. Bednar, nos casos de possível aplicação de *debarment* ou *suspension* por motivos não relacionados a contratações públicas, o *debarring official* da agência que está realizando o procedimento de contratação deve ter um juízo de deferência à decisão da agência que tem um interesse primário no tema. Por exemplo, para ilícitos ambientais, o entendimento do órgão ambiental deve ser privilegiado. Para questões financeiras e de contabilidade, a *Securities and Exchange Commission* (SEC), e assim por diante (BEDNAR, Richard J. Emerging issues in suspension & debarment: some observations from an experienced head. *Public Procurement Law Review*, vol. 13, 2004, p. 19-20).

A seriedade do *debarment* e da *suspension* exige que essas sanções sejam aplicadas apenas no interesse público para a proteção do Governo e não com propósitos punitivos. As agências devem impor a inabilitação ou suspensão para proteger os interesses do Governo e apenas por causas e de acordo com os procedimentos estabelecidos nesta subparte.[91]

A ênfase está na locução "apenas no interesse público para a proteção do Governo e não com propósitos punitivos". A norma em questão deixa muito claro que as medidas de *debarment* e *suspension* não têm por finalidade a punição das empresas que incorreram em condutas ilícitas.[92] O objetivo não é retirar essas empresas do mercado para que essa exclusão lhes sirva de castigo. Existem outras formas de punição, como a aplicação de multas e penas judiciais, inclusive de natureza criminal, que endereçam as legítimas preocupações punitivas. O *debarment* e a *suspension*, entretanto, só podem ser aplicados quando houver um interesse público (*"public interest"*) relacionado com a proteção da Administração Pública.[93]

---

[91] Redação do dispositivo em inglês: "The serious nature of debarment and suspension requires that these sanctions be imposed only in the public interest for the Government's protection and not for purposes of punishment. Agencies shall impose debarment or suspension to protect the Government's interest and only for the causes and in accordance with the procedures set forth in this subpart".

[92] Apesar da clareza da previsão constante da FAR 9.402(b), o tema gera controvérsias entre a doutrina. Uma parcela é bastante crítica quanto à visão de que as medidas não devem buscar propósitos punitivos. Argumentam que essa concepção esvazia as medidas de *debarment* e *suspension* e ainda conduz a uma situação em que apenas empresas de menor porte acabam sofrendo consequências mais rigorosas (v. por exemplo: STEVENSON, Drury; WAGONER, Nicholas J. FCPA Sanctions: too big to debar?. *Fordham Law Review*, New York, vol. 80, issue 2., 2011, p. 775-820). Já outra parte da doutrina critica a visão punitivista por entender incompatível com a FAR e critica a própria premissa de que apenas empresas de menor porte são penalizadas (v., por exemplo: TILLIPMAN, Jessica. A House of Cards Falls: why 'Too Big to Debar' is all slogan and little substance. *Fordham Law Review Res Gestae*, New York, Vol. 80, n. 49, 2012, p. 49-58). Trataremos mais do tema no Capítulo 3.

[93] É interessante notar que o Reino Unido está claramente se afiliando à concepção de que o *debarment* não tem propósito punitivo. Desde que se deu o *Brexit*, o Reino Unido tem reformulado suas regras sobre contratações públicas, dado que a Diretiva 2014/24/EU não se aplica mais a ele. Conforme visto no Capítulo 1, o direito comunitário europeu, diferente do norte-americano, não é muito claro em mencionar que a exclusão de licitantes não tem propósito punitivo. Entretanto, a reformulação normativa em curso no Reino Unido nesse ponto está se aproximando da concepção norte-americana. Além de acolher a figura do *debarment*, inclusive com preocupações relacionadas à centralização das decisões, afirma-se que o *debarment* no Reino Unido não é uma medida dotada de propósito punitivo. Conforme consta do guia público sobre a reformulação normativa: "O *debarment* não se destina a ser uma punição por má conduta passada, mas é uma medida baseada em risco para garantir que um fornecedor não participe ou não possa participar de licitações ou ser parte em contratos quando um Ministro o tiver colocado

Sendo assim, além de analisar se as causas de *debarment* e *suspension* estão presentes, as autoridades competentes devem também verificar se as medidas são realmente necessárias para a proteção da Administração Pública, dado que se trata de medidas prospectivas, ou seja, voltadas para o futuro.[94] Caso não sejam necessárias, tais medidas não poderão ser aplicadas, ainda que os atos praticados tenham sido muito graves. Caberá a aplicação de eventuais multas ou mesmo de penalidades decorrentes de processos judiciais, possivelmente de natureza até mesmo penal, mas não o *debarment* nem a *suspension*.[95]

Além de ponderar a real necessidade do *debarment* e da *suspension* para a proteção da Administração Pública, a decisão deverá considerar também os efeitos concretos dessas medidas.

Como observam Pachter, Yukins e Tillipman, a jurisprudência já reconheceu que *debarment* e *suspension* são medidas draconianas, com efeito estigmatizante, que podem colocar "a própria a vida econômica de uma empresa (...) em ameaça".[96] Além de tornar o interessado inelegível para contratações públicas por um determinado período, bem como para o recebimento de subvenções e outras formas de assistência, o *debarment* pode ser estendido também a contratações realizadas pelos estados e entes locais, bem como pode levar à "contração súbita do crédito bancário, impacto adverso no preço das ações cotadas no mercado, se houver, e desconforto crítico dos credores em geral, para não falar da 'perda de prestígio' na comunidade empresarial" – o que também já foi reconhecido pela jurisprudência.[97]

---

o fornecedor na *debarment list*". Original em inglês: "Debarment is not intended to be a punishment for past misconduct, but is a risk-based measure to ensure a supplier does not or may not participate in procurements or be awarded contracts where a Minister has put the supplier on the debarment list". Disponível em: *https://www.gov.uk/government/publications/procurement-act-2023-guidance-documents-procure-phase/guidance-debarment-html*, acesso em 1º.11.2024.

[94] Como sustenta Steven L. Schooner, quando as empresas são atingidas por medidas de *debarment* ou *suspension*, "isso significa que essas empresas não são responsáveis no presente nem poderiam (ou deveriam) ser consideradas responsáveis (por um período de tempo) no futuro" (SCHOONER, Steven L. The paper tiger stirs: rethinking suspension and debarment. *Public Procurement Law Review*. vol. 13, 2004, p. 4).

[95] Como ressalta Jessica Tillipman, "o *debarment* não é uma camada adicional de punição" (TILLIPMAN, Jessica. A House of Cards Falls: why 'Too Big to Debar' is all slogan and little substance. *Fordham Law Review Res Gestae*, New York, Vol. 80, n. 49, 2012, p. 51).

[96] *Old Dominion Dairy Prods., Inc. v. Sec'y of Def.*, 631 F. 2d 953, 968 (D.C. Cir. 1980), conforme: PACHTER, John; YUKINS, Christopher; TILLIPMAN, Jessica. US Debarment: an introduction. *In:* VAN ROOJI, Benjamin; SOKOL, D. Daniel. *The Cambridge Handbook of Compliance* n. 288. Cambridge: Cambridge University Press, 2021, p. 289.

[97] *Gonzalez v. Freeman*, 344, F.2d 570, 574 (D.C. Cir. 1964), conforme: PACHTER, John; YUKINS, Christopher; TILLIPMAN, Jessica. US Debarment: an introduction. *In:* VAN

Segundo os mesmos doutrinadores, o efeito estigmatizante do *debarment* e da *suspension* confere uma arma poderosa a competidores agressivos, especialmente em outros mercados públicos (por exemplo, de estados e entes locais), bem como no mercado de contratações privadas. Logo, até mesmo empresas menores, que participam de licitações economicamente menos relevantes, podem enfrentar consequências graves decorrentes dessas medidas.[98]

Assim, também pela gravidade do *debarment* e da *suspension*, essas providências somente podem ser adotadas se realmente forem imprescindíveis para a proteção do Estado. A simples incorrência nas condutas que justificam em tese a adoção dessas medidas não significa que elas deverão ser necessariamente aplicadas.

2.5.2 Discricionaridade na sua aplicação

A segunda característica essencial do *debarment* e da *suspension* tem estrita relação com o exposto até aqui.

Além de não se destinarem à punição do particular (e sim à proteção do Estado), o *debarment* e a *suspension* são medidas *discricionárias*. Isso está expresso na FAR 9.402(a), nos seguintes termos:

> As agências deverão solicitar ofertas, adjudicar contratos e consentir com subcontratados apenas com empreiteiros responsáveis. O *debarment* e a *suspension* são medidas discricionárias que, tomadas de acordo com esta subparte, consistem em meios apropriados para efetivar esta política.[99]

Portanto, o dispositivo é muito claro: *debarment* e *suspension* são medidas discricionárias. Sua aplicação não é uma derivação automática da constatação de que a empresa-alvo não é responsável. Mesmo diante de condutas comprovadas que poderiam em tese resultar na aplicação dessas medidas (portanto, condutas extremamente graves), o *debarment*

ROOJI, Benjamin; SOKOL, D. Daniel. *The Cambridge Handbook of Compliance*, n. 288. Cambridge: Cambridge University Press, 2021, p. 289.

[98] PACHTER, John; YUKINS, Christopher; TILLIPMAN, Jessica. US Debarment: an introduction. In: VAN ROOJI, Benjamin; SOKOL, D. Daniel. *The Cambridge Handbook of Compliance*, n. 288. Cambridge: Cambridge University Press, 2021, p. 293.

[99] Redação do dispositivo em inglês: "Agencies shall solicit offers from, award contracts to, and consent to subcontractors with responsible contractors only. Debarment and suspension are discretionary actions that, taken in accordance with this subpart, are appropriate means to effectuate this policy".

e a *suspension* podem não ser aplicados. Haverá sempre uma avaliação discricionária por parte da autoridade competente.

Na realidade, a discricionariedade na aplicação do *debarment* e da *suspension* é a contraface do dever de avaliação da real necessidade de adoção dessas medidas. Isso porque a avaliação a respeito da imprescindibilidade de tais providências para a proteção do Estado envolve uma carga significativa de discricionariedade por parte do SDO.

Aliás, não apenas a *aplicação* do *debarment* e da *suspension* é discricionária. Mesmo quando essas medidas já estiverem em vigor, a autoridade contratante terá a discricionariedade de afastar os seus efeitos em um caso concreto.

Nesse sentido, a FAR estabelece expressamente que a vigência das medidas de *debarment* ou *suspension* pode não afastar o interessado de uma licitação quando o chefe de uma agência governamental entender que há uma razão convincente (*"compelling reason"*) para tanto.[100] Ou seja, mesmo quando está em vigor uma medida de *debarment* ou de *suspension*, a empresa pode ser admitida em um procedimento de contratação caso o chefe da agência governamental que esteja conduzindo tal procedimento entenda que há razões para admiti-la.

Segundo John Cibinic e Ralph C. Nash, tais razões podem ser: (i) se apenas a empresa em face da qual foi aplicado o *debarment* ou a *suspension* tem condições de fornecer os suprimentos ou serviços pretendidos pela Administração; (ii) se há uma situação de urgência que requeira a contratação com a empresa penalizada; (iii) se o interessado e o departamento ou agência responsáveis tiverem celebrado um acordo sobre os mesmos eventos que resultaram na aplicação das medidas e esse acordo previr a não incidência de tais penalidades; ou (iv) se a defesa nacional demandar uma relação contratual continuada com a empresa que foi alvo das medidas.[101-102] Entretanto, como lembra Richard J. Bednar, a celebração de novos contratos com empresas que estão afastadas do mercado de contratações públicas não significa que a agência contratante esteja renunciando aos seus poderes nem ao direito de ter o contrato devidamente executado.[103]

---

[100] FAR 9.405(a), FAR 9.405-2, FAR 9.406-1(c), FAR 9.407(d) e FAR 23.506(e).

[101] CIBINIC, John; NASH, Ralph C. *Formation of Government Contracts*. 3. ed., p. 12-13.

[102] Note-se a proximidade com a derrogação das medidas de exclusão mandatória do direito comunitário europeu tratadas no Capítulo 1.

[103] BEDNAR, Richard J. Emerging issues in suspension & debarment: some observations from an experienced head. *Public Procurement Law Review*, vol. 13, 2004, p. 20. Segundo o doutrinador, uma vez que os atos ilícitos tenham sido revelados e a companhia tenha sido

Em síntese, a aplicação do *debarment* e da *suspension* envolve um juízo discricionário, que consiste na avaliação da sua efetiva necessidade para a proteção dos interesses do Estado em face de potenciais contratados não responsáveis. Além disso, mesmo se tais medidas já tiverem sido aplicadas, poderá haver razões para desconsiderar os seus efeitos em certas situações, fazendo com que novos contratos públicos sejam estabelecidos com empresas que têm contra si medidas de *debarment* ou *suspension* em vigor (tecnicamente, empresas que não apresentam o requisito da *present responsability*). Nas duas hipóteses, as avaliações discricionárias deixam ainda mais claro que tais medidas não se destinam à pura e simples punição do particular. O objetivo buscado é a proteção do Estado.

2.5.3 Continuidade dos contratos em curso

Há ainda uma terceira característica do *debarment* e da *suspension* que é relevante para a presente obra: trata-se de medidas que em regra não afetam os contratos que já estavam em curso no momento em que tais providências foram aplicadas.

A FAR estabelece expressamente que os contratos já celebrados com empresas que vierem a ser alvo das medidas de *debarment* ou *suspension* devem continuar sendo executados normalmente, a não ser que o chefe da agência contratante decida de maneira diversa.[104] Neste caso, a decisão da agência deverá determinar a forma de extinção do contrato, o que somente poderá ocorrer depois das análises pertinentes, inclusive de ordem técnica, que deverão assegurar a correção das medidas de extinção.

Sendo aplicada a regra geral de continuidade do contrato, entretanto, a agência deverá se abster de dar ordens de serviço que excedam a quantidade contratada, de acrescentar novos trabalhos ao escopo contratual, bem como de prorrogar o prazo de vigência do contrato.[105]

Portanto, e ainda que haja limitações à ampliação do prazo e do escopo do contrato, a continuidade da relação contratual é a regra geral

---

afastada de contratações públicas, a probabilidade de ela incidir de modo imediato nas mesmas condutas é remota, já que os seus esforços estarão concentrados em demonstrar que as medidas corretivas e remediadoras adotadas são suficientes para o afastamento da penalidade (*Idem*, p. 20). Isso seria uma justificativa para a contratação de empresas ainda que estejam penalizadas.

[104] FAR 9.405-1(a)(1).
[105] FAR 9.405-1(a)(2).

nos casos em que o contratado for alvo de medidas de *debarment* ou de *suspension*. A extinção do contrato nessas hipóteses será uma hipótese excepcional, aplicável apenas se houver razões para tanto.

Sob um certo ângulo, prevalece uma lógica de ordem prática. Ainda que o contratado seja considerado como não responsável e efetivamente represente um risco para a Administração Pública, entende-se que a extinção antecipada de uma avença previamente celebrada acaba gerando problemas e dificuldades adicionais – que, em última análise, também representam um risco concreto à Administração, uma vez que podem comprometer a satisfação das necessidades do Estado e ainda lhe gerar mais custos (por exemplo, com uma nova contratação para finalizar o objeto da anterior). Sendo assim, há um juízo de ponderação por parte do regulamento aplicável às contratações públicas que adotou, como regra geral, a continuidade da contratação, ainda que com limitações à ampliação de prazo e escopo.

De todo modo, o fato é que a continuidade da vigência da relação contratual com uma empresa que recebeu uma medida de *debarment* ou *suspension* demonstra que, apesar dos riscos envolvidos, pode-se tolerar a permanência desse contrato até o término do seu prazo de vigência, ainda que o contratado não seja considerado como responsável nos termos da FAR. É claro que continuará havendo um acompanhamento da gestão do contrato e da sua execução. Entretanto, mesmo que o particular não adote as medidas necessárias para o seu *self-cleaning*, que serão analisadas abaixo, ainda assim sua relação com a agência contratante poderá ser mantida.

2.6 Debate sobre o caráter discricionário do *debarment* e da *suspension* e o seu caráter não punitivo

A discricionariedade ampla que é adotada nas decisões sobre aplicação do *debarment* e da *suspension* é objeto de críticas por parte da doutrina norte-americana.

Por haver uma grande margem de discricionariedade na sua aplicação, e devido à previsão de que essas medidas só devem ser aplicadas para a proteção do Estado e não para propósitos de punição, muitos doutrinadores alegam que, na prática, o *debarment* não atinge grandes corporações. Haveria uma espécie de coordenação entre o SDO e o Departamento de Justiça dos Estados Unidos (DOJ): o SDO deixaria de aplicar o *debarment* com base na sua discricionariedade e fundado no risco de efeitos colaterais da medida, e o DOJ optaria pela aplicação de multas expressivas. Assim, o *debarment* seria uma medida inócua, uma vez que não intimidaria uma parcela das empresas – notadamente as grandes corporações, de maior poder econômico.

Esta crítica é feita, por exemplo, por Drury Stevenson e Nicholas Wagoner. Segundo eles, esse contexto seria negativo ao próprio sistema norte-americano de contratações, uma vez que permitiria a continuação de oligopólios justamente por causa da ausência de afastamento de grandes corporações, mesmo quando atos gravíssimos são praticados. Isso perpetuaria o poder econômico de tais grupos e a sua permanência dominante no mercado.[106]

Como o *debarment* não seria suficientemente intimidador às grandes corporações, Stevenson e Wagoner sugerem que ele seja aplicado com propósitos punitivos. Segundo eles, isso seria mais efetivo para combater a corrupção do que a fixação de multas, uma vez que os valores das multas acabam simplesmente entrando nos custos das grandes corporações ("*cost of doing business*").[107]

Na situação atual, haveria uma espécie de círculo vicioso: a simples aplicação de multas é internalizada pelas grandes corporações, que acabam não sendo prejudicadas porque internalizam esses valores nos seus preços, e mesmo assim continuam vencendo licitações porque dominam o mercado. O afastamento dessas empresas cessaria esse ciclo, na visão de Stevenson e Wagoner.

Ainda na visão dos dois doutrinadores, o objetivo de proteção do Estado acabaria não sendo atingido já que o *debarment* não é aplicado a grandes corporações, que continuam, desse modo, travando relações contratuais com a Administração Pública.

Entretanto, esta visão é rejeitada por outra parcela da doutrina.

Jessica Tillipman, por exemplo, em resposta direta ao artigo de Stevenson e Wagoner, defende que a concepção dos autores é meramente panfletária, uma vez que contraria regra expressa da FAR e não encontra fundamento na própria realidade.

Segundo Tillipman, a possibilidade de aplicação do *debarment* com objetivos meramente punitivos contraria expressa previsão da FAR, que estabelece claramente que o *debarment* não pode pretender meramente objetivos punitivos – FAR 9.402(b). Sendo assim, não se

---

[106] STEVENSON, Drury; WAGONER, Nicholas J. FCPA Sanctions: too big to debar? *Fordham Law Review*, New York, vol. 80, issue 2., 2011, p. 816-818.

[107] STEVENSON, Drury; WAGONER, Nicholas J. FCPA Sanctions: too big to debar? *Fordham Law Review*, New York, vol. 80, *issue* 2., 2011, p. 778.

pode simplesmente começar a aplicar medidas de *debarment* com mera pretensão punitiva uma vez que isso seria contrário às regras aplicáveis.

Além disso, a consideração dos efeitos colaterais de uma eventual aplicação do *debarment* por si só não é um problema. Pelo contrário, corresponde à aplicação da própria FAR, que reconhece a gravidade das medidas em questão e, portanto, o dever de que os seus efeitos concretos sejam ponderados – FAR 9.402(b).[108]

Tillipman ainda destaca que diversas grandes corporações foram atingidas por medidas de *debarment* ao longo dos anos, o que afasta uma das principais premissas do estudo de Stevenson e Wagoner.

Na prática, é inegável que o *debarment* e a *suspension* são medidas extremas, que podem significar, do ponto de vista econômico, uma verdadeira "pena de morte" para a empresa penalizada.[109]

Além dos efeitos devastadores que essas medidas têm por si só, há ainda a possibilidade de que outras entidades públicas, inclusive em nível estadual e local, também deixem de considerar as empresas penalizadas em seus procedimentos de contratação – questão que é denominada de *cross-debarment*.[110] Isso significa que a amplitude da aplicação do *debarment* e da *suspension* pode ser bastante significativa. Dado o tempo de vigência das medidas (o *debarment*, em regra, pode chegar a três anos), é razoável se concluir que elas podem realmente afetar a própria continuidade da empresa.

Entretanto, como estabelece a FAR 9.402(b), as medidas de *debarment* e *suspension* não devem ter propósitos punitivos. Seu objetivo reside apenas na proteção da Administração Pública em relação a potenciais contratados que não podem ser considerados responsáveis.

Dessa forma, o *debarment* acaba sendo uma ferramenta utilizada pelo Estado para fomentar comportamentos considerados adequados. Em lugar de simplesmente afastar um contratado do mercado de

---

[108] Destaque-se desde logo a similaridade desse racional com a ideia proposta nesta obra de uma Análise de Impacto Sancionatório, que envolve juízos de natureza consequencialista na aplicação de sanções administrativas, com especial ênfase em relação ao impedimento de licitar e contratar e à declaração de inidoneidade.

[109] Como mencionam Pachter, Yukins e Tillipman: "Suspension and debarment can be economically devastating – a 'death sentence' for contractors" (PACHTER, John; YUKINS, Christopher; TILLIPMAN, Jessica. US Debarment: an introduction. *In*: VAN ROOIJ, Benjamin; SOKOL, D. Daniel. *The Cambridge Handbook of Compliance*, n. 288. Cambridge: Cambridge University Press, 2021, p. 288).

[110] Sobre a problemática do *cross-debarment*, confira-se: YUKINS, Christopher R. Cross-debarment: a stakeholder analysis. *George Washington International Law Review*, n. 219, 2013, p. 219-234.

contratações públicas por longo período, opta-se por uma visão mais pragmática, que reside em fomentar comportamentos positivos junto aos parceiros comerciais do Estado.

2.7 O *self-cleaning* propriamente dito

Precisamente neste ponto, insere-se a questão do *self-cleaning*.[111] Afinal, se o *debarment* e a *suspension* não se destinam a penalizar os particulares e se o objetivo dessas medidas é proteger a Administração Pública de contratados não responsáveis, há outros meios de se atingir os mesmos objetivos (intensificar uma cultura de responsabilidade empresarial e proteger a Administração), possivelmente com melhores resultados e menos efeitos colaterais, sem necessariamente afastar do mercado de contratações públicas as empresas que praticaram malfeitos.

Para tanto, existem dois grupos de providências: há medidas que podem ser adotadas para (i) evitar a aplicação do *debarment* e da *suspension* (fatores mitigadores), e existem providências que podem resultar na (ii) redução do prazo da aplicação das medidas de afastamento que já estejam em vigor (que podemos chamar aqui de fatores remediadores).

A única diferença é o momento de adoção das providências de *self-cleaning*. No primeiro caso, a empresa-alvo do potencial *debarment* ou *suspension* se antecipa à aplicação dessas providências e adota medidas destinadas a evitar que elas lhes sejam impostas. Já no segundo caso, a empresa já está proibida de participar de licitações e busca adotar providências para abreviar o prazo de impedimento.

De todo modo, o objetivo buscado por meio dessas medidas é o mesmo: permitir que as empresas recuperem sua condição de empresas "responsáveis" – seja antes da aplicação do *debarment* ou da *suspension*,

---

[111] É importante esclarecer que a FAR não utiliza a expressão *"self-cleaning"*. Ela apenas estabelece mecanismos que, para fins deste estudo, correspondem precisamente à ideia de autossaneamento ou reabilitação. Entretanto, o termo *self-cleaning* é utilizado pela doutrina norte-americana, numa clara influência dos estudos do direito comunitário europeu que cunharam a expressão. Confira-se, por exemplo, o capítulo sobre *self-cleaning* nos Estados Unidos, de autoria de Richard J. Bednar, Angela B. Styles e Jill McDowell sobre os Estados Unidos na obra seminal organizada por PÜNDER, PRIESS e ARROWSMITH (*Self-cleaning in public procurement law*. Köln: Carl Heymanns, 2009, p. 157-185). Também utilizando a expressão no âmbito do direito norte-americano: PACHTER, John; YUKINS, Christopher; TILLIPMAN, Jessica. US Debarment: an introduction. *In:* VAN ROOJI, Benjamin; SOKOL, D. Daniel. *The Cambridge Handbook of Compliance*, n. 288. Cambridge: Cambridge University Press, 2021, p. 289.

seja depois que tais medidas já foram tomadas. Em última análise, trata-se, todas elas, de medidas de *self-cleaning*, em que o próprio particular adota mecanismos destinados a evitar que malfeitos similares voltem a ocorrer no futuro e, com isso, volte a ser considerado um licitante responsável a ponto de poder participar de procedimentos de contratação pública.[112]

2.7.1 Fatores que podem impedir a aplicação do *debarment* ou da *suspension*

Conforme já analisado, a aplicação do *debarment* e da *suspension* envolve um juízo de discricionariedade quanto à sua necessidade ou não para a proteção da Administração Pública.

Nesse contexto, a FAR estabelece uma série de fatores mitigadores, isto é, de providências que, caso presentes, poderão conduzir a autoridade competente a deixar de aplicar o *debarment* ou a *suspension*, ainda que tenham sido praticados atos ilícitos graves que justificariam em tese a sua aplicação.[113]

Basicamente, de acordo com a FAR, antes de aplicar qualquer medida de *debarment* ou de *suspension*, o SDO deverá considerar se a empresa:[114]

(i) tinha *standards* de conduta e sistemas de controle interno efetivos, ou se adotou procedimentos antes de as investigações governamentais começarem;

(ii) levou ao conhecimento da Administração Pública a causa que deu ensejo ao procedimento de *debarment* ou *suspension*;

(iii) investigou as ocorrências de modo completo e disponibilizou seu relatório ao SDO;

---

[112] A proximidade com a lógica do sistema comunitário europeu do *self-cleaning* é evidente e será melhor analisada no Capítulo 3.

[113] O foco da análise centra-se na aplicação de penalidades a pessoas jurídicas. Entretanto, há questões interessantes quando se trata de penalidades aplicadas a pessoas físicas, já que, por suas peculiaridades em relação às empresas, certas exigências para seu *self-cleaning* não caberão. Sobre a temática, confiram-se: SACILOTTO, Kara. One is the loneliest number: a case for changing suspension and debarment regulations to better address potential exclusion of individual suspension and debarment. *Public Contract Law Journal*, vol. 47, n. 4, 2018, p. 480-508; SCHOENI, Daniel E. Personal debarment for non-distributive corporate misconduct: on the efficacy of debarring the individual from government contracts for collective wrongdoing. *Public Contract Law Journal*, vol. 46, n. 1, 2016, p. 51-94.

[114] FAR 9.406-1(a) e FAR 9.407-1(b)(2).

(iv) cooperou com a agência governamental durante a investigação ou mesmo durante o processo judicial;
(v) pagou ou concordou em pagar todas as multas e indenizações criminais, civis e administrativas pelas suas atividades impróprias, inclusive custos de investigação e administrativos em que o Estado incorreu, e fez ou concordou em fazer um acordo sobre essas restituições;
(vi) adotou as medidas disciplinares apropriadas em face dos indivíduos responsáveis;
(vii) implementou ou concordou em implementar medidas destinadas a remediar os seus atos;
(viii) instituiu ou concordou em instituir novos procedimentos de controle e programas de treinamento de ética;
(ix) teve o tempo adequado para eliminar as circunstâncias relacionadas à sua organização que acabaram permitindo a prática de uma conduta reconhecida como causa para o *debarment*; e
(x) reconheceu ou entende a seriedade da sua conduta e implementou programas para prevenir que venham a ocorrer malfeitos similares.[115]

Todos esses dez fatores mitigadores, que são previstos expressamente na FAR 9.406-1(a) e na FAR 9.407-1(b)(2), consistem em condutas que se espera de um contratado responsável. Ao adotá-las, a empresa que corre o risco de sofrer a aplicação de um *debarment* ou de uma *suspension* tem a possibilidade de demonstrar que voltou a ser uma empresa responsável e, com isso, passar a atender o requisito essencial para ser cogitada nas contratações públicas.

A ideia é que, justamente por ser uma empresa dotada de *"present responsability"*, ela adotou as medidas em questão – e não porque ela está tentando satisfazer formalmente a Administração Pública.[116]

---

[115] Não pretendemos aqui analisar em detalhes cada uma dessas medidas. Basta, para o escopo desta obra, uma compreensão mais geral. No entanto, é possível aprofundar no capítulo de autoria de Richard J. Bednar, Angela B. Styles e Jill McDowell sobre *self-cleaning* nos Estados Unidos na obra seminal organizada por PÜNDER, PRIESS e ARROWSMITH (*Self-cleaning in public procurement law*. Köln: Carl Heymanns, 2009, p. 176-182).

[116] Como destacam Christopher Yukins e Michal Kania, o adjetivo *"present"* em *"present responsability"* tem um papel importante no regime de exclusões no direito norte-americano, uma vez que um contratado pode demonstrar que, apesar de ter adotado condutas preocupantes no passado, o risco por ele representado no "presente" foi mitigado ou eliminado e, portanto, a sua exclusão do mercado de contratações públicas tornou-se desnecessária – YUKINS, Christopher; KANIA, Michal. Suspension and debarment in the U.S. Government: Comparative Lessons for the EU's Next Steps in Procurement.

É importante notar, entretanto, que a adoção de todos os fatores mitigadores não afastará obrigatoriamente a aplicação do *debarment* ou da *suspension*. Trata-se de fatores que devem ser *considerados* pela autoridade competente para a tomada de decisão quanto à aplicação dessas medidas.[117] Tais fatores não podem simplesmente ser ignorados pela decisão, mas não conduzem necessariamente à caracterização do interessado como um contratante "responsável". Será sempre do interessado o ônus de demonstrar que as medidas tomadas restabelecem a caracterização da empresa como "responsável" e, portanto, tornam desnecessária a aplicação do *debarment* e da *suspension*.[118]

Outro fator relevante é que o *debarment* e a *suspension* não atingirão necessariamente todas as divisões organizacionais da empresa. Embora a regra geral seja atingir a empresa como um todo, a decisão, ao levar em conta as medidas mitigadoras que foram adotadas pelo interessado, poderá limitar a aplicação da medida a divisões específicas (por exemplo, uma filial específica).[119] Ou poderá, ainda, estender a medida às afiliadas da empresa-alvo (desde que elas sejam especificamente nomeadas e tenham a oportunidade de se defender previamente em nome próprio).[120]

Portanto, existem medidas de *self-cleaning* que podem ser adotadas por empresas de forma preventiva ao seu afastamento do mercado de contratações públicas. Ao prever essa possibilidade antes

---

Upphandlingsrättslig Tidskrift (UrT), vol. 19, n. 2, 2019, p. 48.

[117] FAR 9.406-1(a).
[118] FAR 9.406-1(a).
[119] Trata-se de uma penalidade aplicada "sob medida" ("*tailored suspension*" ou "*tailored debarment*"). Um exemplo de *tailored suspension* (suspensão "sob medida") é o do rumoroso caso Boeing, em que o *Department of Defence* (DOD) suspendeu três unidades da empresa e três ex-funcionários em virtude da alegada prática de ilicitudes decorrentes dos seguintes fatores: (i) a Boeing possuía uma grande quantidade de dados da concorrente Lockheed Martin Corporation durante o processo de contratação do *Evolved Expendable Launch Vehicle – EELV* (que era, em síntese, um sistema de lançamento de foguetes que poderia ser utilizado para o lançamento de satélites), (ii) os dados seriam capazes de dar uma ideia de quais seriam os preços e custos da Lockheed Martin, e (iii) a Boeing alegadamente teria falhado por quatro anos em revelar para a Força Aérea a total extensão dos dados em sua posse. Depois que a Força Aérea norte-americana decidiu pela aplicação da suspensão, teve de resolver o problema de como suspender a companhia sem comprometer fornecimentos críticos às forças militares. A solução foi precisamente uma "*tailored suspension*", que exclui das contratações públicas apenas as unidades envolvidas nas irregularidades, resultando em pouco ou nenhum impacto sobre outros programas militares. Para uma análise detalhada desse caso e da solução adotada, confira-se: ZUCKER, Jennifer S. The Boeing suspension: has consolidation tied the defence department's hands? *Public Procurement Law Review*, vol. 13, 2004, p. 56-77.
[120] FAR 9.406-1(b).

da aplicação das penalidades, o sistema norte-americano incentiva uma cultura corporativa que antecipe providências por parte dos interessados.

2.7.2 Fatores que podem reduzir o tempo de vigência das medidas de *debarment* ou *suspension*

O direito norte-americano admite também a possibilidade de redução do prazo de aplicação do *debarment* e da *suspension* em algumas hipóteses.

São elas: (i) surgimento superveniente de novas provas; (ii) reforma da condenação civil ou criminal na qual a aplicação do *debarment* foi embasada; (iii) alteração de boa-fé no controle ou no gerenciamento da empresa; (iv) eliminação das causas em função das quais o *debarment* foi aplicado; e (v) outras razões que o SDO considerar apropriadas para a redução do prazo.[121]

Note-se que, nessas situações, o *debarment* ou a *suspension* já foram aplicados. Entretanto, determinadas circunstâncias podem levar a uma posterior redução do prazo de vigência dessas medidas.

Para os efeitos deste estudo, três hipóteses de redução do prazo do *debarment* ou da *suspension* são as que mais interessam.

A primeira delas é a alteração de boa-fé do controle (*ownership*) ou do gerenciamento (*management*) da empresa. Nesse caso, entende-se que se trata de alterações tão relevantes – seja na composição social, seja na forma de condução da empresa – que aquela condição de empresa não responsável verificada anteriormente pode não mais se fazer presente. Ainda que a pessoa jurídica seja formalmente a mesma, o seu conteúdo pode ter sofrido uma alteração drástica, a ponto de não se justificar mais a permanência do *debarment* ou da *suspension*. Note-se, contudo, que somente alterações dotadas de boa-fé (*bona fide*) serão consideradas. Alterações de má-fé, que tenham a intenção de contornar ou burlar a medida aplicada, evidentemente não serão consideradas para o efeito de afastar o *debarment* ou a *suspension*. Pelo contrário, demonstrariam que a empresa continua não sendo responsável para fins de ser considerada nos procedimentos de contratação pública.

A segunda hipótese que possui mais relevância ao presente estudo é a eliminação das causas em que o *debarment* se embasou. Trata-se de hipótese bem mais genérica, mas que possui uma lógica evidente.

---

[121] FAR 9.406-4(c).

A ideia é que, se as causas que levaram à aplicação do *debarment* forem eliminadas, deixa de haver motivo para que a medida continue em vigência. Assim, por exemplo, se a empresa demitiu as pessoas envolvidas com os atos ilícitos praticados, pagou as penalidades e indenizações por danos causados e criou um sistema de *compliance* interno robusto, com sistemas de controle, treinamentos de integridade e outras providências do gênero, é possível que o prazo de *debarment* seja reduzido. Afinal, a adoção dessas providências estruturais e organizacionais pode ser suficiente para restabelecer a responsabilidade da empresa. Se a empresa restaurou a sua credibilidade, não há mais motivo que justifique a sua exclusão, ainda que temporária, do mercado de contratações públicas.

Já a terceira hipótese é uma cláusula de fechamento do dispositivo. Havendo "outras razões" que a autoridade considere "apropriadas", o prazo do *debarment* poderá ser abreviado. Dentre essas "outras razões", certamente se enquadram os exemplos acima (por exemplo, a criação de um sistema interno de *compliance* efetivo), e também qualquer outra que leve à conclusão de que as razões que fundamentaram a aplicação do *debarment* não estão mais presentes. A lógica aqui é a mesma que foi mencionada acima: se as causas que justificaram a aplicação da penalidade não estão mais presentes, então a penalidade deve ser revista e possivelmente abreviada. O fato de ter havido a prática de atos graves no passado não necessariamente afeta a *present responsability* do interessado.

Nessas três hipóteses, portanto, há propriamente uma reabilitação (autossaneamento reativo) da empresa interessada. Afinal, sendo reconhecido que ela promoveu medidas concretas e consistentes para restabelecer o seu caráter de empresa responsável, deixam de ser necessários o *debarment* ou a *suspension*, e ela poderá voltar a participar de procedimentos públicos de contratação.

Diferentemente do que constou do tópico acima, não se trata de tomar providências que podem afastar a aplicação da penalidade. Aqui, as providências tomadas podem levar à reabilitação do licitante já penalizado – no sentido que é muito mais próximo ao da legislação brasileira (Lei 14.133/2021, art. 163), em que a reabilitação do licitante é uma reação ao seu impedimento ou declaração de inidoneidade.

Portanto, o direito norte-americano contempla diversas hipóteses que, na prática, configuram a possibilidade de reabilitação das empresas. Tais hipóteses demonstram que a regulação de licitações e contratos nos Estados Unidos não busca finalidades estritamente punitivistas. As preocupações centrais são (i) a criação e implementação de novas práticas de integridade que sejam realmente efetivas e contribuam para que as licitações tenham a participação de empresas *responsáveis* e (ii) a restrição do *debarment* e da *suspension* às situações em que tais medidas sejam realmente imprescindíveis para a proteção do Estado.

2.8 A possibilidade de celebração de acordos para afastamento das medidas de *debarment* e *suspension*

Em certas situações, como uma alternativa para a aplicação do *debarment* ou da *suspension*, o SDO pode concordar em celebrar um acordo administrativo com a empresa acusada.[122]

Geralmente, os acordos administrativos são celebrados pelo prazo de três a cinco anos a fim de permitir que a empresa continue participando de procedimentos de contratação pública – desde que, obviamente, cumpra os requisitos previstos no acordo.

Os acordos administrativos normalmente preveem a nomeação de um monitor independente (*"independent monitor"*) que irá supervisionar as medidas adotadas pela empresa e o aperfeiçoamento do seu programa de ética e *compliance*.[123]

Muito embora a FAR não preveja expressamente a possibilidade de celebração de acordos administrativos, a regulação acaba reconhecendo a sua possibilidade ao requerer que o SDO insira as informações relativas a acordos administrativos no *Federal Awardee Performance and Integrity Information System ("FAPIIS")*, que, como já mencionado, é um banco de dados com registro de performance e integridade.[124]

Em outros casos, um advogado do Estado pode celebrar um acordo alternativo que requeira a nomeação de um monitor independente. O *debarring official* da agência que está realizando o procedimento de contratação não fica vinculado pelo acordo celebrado com o DOJ, mas

---

[122] Sobre acordos para o afastamento de medidas de *debarment* e *suspension*, confiram-se: WILLIAMS-ELEGBE, Sope. The implications of negotiated settlements on debarment in public procurement: a preliminary inquiry. *In:* SOREIDE, Tina; MAKINWA, Abiola (org.). *Negotiated settlements in bribery cases:* a principled approach. Northampton: Edward Elgar, 2020, p. 68-94; YUKINS, Christopher; KANIA, Michal. Suspension and debarment in the U.S. Government: Comparative Lessons for the EU's Next Steps in Procurement. *Upphandlingsrättslig Tidskrift (UrT)*, vol. 19, n. 2, 2019, p. 64-65; PACHTER, John; YUKINS, Christopher; TILLIPMAN, Jessica. US Debarment: an introduction. *In:* VAN ROOJI, Benjamin; SOKOL, D. Daniel. *The Cambridge Handbook of Compliance*, n. 288. Cambridge: Cambridge University Press, 2021, p. 300.

[123] Note-se a similaridade com a ideia de Regime de Recuperação Habilitatória proposta à frente nesta obra.

[124] FAR 9.406–3(f) e FAR 9.407–3(e).

deve reconhecer a nomeação do monitor e suspender os efeitos do *debarment* pelo mesmo período.

Os acordos podem adotar duas formas básicas: *deferred prosecution agreements* (DPA) ou *non-prosecution agreements* (NPA).[125]

Conforme ensina Sope Williams-Elegbe, o uso de acordos com empresas tem sua gênese no suicídio de um executivo nos anos 1970. Segundo reportado, em 1975, o CEO de uma companhia acusada de pagar propina para o então Presidente de Honduras cometeu suicídio enquanto estava sendo investigado. Caso ele fosse indiciado, poderia ser pessoalmente responsabilizado e precisaria responder a um processo.[126] Para assegurar que a justiça fosse feita apesar do suicídio cometido, os investigadores decidiram dar início a um processo em face da empresa, que depois acabou se declarando culpada por conspiração e fraude. A bem-sucedida ação em face da empresa deu início a um movimento mais consistente de ações judiciais em face de empresas por crimes do colarinho branco. A responsabilidade corporativa começou a ser imposta quando empregados da empresa, pelo menos em parte, atuavam praticando atos ilícitos em benefício da pessoa jurídica.[127]

Desde então, a prática da celebração de acordos evoluiu bastante. Em 2008, o DOJ reiterou o racional para futuros acordos.[128] Isso se deu em um memorando da autoridade competente, no qual se reconheceu que, quando são significativas as consequências colaterais de uma condenação da empresa, pode ser apropriado considerar um acordo NPA ou DPA, com previsões criadas para promover a adoção de medidas de *compliance*.[129-130] Um acordo pode ajudar a restaurar a integridade das

---

[125] Para uma visão crítica desses acordos: UHLMANN, David M. Deferred prosecution and non-prosecution agreements and the erosion of corporate liability. *Maryland Law Review*, vol. 72, 2013, p. 1295-1344.

[126] Para uma análise de medidas de *debarment* aplicadas a indivíduos (e não a empresas), confira-se: SCHOENI, Daniel. Personal debarment for non-distributive corporate misconduct: on the efficacy of debarring the individual from government contracts for collective wrongdoing. *Public Contract Law Journal*, n. 51, 2016, p. 51-94.

[127] WILLIAMS-ELEGBE, Sope. The implications of negotiated settlements on debarment in public procurement: a preliminary inquiry. *In:* SOREIDE, Tina e MAKINWA, Abiola. *Negotiated settlements in bribery cases.* Northampton: Edward Elgar Publishing, p. 79.

[128] WILLIAMS-ELEGBE, Sope. The implications of negotiated settlements on debarment in public procurement: a preliminary inquiry. *In:* SOREIDE, Tina e MAKINWA, Abiola. *Negotiated settlements in bribery cases.* Northampton: Edward Elgar Publishing, p. 80.

[129] Pela excelência do trabalho, que envolve uma análise histórica e um exame preciso de dados concretos sobre NPAs e DPAs, confira-se: KOEHLER, Mike. Measuring the impact of non-prosecution and deferred prosecution agreements on foreign corrupt practices act enforcement. *U.C. Davis Law Review*, n. 497, dez. 2015, p. 497-565.

[130] Conforme narra Sope Williams-Elegbe, em 2001, no contexto do rumoroso caso Enron, decidiu-se por abrir processo em face da empresa de auditoria Arthur Andersen, que foi

operações de uma companhia e preservar a sua viabilidade financeira, enquanto mantém a possibilidade do Estado de buscar a penalização da empresa que descumpre o acordo firmado.

Normalmente, no prazo de vigência do acordo, exige-se que a empresa signatária implemente medidas de *corporate compliance* que, se forem bem-sucedidas, afastarão a possibilidade de processos judiciais. Com isso, busca-se evitar que condutas reprováveis do passado voltem a se repetir.

O racional dos acordos negociados, portanto, reside, de um lado, na redução dos riscos de contratação de empresas não responsáveis e, de outro, na preservação da empresa e na tentativa de afastar danos colaterais e reputacionais que possam derivar de uma condenação.

2.9 Aproximação com o direito comunitário europeu e o direito brasileiro

É interessante observar que, em matéria de afastamento de licitantes e de reabilitação, os enfoques do direito norte-americano e do direito comunitário europeu são bem diferentes – embora compartilhem da mesma preocupação com valores como *value for money*, competição, transparência e integridade no mercado de contratações públicas.[131]

---

condenada por obstrução de justiça, perdeu sua licença e teve sua atuação comprometida, o que levou à demissão de 85 mil pessoas em todo o mundo. A condenação da empresa acabou sendo revertida perante a Suprema Corte, mas até que isso acontecesse, os danos já haviam ocorrido. Os danos colaterais às famílias dos empregados e à economia fizeram com que os promotores ficassem mais reticentes quanto a demandar grandes corporações, dado os potenciais impactos negativos perante terceiros (WILLIAMS-ELEGBE, Sope. The implications of negotiated settlements on debarment in public procurement: a preliminary inquiry. *In:* SOREIDE, Tina; MAKINWA, Abiola (org.). *Negotiated settlements in bribery cases*: a principled approach. Northampton: Edward Elgar, 2020, p. 85). Contudo, o "efeito Arthur Andersen" é visto por alguns como uma falácia. Confiram-se, por exemplo: KOEHLER, Mike. Measuring the impact of non-prosecution and deferred prosecution agreements on foreign corrupt practices act enforcement. *U.C. Davis Law Review*, n. 49, dez. 2015, p. 497-565; e MARKOFF, Gabriel. Arthur Andersen and the myth of the corporate death penalty: corporate criminal convictions in the twenty-first century. *University of Pennsylvania Journal of Business Law*, n. 15, 2013, p. 797-842.

[131] Há diversos trabalhos que se dedicam a fazer uma comparação detalhada dos sistemas norte-americano e da União Europeia. Por todos, confiram-se: YUKINS, Christopher; KANIA, Michal. Suspension and debarment in the U.S. Government: comparative lessons for the EU's next steps in procurement. *Upphandlingsrättslig Tidskrift (UrT)*, vol. 19, n. 2, 2019, p. 47-73; HARUTYUNYAN, Sati. Risk and expectation in exclusion from public procurement: understanding market access and harmonization between the European Union and the United States. *Public Contracts Law Journal*, n. 45, 2016, p. 449-476.

O direito comunitário europeu, inclusive em decorrência das preocupações de se assegurar que fornecedores de um país possam participar de procedimentos de contratação em todos os países da União Europeia[132], divide muito bem os assuntos. De um lado, há o estabelecimento dos casos que levam ao impedimento de participar de licitações; de outro, há a previsão de medidas de *self-cleaning* que poderão ser adotadas pelos interessados em obter o seu autossaneamento ou reabilitação. O objetivo central consiste no estabelecimento de um ambiente saudável de contratações públicas.

Já no direito norte-americano, embora haja a possibilidade de autossaneamento de licitantes, adota-se uma abordagem muito mais voltada à gestão dos riscos envolvidos nas contratações. Compreende-se que os procedimentos de contratação pública são verdadeiros exercícios de gestão de riscos. De um lado, as autoridades competentes avaliam os riscos reputacionais e de descumprimento contratual envolvidos, bem como dispõem de ampla discricionariedade para exigir a adoção de providências que, em última análise, buscam proteger o Estado por meio da redução desses mesmos riscos. De outro lado, entende-se que nenhuma companhia será totalmente imune a más condutas, por mais complexos e sofisticados sejam os seus sistemas internos de controle e *compliance*.[133] As medidas de impedimento de participação em contratações públicas serão tomadas com a finalidade de proteção do Estado, jamais com objetivo de punição.

Em certas situações, certamente por influência das principais contratações públicas norte-americanas, que são no setor de defesa (dotadas de uma forte carga de interesse do país em relação à sua própria sobrevivência e como ator geopolítico da maior relevância), inclusive se tolera não apenas a continuidade de contratos em curso, mas até mesmo

---

[132] Os países membros da União Europeia, por exemplo, adotam como regra geral os *"open procedures"*, enquanto que nos Estados Unidos, a figura equivalente (os *"sealed bids"*) não são necessariamente a regra geral. Sobre o tema: YUKINS, Christopher. The U.S. Federal Procurement System: an introduction. *Upphandlingsrättslig Tidskrift* n. 2, 2017, p. 69-93.

[133] TILLIPMAN, Jessica. A House of Cards Falls: why 'Too Big to Debar' is all slogan and little substance. *Fordham Law Review Res Gestae*, New York, Vol. 80, n. 49, 2012, p. 54). A doutrinadora menciona como exemplo a *Siemens*, que aprimorou e ampliou o seu *compliance* por meio de um esforço extraordinário, mas, apesar disso, segundo a imprensa, em outubro de 2011, seus funcionários teriam feito pagamentos impróprios a oficiais do Kuwait. O exemplo mostra que esse tipo de risco jamais pode ser totalmente afastado, mas também revela a importância dos sistemas internos de controle das empresas, uma vez que as atividades indevidas foram constatadas e reportadas às autoridades justamente devido ao seu *compliance* interno.

a celebração de novos contratos com empresas consideradas como não responsáveis, dentro de um enfoque utilitarista voltado à proteção dos interesses do Estado. Tal enfoque existe de certa forma nas derrogações de exclusões mandatórias do direito comunitário europeu.

Admite-se, em última análise, que é impossível afastar completamente os riscos de contratação de empresas *não responsáveis*. Busca-se fundamentalmente a redução desses riscos, já que afastá-los totalmente é impossível. A aplicação das medidas de *debarment* e *suspension* acaba derivando de um cálculo: quanto os contribuintes estão dispostos a pagar mais em um mercado menos competitivo.[134]

Essas considerações são relevantes para o direito brasileiro. No sistema brasileiro, uma das preocupações centrais consiste na contratação de empresas que necessariamente sejam idôneas. Por isso há uma sistemática que contempla os impedimentos e as declarações de inidoneidade.

No entanto, como se verá adiante, há no Brasil igualmente um enfoque utilitarista quando se permite a continuidade de execução de contratos mesmo quando o contratado teve aplicada contra si uma medida de impedimento ou declaração de inidoneidade, e quando há previsão legal autorizando a contratação de empresas sancionadas quando o objeto pretendido destina-se ao enfrentamento de alguma calamidade.[135] O mesmo acontece quando se admite que empresas sancionadas participem de licitações e contratos administrativos desde que adotem medidas de reabilitação. Além disso, admitem-se acordos substitutivos de sanções administrativas.

Tudo isso será aprofundado nos capítulos seguintes.

---

[134] SCHOONER, Steven L. The paper tiger stirs: rethinking suspension and debarment. *Public Procurement Law Review*, vol. 13, 2004, p. 5.

[135] O §3º do art. 4º da Lei 13.979/2020 (com redação dada pela Lei 14.035/2020), editada para o enfrentamento da pandemia de Covid-19, estabelece que "Na situação excepcional de, comprovadamente, haver uma única fornecedora do bem ou prestadora do serviço, será possível a sua contratação, independentemente da existência de sanção de impedimento ou de suspensão de contratar com o poder público". Depois disso, outras normas estabeleceram regras similares. A Medida Provisória 1.221/2024, por exemplo, que dispunha sobre contratações públicas para o enfrentamento de calamidades, autorizava excepcionalmente, quando houvesse apenas uma fornecedora do bem ou prestadora do serviço desejado, a sua contratação, independentemente da existência de sanção de impedimento ou de suspensão de contratar com o Poder Público, exigindo-se, entretanto, a prestação de garantia adicional (art. 13, §§2º e 3º). A MP não foi convertida em lei, mas sua autorização pôde ser aplicada enquanto permaneceu em vigor e, em tese, é possível que regra similar venha a ser editada no futuro.

CAPÍTULO 3

IMPEDIMENTO, DECLARAÇÃO DE INIDONEIDADE, AUTOSSANEAMENTO E REABILITAÇÃO POR MEIO DE ACORDOS NO SISTEMA BRASILEIRO

3.1 Introdução

O objetivo deste capítulo reside em compreender alguns aspectos centrais do afastamento de empresas do mercado de licitações públicas no direito brasileiro e contextualizar o tema do autossaneamento e da reabilitação na Lei 14.133/2021.

Primeiramente, será feita uma retomada das principais conclusões a respeito dos sistemas comunitário europeu e do norte-americano, a fim de destacar certas similitudes com o brasileiro.

Na sequência, serão examinadas algumas questões relacionadas ao impedimento de licitar e contratar e à declaração de inidoneidade. Sem a pretensão de esgotar a temática dessas medidas, serão destacados certos aspectos que guardam pertinência direta com o autossaneamento de contratados. Conforme será demonstrado, essas duas sanções têm algumas peculiaridades que conduzem a especificidades na sua aplicação e levam ao entendimento de que medidas concretas de autossaneamento são compatíveis com a lógica do direito administrativo sancionador.

Após o entendimento mais adequado das razões pelas quais podem ser afastadas as medidas de impedimento e declaração de inidoneidade, será introduzida a temática do autossaneamento e da reabilitação de contratados. Neste capítulo, o foco principal será nos instrumentos de consenso, ou seja, no autossaneamento de empresas impedidas ou declaradas inidôneas por meio de acordos. No capítulo seguinte, será iniciada a exposição da reabilitação, que é o autossaneamento (reativo) de empresas que já foram afastadas do mercado de contratações públicas.

3.2 Recapitulação de aspectos centrais do direito comunitário europeu e do direito norte-americano

Nos capítulos anteriores, ficou evidenciado que, tanto no direito comunitário europeu quanto no direito norte-americano, o afastamento de potenciais interessados do mercado de contratações públicas tem o propósito central de *proteger a Administração Pública*.

O objetivo das exclusões no direito comunitário europeu (tanto mandatórias quanto discricionárias) e das medidas de *debarment* e *suspension* no direito norte-americano reside em distanciar empresas "não responsáveis" do âmbito das contratações públicas.

Parte-se do pressuposto de que a admissão de empresas que representem riscos significativos à Administração Pública (i) ameaça a correta utilização de recursos públicos (*rectius*, dos contribuintes de tributos), (ii) propicia a prática de atos de corrupção, (iii) desnatura valores éticos considerados relevantes pelo sistema jurídico, (iv) proporciona situações de competição injusta e (v) pode levar a questionamentos sobre a própria utilidade das licitações como mecanismos confiáveis para a realização de contratações públicas.

As formas de abordagem de um e outro sistema são bastante diferentes.

No direito comunitário europeu, (i) somente algumas exclusões são discricionárias (as demais são mandatórias), (ii) não há uma clareza das normas quanto à natureza punitiva ou meramente protetiva das medidas de exclusão, (iii) trata-se do *self-cleaning* em separado dos procedimentos de contratação, como uma medida apenas corretiva e de recuperação das condições de participação em procedimentos de contratação, embora (iv) se reconheça em casos muito restritos a possibilidade de derrogação das exclusões quando assim impuser o interesse público, e (v) determina-se que as medidas de *self-cleaning* adotadas por uma empresa sejam consideradas pelas autoridades adjudicantes, inclusive com o efeito de se reconhecer que ela recuperou a sua confiabilidade de modo a poder retornar ao mercado de contratações públicas.

Em torno dessa sistemática, está a preocupação da União Europeia com o estabelecimento de normas que sejam uniformes aos seus Estados-membros, ainda que cada um deles possa estabelecer regras mais específicas em seus ordenamentos e tenha liberdade no modo de internalização das hipóteses de exclusões que são consideradas discricionárias pela Diretiva 2014/24/EU. Um mínimo de uniformidade nas previsões é essencial para a integração econômica por ampliar o livre trânsito de empresas e recursos entre os países-membros da União Europeia, uma vez que exclusões desnecessárias de licitantes podem ser um meio de prejudicar empresas oriundas de outros países, numa espécie de uso abusivo e desviado dos mecanismos de repressão a práticas ilícitas com finalidade de proteção do mercado interno.

Já no direito norte-americano, (i) a generalidade das hipóteses de *debarment* e *suspension* admite um elevado grau de avaliações discricionárias por parte das autoridades competentes (seja quanto à sua aplicação, seja quanto à sua desconsideração num procedimento em concreto), (ii) o *debarment* e a *suspension* são medidas que só podem ser aplicadas para a proteção do Estado, não devendo ter objetivo estritamente punitivo (como declarado expressamente pela FAR),[136] (iii) a avaliação "responsabilidade atual" (*present responsability*) dos interessados ocorre em cada procedimento específico, o que pode levar ao seu afastamento de uma licitação mesmo sem a aplicação prévia de uma medida de *debarment* ou *suspension* (podendo haver inclusive o fenômeno do *debarment de facto*), mas (iv) preveem-se diversas medidas que podem ser adotadas por uma empresa para que ela demonstre a sua atual condição de empresa responsável a fim de que seja admitida numa contratação específica ou no mercado de contratações públicas em geral, ou ainda para que ela abrevie o prazo de aplicação do *debarment*.

No sistema norte-americano, nota-se uma grande influência do contexto em que as decisões são tomadas. Parte relevante das contratações públicas federais é do setor de defesa, que é extremamente sensível por sua relação direta com a segurança nacional e com o posicionamento geopolítico dos Estados Unidos como potência bélica. Nesse ambiente em que há uma clara interdependência entre as empresas e o Estado,[137] é natural que se estabeleçam espaços consideráveis de discricionariedade, inclusive para o restabelecimento de empresas estratégicas ao mercado de contratações públicas.

Ainda que não haja uma clareza absoluta no direito comunitário europeu quanto à existência de propósito (também) punitivo nas

---

[136] FAR 9.402(b).
[137] O próprio Estado se percebe nesse contexto como um "agente econômico".

medidas de exclusão,[138] o fato é que há dois pontos de convergência centrais nos dois sistemas.

O primeiro deles é que as exclusões dos interessados em participar de procedimentos de contratação pública têm por objetivo (único ou não) a proteção do Estado. Busca-se evitar que o Estado continue se relacionando com empresas que representam um risco insuportável para a Administração. Nesse sentido, as exclusões são medidas *prospectivas* (ou seja, *pro futuro*). Destinam-se a evitar que o poder público volte a contratar com empresas que não reúnam os requisitos de responsabilidade necessários. Essas medidas podem conviver com penalidades voltadas – essas sim de forma inequívoca – a punir o contratado, como é o caso da aplicação de multas.

O segundo ponto de convergência é que ambos os sistemas conferem um tratamento leniente às empresas que adotam providências concretas e efetivas de recuperação da sua confiabilidade. Isso se dá com o reconhecimento do *self-cleaning* (autossaneamento) de tais empresas (em ambos os sistemas), bem como com a celebração de acordos e também com a desconsideração da medida previamente aplicada a depender do caso concreto (no sistema norte-americano com maior ênfase, mas também no europeu com as derrogações das exclusões mandatórias). Parte-se do pressuposto de que, se uma empresa adotou providências concretas que restabelecem a sua condição de licitante confiável, o fato de ter praticado atos graves no passado deixa de ser um impeditivo à sua participação no mercado de contratações públicas.

A mesma ideia geral é aplicável às contratações públicas no direito brasileiro – e com ainda mais clareza a partir da edição da Lei 14.133/2021. Três constatações derivadas do ordenamento brasileiro se destacam nesse contexto.

Em primeiro lugar, como será demonstrado adiante, os impedimentos e as declarações de inidoneidade, embora tenham suas hipóteses de cabimento definidas em lei, só devem ser aplicados quando forem *necessários* e *adequados*. Isso demanda das autoridades competentes um juízo não apenas quanto ao cabimento jurídico de tais medidas, mas também quanto à sua necessidade e adequação.

Em segundo lugar, admite-se a celebração de acordos que podem resultar até mesmo na não aplicação dos impedimentos e declarações

---

[138] Apenas no direito norte-americano há regra expressa no sentido de que o *debarment* e a *suspension* destinam-se apenas à proteção do Estado, não podendo ser aplicada com meros propósitos de punição – FAR 9.402(b).

de inidoneidade, inclusive com a assunção de compromissos pelas empresas no sentido de promoverem o seu autossaneamento. Diversos instrumentos jurídicos de consensualidade podem ser utilizados para o fim de evitar que essas penalidades sejam aplicadas, inclusive por meio do compromisso do interessado de adotar medidas efetivas destinadas à recuperação da sua confiabilidade.

Em terceiro lugar, o autossaneamento será possível também depois da aplicação do impedimento ou da declaração de inidoneidade. Esse autossaneamento reativo (posterior à aplicação das medidas sancionatórias) consiste na reabilitação.[139]

É o que será examinado em mais detalhes nos tópicos seguintes.

3.3 Os procedimentos de contratação pública como gestão de riscos

Sob um certo ângulo, o tratamento das exclusões de licitantes e do seu autossaneamento em sentido amplo no direito brasileiro comporta uma forma muito peculiar – e pouco usual – de se encarar as licitações. Trata-se de compreender os procedimentos de contratação pública como verdadeiros exercícios de gestão de riscos.[140]

De fato, a condução dos procedimentos de contratação pública e o acompanhamento da execução contratual envolvem uma constante gestão de riscos.

Quando a Administração Pública resolve dar início a um procedimento de contratação, terá de analisar dois grandes riscos: de performance e reputacionais. Basicamente, pretende-se saber se os interessados têm condições técnicas e econômicas de executar o objeto contratual que foi definido e se eles apresentam os requisitos éticos e de probidade imprescindíveis.

As licitações e contratações públicas demandam um gerenciamento constante desses riscos. Isso se dá no estabelecimento das

---

[139] Neste estudo, refere-se ao autossaneamento como o resultado da adoção de providências que resultam no não afastamento de uma empresa do mercado de contratações públicas. Já a reabilitação é o autossaneamento de uma empresa depois de ter sido aplicado um impedimento de licitar ou uma declaração de inidoneidade. A reabilitação, portanto, é uma espécie do gênero autossaneamento e sua peculiaridade é que ela é reativa à aplicação de uma medida de afastamento do mercado de contratações públicas.

[140] A rigor, a análise e o constante tratamento dos riscos ocorrem também ao longo de toda a execução contratual. Para um aprofundado exame da questão, confira-se: COX JR., Louis Anthony. *Risk analysis of complex and uncertain systems*. New York: Springer, 2009.

condições de contratação ainda na fase interna da licitação (definição de requisitos de habilitação e de participação), na condução do procedimento licitatório (avaliação das condições e tomada das decisões adequadas na fase externa do certame), e no acompanhamento da execução contratual (avaliação das intercorrências e dos seus efeitos consequentes). Cada requisito que se prevê e cada exigência que se faz para a participação nos certames destinam-se a proteger a Administração Pública e os recursos públicos.

Isso fica muito claro no estabelecimento das condições de participação na licitação. Quando um edital estabelece requisitos de qualificação técnica ou econômico-financeira e exige a apresentação de seguros ou outras garantias, na verdade está buscando minimizar os riscos de contratação de uma empresa que não consiga desempenhar o escopo almejado.

Essa preocupação com a gestão de riscos ocorre também em definições que não têm uma relação direta com o objeto daquele contrato específico. Por exemplo, quando se exige dos licitantes a apresentação de certidões negativas de débitos tributários, trabalhistas, de falência e declarações de que não emprega mão de obra infantil, bem como que desenvolva ou já tenha um programa de integridade[141] – ainda que com a finalidade de desempate nas licitações[142] –, não se está propriamente verificando se os interessados conseguiriam executar o objeto contratual, e sim se ele é uma empresa íntegra, confiável.

Ocorre que tudo isso é uma presunção. Parte-se do pressuposto de que um licitante que tenha uma conduta pretérita íntegra *provavelmente* continuará se comportando dessa forma ao longo de novas execuções contratuais. Em outras palavras: o risco de contratá-lo é menor do que o presente diante de licitantes que já apresentaram problemas graves de conduta no passado. Situa-se dentro de parâmetros aceitáveis para o Estado. Mas o fato de um interessado possuir um histórico impecável não significa uma ausência de riscos de que ele venha a cometer alguma ilicitude. Por mais cautelosa que seja a Administração Pública no procedimento de licitação, verificando de forma criteriosa os requisitos de habilitação e participação especialmente estabelecidos para aquele procedimento, sempre haverá um risco de que algo aconteça de errado – seja um descumprimento contratual, sejam ilicitudes ainda mais graves.

---

[141] Art. 25, §4º, da Lei 14.133/2021.
[142] Art. 60, IV, da Lei 14.133/2021.

O inverso também é verdadeiro. Ainda que um licitante tenha cometido atos ilegais graves no passado, isso não significa que ele voltará necessariamente a cometê-los no presente – embora sua conduta pretérita seja um indicativo da presença de um risco *potencialmente* inaceitável para a Administração Pública, notadamente se não houver nenhuma demonstração de que ele reviu suas práticas.

O fato é que a gestão de riscos é inerente a todo procedimento de contratação pública e execução contratual. Aliás, isso não é exclusividade das contratações públicas. Qualquer contratação integralmente privada, sem nenhuma relação com o Estado, também envolve uma gestão de riscos.

Em suma, o que se busca é o afastamento de riscos considerados inaceitáveis, ou seja, de riscos com os quais a Administração contratante entende que não pode conviver. Algum risco sempre estará presente – ainda mais tendo em conta que se está em um ambiente de assimetria informacional entre Administração Pública e particulares.[143]

Em paralelo, não se pode criar requisitos ou fazer exigências que, em nome da proteção da Administração Pública, comprometam a própria economicidade da contratação. Ainda mais porque um certo risco sempre existirá e será tolerável. O dever de maximização dos recursos públicos não pode ser ignorado em favor de uma segurança utópica e meramente teórica.[144]

Essa concepção dos procedimentos de contratação pública como exercício de gestão de riscos permite uma visão mais dinâmica das seleções de contratados. Um exemplo de sua aplicação concreta é a adoção,

---

[143] A questão da assimetria de informações e dos seus efeitos no mercado não será tratada nesta obra. O tema é objeto de estudo de George Akerlof em artigo publicado em 1970 intitulado *The market for "lemons": quality uncertainty and the market mechanism*, que lhe rendeu o prêmio Nobel de Economia em 2001 (juntamente a Michael Spence e Joseph Stiglitz) – AKERLOF, George A. The market for "lemons": quality uncertainty and the market mechanism. *The Quarterly Journal of Economics*, vol. 84, n. 3, ago.1970, p. 488-500. Em seu artigo, Akerlof, utilizando o mercado de carros usados nos Estados Unidos, demonstrou que, num mercado de informação assimétrica, os bens de baixa qualidade (carros usados ruins, qualificados como *"lemons"*) afastam do mercado os bens de boa qualidade (carros usados bons, ou *"peaches"*). Sobre o problema da assimetria de informação nas licitações públicas no Brasil, confira-se: NÓBREGA, Marcos; JURUBEBA, Diego Franco de Araújo. Assimetrias de informação na nova lei de licitação e o problema da seleção adversa. *In*: NÓBREGA, Marcos (coord.) *Um olhar além do óbvio*: temas avançados de licitações e contratos na Lei 14.133/21 e outros assuntos. São Paulo: JusPodivm, 2023, p. 83-113.

[144] A questão é quanto os contribuintes estão dispostos a pagar, como destaca Steven L. Schooner: SCHOONER, Steven L. The paper tiger stirs: rethinking suspension and debarment. *Public Procurement Law Review*, vol. 13, 2004, p. 1-8.

cada vez mais frequente, da *due diligence de integridade (DDI)*, notadamente em contratações por empresas estatais que, por definição, têm maior liberdade na definição dos seus regulamentos de contratações, notadamente quando desempenham atividades econômicas.[145]

Na *due diligence de integridade*, o contratante desenvolve um procedimento de análise da estrutura organizacional e de negócios, do histórico de integridade e de outras características dos interessados a fim de subsidiar a tomada de decisão sobre o início ou a continuidade do relacionamento comercial com um fornecedor, bem como para a definição do nível de monitoramento dos riscos potenciais de fraude e corrupção identificados. O resultado é a atribuição de um Grau de Risco de Integridade (GRI).

Os procedimentos de *due diligence de integridade* partem, portanto, de duas premissas essenciais: (i) sempre haverá algum risco inafastável de que venham a ocorrer condutas incompatíveis com as previsões normativas e contratuais; e (ii) a assunção de algum grau de risco será aceitável, tendo em vista que o afastamento total desse risco, além de impossível, geraria custos de transação muito elevados ao contratante (longo tempo de análise, custos indiretos, redução do universo de fornecedores, redução das chances de obtenção de propostas vantajosas, entre outros). As atenções devem se voltar a *como avaliar* os riscos e *como lidar* com eles.

A questão da gestão de riscos, aliás, não passa desapercebida pela legislação. O parágrafo único do art. 11 da Lei 14.133/2021 estabelece expressamente que a alta administração do órgão ou entidade deve implementar processos e estrutura voltados à "gestão de riscos" para se obter um ambiente íntegro e confiável.[146]

---

[145] Sobre o tema, confira-se: ZILIOTTO, Mirela Miró. Grau de risco de integridade nas contratações por estatais: mecanismo de incentivo à ética ou instrumento de sanção? *In:* SADDY, André; SOUZA, Diogo Alves Verri Garcia de; SOUZA, Pablo Ademir de. *Direito administrativo sancionador nas estatais*. Vol. 05, Rio de Janeiro: CEEJ, 2023, p. 389-411.

[146] Parágrafo único do art. 11 da Lei 14.133/2021: "A alta administração do órgão ou entidade é responsável pela governança das contratações e deve implementar processos e estruturas, *inclusive de gestão de riscos* e controles internos, para avaliar, direcionar e monitorar os processos licitatórios e os respectivos contratos, com o intuito de alcançar os objetivos estabelecidos no *caput* deste artigo, promover um ambiente íntegro e confiável, assegurar o alinhamento das contratações ao planejamento estratégico e às leis orçamentárias e promover eficiência, efetividade e eficácia em suas contratações".

3.4 Mecanismos de tratamento dos riscos nos procedimentos de contratação

Analisando-se a Lei 14.133/2021, pode-se dizer que há dois grandes grupos de mecanismos de tratamento dos riscos nos procedimentos de contratação: (i) preventivos e (ii) reativos.

3.4.1 Mecanismos preventivos

Os mecanismos preventivos são estabelecidos pela Administração Pública com o objetivo de minorar os riscos de participação de licitantes irresponsáveis e reduzir os riscos de futuros inadimplementos contratuais.

Neste conjunto de medidas, podem ser considerados previsões das mais variadas naturezas, tais como o estabelecimento de requisitos de habilitação técnica e econômico-financeira consistentes, a exigência de seguros e outras garantias de boa execução contratual, as provas de qualidade do produto a ser ofertado, a pontuação de propostas técnicas e a criação de mecanismos de controle interno voltados à integridade.

Todas essas ferramentas são mecanismos de *signaling*, ou seja, são sinalizações recebidas pela Administração Pública como demonstração de que os riscos de contratação do interessado são aceitáveis.[147]

3.4.2 Mecanismos reativos

Já os mecanismos reativos de tratamento de riscos constituem medidas de reação a um risco depois que ele se materializa em virtude (inclusive) de uma má conduta por parte do contratado. Os mecanismos reativos são colocados em prática quando acontece um evento que acabou não sendo evitado pelos mecanismos preventivos.

Há uma série de mecanismos reativos possíveis, que podem ter natureza *sancionatória* ou *não sancionatória*, de acordo com a presença ou não de um caráter punitivo.

---

[147] Os mecanismos de *signaling* não costumam ser estudados no contexto das relações público-privadas – e certamente merecem um estudo mais aprofundado nessa seara –, mas são objeto de atenção entre os estudiosos de economia comportamental. Sobre o tema, confira-se: BODNER, Ronit; PRELEC, Drazen. Self-signaling and diagnostic utility in everyday decision making. *In:* BROCAS, Isabelle; CARRILLO, Juan D. *The psychology of economics decisions.* Vol. I (Rationality and well-being). Oxford: Oxford Press, 2003, p. 105-126.

Um exemplo de mecanismo reativo *não sancionatório* é o acionamento de uma garantia contratual prestada pelo contratado, a qual pode servir para reduzir o impacto negativo de um descumprimento contratual mesmo antes de uma eventual aplicação de penalidade.[148] Da mesma forma, o exercício de um *step-in right* por um financiador também pode ser considerado um mecanismo reativo não sancionatório, ainda que adotado não propriamente pelo Estado, mas com a sua ciência.[149] Outro exemplo de mecanismo reativo não sancionatório consiste no acionamento das cláusulas de *hardship*, ou seja, de previsões contratuais que contemplam mecanismos para se lidar com fatores imprevisíveis pelas partes.[150]

Já os mecanismos reativos *sancionatórios* são as penalidades que podem ser aplicadas pela Administração ou pelos órgãos de controle em razão de más condutas adotadas pelos contratados. Refere-se aqui às figuras da advertência, da multa, do impedimento de licitar e contratar e da declaração de inidoneidade para licitar ou contratar, previstas no art. 156, incisos I a IV, da Lei 14.133/2021 (e também nas normas que tratam das competências dos órgãos de controle).[151] Trata-se de sanções que, de certa maneira, são utilizadas como técnica regulatória.[152]

Advertência, multas, impedimento e declaração de inidoneidade têm no sistema brasileiro um caráter de punição ao contratado. Isto é,

---

[148] Arts. 96 a 102 da Lei 14.133/2021.

[149] Art. 102 da Lei 14.133/2021.

[150] As cláusulas de *hardship* refletem uma prática notadamente nos contratos internacionais – tanto é que há modelos muito conhecidos, como o da CCI – mas sua aplicação pode se dar em contratos entre brasileiros. Não há vedação para sua utilização inclusive em contratos públicos. Sobre as cláusulas de *hardship*, confiram-se: COSTA, Judith H. Martins. A cláusula de *hardship* e a obrigação de renegociar nos contratos de longa duração. *Revista de Arbitragem e Mediação*, vol. 25, p. 11-39, abr./jun. 2010; GLITZ, Frederico Eduardo Zenedin. *Contrato e sua conservação*: lesão e cláusula de hardship. Curitiba: Juruá, 2012; SANTOS, André Luiz Rigo Costa. Cláusula de *hardship*: a possível solução para assegurar relações contratuais internacionais em tempos de crise como a brasileira. *Revista de Direito Internacional e Globalização Econômica*, vol. 1, n. 1, jan.-jun. 2017, p. 136-159; CASTRO, Flávia Câmara e. *A cláusula de hardship em contratos empresariais no Brasil*. Dissertação (Mestrado) – Universidade Federal de Minas Gerais – UFMG, 2022.

[151] A resolução unilateral por inadimplemento do contratado (art. 138, I, da Lei 14.133) também é considerada uma sanção por Marçal Justen Filho (*Comentários à Lei de Licitações e Contratações Administrativas*. 2. ed. São Paulo: RT, 2023, p. 1668). Entretanto, deixaremos esta sanção de lado por não ter relevância no objeto desta obra.

[152] Segundo Carlos Ari Sundfeld, a propósito da utilização das sanções administrativas como técnica regulatória: "Os reguladores possuem variadas ferramentas à sua disposição para conduzir comportamentos na direção do interesse público; a sanção é uma delas. Isso abrange, de forma ampla, indivíduos ou empresas que se sujeitam à ordenação da Administração" (SUNDFELD, Carlos Ari. *Direito administrativo*: o novo olhar da LINDB. Belo Horizonte: Fórum, 2022, p. 129).

compreendem uma reprimenda. Mas isso não significa que a lógica de aplicação de todas elas seja exatamente a mesma. Isso porque, embora tenham uma carga sancionatória, os efeitos delas são bastante diferentes justamente porque os objetivos de cada uma dessas medidas são diversos. Isso fica muito claro na classificação das medidas em internas e externas ao contrato.

3.4.2.1 Mecanismos reativos sancionatórios internos ao contrato

Os mecanismos reativos sancionatórios de tratamento dos riscos podem ser *internos* ou *externos* ao contrato.[153]

Os mecanismos reativos sancionatórios internos ao contrato têm os seus efeitos exauridos no âmbito de cada contratação. Trata-se da advertência e da multa. O licitante que sofrer a aplicação dessas sanções não terá nenhum impedimento à sua participação em outros procedimentos de contratação pública, salvo se elas afetarem algum requisito de habilitação – por exemplo, o licitante que não pagar uma multa pode não obter certidão negativa que seja indispensável à sua habilitação em outro procedimento licitatório. Nesse caso, de todo modo, o que impedirá a participação da empresa na licitação será o inadimplemento da sanção de multa que lhe foi imposta, e não propriamente a multa.

O que caracteriza as sanções internas ao contrato é que os seus efeitos são exauridos dentro dos limites daquela contratação. Por exemplo, o simples pagamento da multa aplicada exaure os efeitos da penalidade. Ela não gera efeitos para o futuro nem perante outros procedimentos de contratação.

Isso acontece porque, tanto na aplicação de advertência quanto na aplicação de uma multa, entende-se que o contratado não representa um risco inaceitável à Administração Pública e, portanto, não precisa ser afastado do mercado de contratações públicas. O Estado pode continuar travando novas relações contratuais com ele.

---

[153] A divisão das sanções em mecanismos reativos sancionatórios internos e externos ao contrato administrativo é uma possível classificação. Isso não significa que seja a única. Sobre a variedade de classificações das sanções administrativas, confira-se: ZARDO, Francisco. *Infrações e sanções em licitações e contratos administrativos*. São Paulo: RT, 2014, p. 159-161.

3.4.2.2 Mecanismos reativos sancionatórios externos ao contrato

Já os mecanismos reativos sancionatórios externos ao contrato produzem suas consequências para além dos limites da licitação ou do contrato no âmbito do qual a penalidade foi aplicada. Trata-se do impedimento de licitar e contratar e da declaração de inidoneidade para licitar ou contratar (art. 156, incisos III e IV, da Lei 14.133/2021).

Quando se aplica uma sanção de impedimento ou de declaração de inidoneidade, os seus efeitos necessariamente extrapolarão o âmbito da licitação ou contrato em que foram aplicadas. O particular ficará impossibilitado de participar de outras licitações e contratações públicas, por um prazo específico, seja no âmbito da Administração Pública direta e indireta do ente federativo que houver aplicado a sanção (no caso do impedimento), seja no âmbito da Administração Pública direta ou indireta de todos os entes federativos (no caso da declaração de inidoneidade). Isso ocorre porque, ao aplicar essas medidas, o Estado considera que o contratado representa um risco cuja assunção é inaceitável. A solução, inequivocamente drástica, mas necessária em alguns casos, será o afastamento desse contratado do mercado de contratações públicas por um período específico.

Portanto, o que diferencia as medidas de impedimento e declaração de inidoneidade das demais sanções administrativas (advertência e multa) é que aquelas têm efeitos prospectivos.[154] Independentemente de terem um caráter punitivo ou não – e parece-nos que todas elas o têm no sistema brasileiro em alguma medida –, a geração de efeitos *pro futuro* em função da finalidade de proteção ao Estado deve ser ponderada na sua aplicação.

---

[154] Segundo Fábio Medina Osório: "As medidas gerais e *pro futuro* devem ser encaradas como verdadeiras sanções administrativas, ainda que sua configuração típica dependa de contratos. O contrato pode integrar a base de configuração típica do ilícito, para fins de incidência da sanção administrativa. Assim ocorre com a pena administrativa de declaração de inidoneidade do particular para participar, por até cinco anos, de licitação na Administração Pública Federal, quando comprovada a conduta de fraude à licitação, pena que pode ser aplicada diretamente pelo Tribunal de Contas, mas que, inegavelmente, não se restringirá ao universo mais restrito dos contratos onde guardem suas raízes" (OSÓRIO, Fábio Medina. *Direito administrativo sancionador*. 9. ed. São Paulo: RT, 2023, p. 115).

3.5 Os critérios de ponderação na aplicação do impedimento e da declaração de inidoneidade

A partir dos efeitos das sanções administrativas previstas na Lei 14.133/2021, pode-se apontar dois critérios de ponderação que a Administração Pública deverá ter em conta na definição pela aplicação ou não do impedimento e da declaração de inidoneidade. Trata-se do critério *finalístico* e do critério *consequencialista*.

Evidentemente, tanto o critério finalístico quanto o consequencialista devem ser objeto de ponderação também na aplicação das outras sanções administrativas. O que se pretende aqui é ressaltar que o impedimento e a declaração de inidoneidade têm finalidades e consequências muito peculiares, que são relevantes para o objeto desta obra. Tais critérios devem ser observados não apenas pela Administração Pública, mas também pelos órgãos de controle que disponham da mesma competência – como é o caso do Tribunal de Contas da União, com base no art. 46 da Lei Orgânica do TCU.[155-156]

3.5.1 Critério finalístico

O primeiro critério a ser ponderado na aplicação das medidas de impedimento e de declaração de inidoneidade é o finalístico. Deve-se verificar se as finalidades buscadas com essas medidas são adequadas e necessárias ("proporcionalidade-adequação" e "proporcionalidade-necessidade")[157].

---

[155] O art. 46 da Lei 8.443/1992 (Lei Orgânica do TCU) estabelece o seguinte: "Verificada a ocorrência de fraude comprovada à licitação, o Tribunal declarará a inidoneidade do licitante fraudador para participar, por até cinco anos, de licitação na Administração Pública Federal". Discute-se muito sobre o âmbito de aplicação das declarações de inidoneidade. As que forem aplicadas pela Administração Pública teriam relação mais direta com a execução contratual. Já o TCU aplicaria a sanção a situações de fraude. Para os efeitos desta obra, o âmbito de competências de cada qual não é relevante, uma vez que o foco de preocupação está no efeito central da declaração de inidoneidade, que é substancialmente o mesmo: afastamento do particular do mercado de contratações públicas por determinado período.

[156] Sobre a aplicação de sanções na Lei 14.133/2021, confira-se: LEFÈVRE, Mônica Bandeira de Mello. Sanções administrativas – impedimento de licitar e contratar e declaração de inidoneidade: inovações da Lei 14.133/2021. In: NIEBUHR, Karlin Olbertz; POMBO, Rodrigo Goulart de Freitas (org.). *Novas questões em licitações e contratos (Lei 14.133/2021)*. São Paulo: Lumen Juris, 2023, p. 459-489. Acerca do poder sancionador do TCU, confira-se: ALVES, Francisco Sérgio Maia; ZYMLER, Benjamin. *Processo do Tribunal de Contas da União*. Belo Horizonte: Fórum, 2023, p. 97-115.

[157] JUSTEN FILHO, Marçal. *Comentários à lei de licitações e contratações administrativas*. 2. ed. São Paulo: RT, 2023, p. 1675.

Como dito, o impedimento e a declaração de inidoneidade são as únicas sanções que têm por finalidade direta afastar o contratado do mercado de contratações públicas por se reputar que ele representa um risco insuportável para o Estado.

Logo, só faz sentido a aplicação do impedimento e da declaração de inidoneidade nos casos em que a Administração Pública concluir que o contratado representa um risco tão significativo para o Estado que o seu afastamento do mercado de contratações públicas é imprescindível para a proteção do poder público.

Quando não se fizer presente a necessidade de proteção da Administração Pública por meio do afastamento do particular – *v.g.*, porque o ato praticado não é tão grave a ponto de fazer com que o contratado represente um risco insuportável para o Estado, ou eventualmente porque esse particular assumiu compromissos de autossaneamento que minoram esses riscos[158] –, caberá a aplicação de outras penalidades, notadamente de natureza pecuniária. Não deverão ser aplicados o impedimento nem a declaração de inidoneidade, ou tais medidas poderão ser afastadas por meio de um procedimento de reabilitação caso já tenham sido aplicadas – como se verá adiante.

O art. 156, §§4º e 5º, da Lei 14.133/2021, já estabelece quais são em tese as condutas que podem levar à aplicação do impedimento e da declaração de inidoneidade.

Como regra geral, podem levar à aplicação do impedimento de licitar e contratar as condutas de (i) dar causa à inexecução parcial do contrato que cause grave dano à Administração Pública, ao funcionamento dos serviços públicos ou ao interesse público; (ii) dar causa à inexecução total do contrato; (iii) deixar de entregar a documentação exigida para o certame; (iv) não manter a proposta, salvo em decorrência de fato superveniente devidamente justificado; (v) não celebrar o contrato ou não entregar a documentação exigida para a contratação quando convocado dentro do prazo de validade de sua proposta; e (vi) ensejar o retardamento da execução ou da entrega do objeto da licitação sem motivo justificado.[159]

Já as condutas que em princípio podem levar à declaração de inidoneidade para licitar ou contratar são as seguintes: (i) apresentar declaração ou documentação falsa exigida para o certame ou prestar declaração falsa durante a licitação ou a execução do contrato;

---

[158] Adiante se retornará à questão do autossaneamento nessa seara.
[159] Trata-se das hipóteses previstas no art. 155, incisos II a VII, da Lei 14.133/2021.

(ii) fraudar a licitação ou praticar ato fraudulento na execução do contrato; (iii) comportar-se de modo inidôneo ou cometer fraude de qualquer natureza; (iv) praticar atos ilícitos com vistas a frustrar os objetivos da licitação; e (v) praticar ato lesivo previsto no art. 5º da Lei 12.846/2013 (que são os atos lesivos à Administração Pública nacional ou estrangeira previstos na Lei Anticorrupção).

De modo geral, os tipos infracionais que podem levar em princípio a uma declaração de inidoneidade apresentam uma gravidade maior do que aqueles que justificam o impedimento de licitar e contratar. Trata-se de condutas fraudulentas, que envolvem uma má-fé mais evidente por parte do particular. Apesar disso, a Lei 14.133/2021 admite que os tipos que em princípio podem levar ao impedimento sejam objeto de declaração de inidoneidade, e vice-versa (como se verifica no art. 156, §§4º e 5º).

De todo modo, o que mais importa para este estudo é outra questão. Trata-se do fato de que todos os tipos infracionais que comportam o impedimento e a declaração de inidoneidade podem também ser penalizados na via administrativa com a aplicação de multas[160] – além, é claro, da aplicabilidade de outras sanções cíveis e criminais decorrentes, por exemplo, da lei de improbidade, da lei anticorrupção e de leis penais aplicáveis.

Isso se deve, em grande medida, ao fato de que cada um dos tipos previstos nos incisos do art. 155 da Lei 14.133/2021 é bastante abrangente, a ponto de alcançar condutas de gravidades bem diversas e com níveis de reprovabilidade igualmente variados.[161]

Como todos os tipos infracionais que comportam medidas de impedimento e declaração de inidoneidade (que são medidas *pro futuro*) admitem também a aplicação de multas, as autoridades competentes

---

[160] De acordo com o §7º do art. 156 da Lei 14.133/2021: "As sanções previstas nos incisos I, III e IV do *caput* deste artigo poderão ser aplicadas cumulativamente com a prevista no inciso II do *caput* deste artigo".

[161] Um exemplo ilustra bem o que se afirma. A conduta de "dar causa à inexecução parcial do contrato que cause grave dano à Administração", prevista no art. 155, inciso I, da Lei 14.133/2021, é bastante abrangente. O nexo de causalidade entre a conduta do contratado e a inexecução contratual pode ser mais ou menos direto. O nível de contribuição do contratado para a inexecução contratual também pode ser maior ou menor. Além disso, a qualificação de um dano como grave também comporta interpretações diversas. Isso significa que a variedade não só de possíveis arranjos fáticos, mas também da própria reprovabilidade da conduta do contratado acarretará necessariamente uma variedade de possíveis sanções aplicáveis, a depender de cada caso. Nem sempre estará presente a necessidade de afastamento do particular do mercado de contratações públicas porque ele não necessariamente representará um risco insuportável à Administração Pública.

para aplicar as sanções deverão ponderar se é adequada ao caso a proteção da Administração Pública por meio necessariamente do afastamento do interessado do mercado de contratações públicas. Se o afastamento do mercado de contratações públicas não for pertinente nem necessário à situação concreta, ou seja, caso a conduta-alvo esteja suficientemente penalizada por meio de uma sanção pecuniária, dispensando-se a necessidade de afastamento do particular, o impedimento e a declaração de inidoneidade não deverão ser aplicados. Será mais adequada a aplicação de multa, ou ainda de outras medidas previstas na legislação que não tenham os mesmos efeitos – *pro futuro* e externos ao contrato – do impedimento e da declaração de inidoneidade.

Em outras palavras: quando o contratado não representa um risco insuportável para a Administração, as penalidades de impedimento e declaração de inidoneidade não serão medidas adequadas. Nessa hipótese, as sanções pecuniárias serão as mais apropriadas justamente por não terem efeitos *pro futuro* nem externos ao contrato.

Isso significa que o afastamento de uma empresa do mercado de contratações públicas por meio do impedimento ou da declaração de inidoneidade deverá levar em conta o critério finalístico. Trata-se de um juízo de ponderação acerca da adequação-proporcionalidade e da adequação-necessidade do impedimento e da declaração de inidoneidade ao caso em análise.

3.5.2 Critério consequencialista

O segundo critério pertinente ao presente estudo é o consequencialista. Ele significa que o juízo de ponderação na aplicação do impedimento e da declaração de inidoneidade deverá tomar em conta as consequências práticas que poderão advir da aplicação da penalidade.

Trata-se de dar concretude a dois vetores consagrados pelo ordenamento jurídico brasileiro.

O primeiro é o *princípio da preservação da empresa*,[162] que, em última análise, é uma derivação do reconhecimento de que as empresas têm uma função social, a qual pode inclusive exercer um papel limitador do poder de controle e de administração das sociedades.[163]

---

[162] Por todos, sugere-se a consulta à obra de Ricardo Negrão, que faz uma excelente pesquisa sobre a aplicação concreta do princípio da preservação da empresa pelos tribunais: NEGRÃO, Ricardo. Preservação da Empresa. São Paulo: Saraiva, 2019.

[163] Nesse sentido, podem ser citados os arts. 116 e 154 da Lei 6.404/1976. O parágrafo

Em vista disso, o ordenamento estabelece diversos mecanismos destinados à preservação das empresas, como é o caso da recuperação judicial[164-165] e da aplicação do princípio da menor onerosidade do devedor aplicado com maior ênfase às empresas em processos de execução por dívidas.[166]

Especificamente no direito administrativo sancionador, o princípio da preservação da empresa conduz à necessidade de um sancionamento calibrado, que em última análise é uma decorrência também do princípio da proporcionalidade.[167]

Nos últimos anos, com a crescente positivação de normas de direito sancionador aplicáveis às organizações empresariais, vêm sendo

---

único do art. 116 prevê que "O acionista controlador deve usar o poder com o fim de fazer a companhia realizar o seu objeto e cumprir sua função social, e tem deveres e responsabilidades para com os demais acionistas da empresa, os que nela trabalham e para com a comunidade em que atua, cujos direitos e interesses deve lealmente respeitar e atender". O art. 154 estabelece que "O administrador deve exercer as atribuições que a lei e o estatuto lhe conferem para lograr os fins e no interesse da companhia, satisfeitas as exigências do bem público e da função social da empresa". O STJ, com base no art. 166, inclusive já decidiu haver limitação no poder de dissolução de sociedade anônima quando se demonstra a viabilidade da continuidade da empresa, devendo-se optar pela dissolução parcial, sob pena de configuração de abuso de poder pelo controlador (STJ – REsp 1321263/PR, Rel. Min. Moura Ribeiro, 3ª T., j. 6.12.2016, DJe 15.12.2016).

[164] O objetivo da submissão dos créditos a um concurso de credores nos procedimentos de recuperação judicial é justamente que haja uma ordenação de modo a não inviabilizar a organização empresarial. Nos termos do art. 47 da Lei 11.101/2005: "A recuperação judicial tem por objetivo viabilizar a superação da situação de crise econômico-financeira do devedor, a fim de permitir a manutenção da fonte produtora, do emprego dos trabalhadores e dos interesses dos credores, promovendo, assim, a preservação da empresa, sua função social e o estímulo à atividade econômica".

[165] Além do concurso de credores, pode ser mencionado aqui como outro mecanismo destinado à preservação da empresa o *stay period*, que consiste na suspensão das ações e execuções contra a empresa em recuperação judicial, por prazo certo, de modo que a proteção patrimonial permita a preservação de postos de trabalho e da atividade empresarial. O §4º do art. 6º da Lei 11.101/2005, com a redação dada pela Lei 14.112/2020, estabelece o seguinte: "§4º Na recuperação judicial, as suspensões e a proibição de que tratam os incisos I, II e III do *caput* deste artigo perdurarão pelo prazo de 180 (cento e oitenta) dias, contado do deferimento do processamento da recuperação, prorrogável por igual período, uma única vez, em caráter excepcional, desde que o devedor não haja concorrido com a superação do lapso temporal".

[166] São numerosos os precedentes do STJ nesse sentido. A título de exemplo, confira-se: "Naturalmente, remanesce incólume o dever do Juízo em que se processa a execução individual de crédito extraconcursal de bem observar o princípio da menor onerosidade, a fim de que a satisfação do débito exequendo se dê na forma menos gravosa ao devedor, podendo obter, em cooperação do Juízo da recuperação judicial, as informações que reputar relevantes e necessárias" (STJ – CC 191.533/MT, rel. Min. Marco Aurélio Bellizze, 2ª Seção, j. 18.4.2024, DJe 26.4.2024).

[167] GARCIA, Victor. *O direito administrativo sancionador e a preservação da empresa*. Dissertação (Mestrado em Direito) – Instituto Brasileiro de Ensino, Desenvolvimento e Pesquisa – IDP. Brasília, 2021.

estabelecidas regras que, fundadas na função social das empresas, determinam cautelas específicas em termos de dosimetria das sanções[168] e do dever de fundamentação por parte da autoridade competente,[169] que deverá levar em conta as consequências da aplicação da sanção – ainda que se reconheça também a previsão da dissolução compulsória de pessoa jurídica.[170]

O segundo vetor relevante é o comando de que devem ser levadas em conta as *consequências da decisão administrativa*, que se aplica inclusive às decisões de natureza sancionatória. Trata-se da previsão contida no art. 20 da LINDB, segundo o qual "Nas esferas administrativa, controladora e judicial, não se decidirá com base em valores jurídicos abstratos sem que sejam consideradas as consequências práticas da decisão". Isso significa que há uma norma de sobredireito[171] que estabelece o dever da Administração Pública de ponderar as consequências de suas decisões.

Além disso, a Lei 14.133/2021, no art. 147, estabelece que, diante da constatação de uma irregularidade na licitação ou na execução contratual, deve-se verificar a possibilidade de saneamento e, quando

---

[168] Nesse sentido, pode ser mencionada a previsão do art. 12, §4º, da Lei 8.429/1992, com a redação dada pela Lei 14.230/2021: "Em caráter excepcional e por motivos relevantes devidamente justificados, a sanção de proibição de contratação com o poder público pode extrapolar o ente público lesado pelo ato de improbidade, *observados os impactos econômicos e sociais das sanções, de forma a preservar a função social da pessoa jurídica*, conforme disposto no §3º deste artigo".

[169] Cite-se aqui o §3º do art. 12 da Lei 8.429/1992, com a redação dada pela Lei 14.230/2021: "Na responsabilização da pessoa jurídica, *deverão ser considerados os efeitos econômicos e sociais das sanções, de modo a viabilizar a manutenção de suas atividades*". A partir desse dispositivo, conclui-se que o Judiciário, ao aplicar penalidades derivadas de atos de improbidade deve estar atento aos efeitos econômicos e sociais dessas sanções, o que incumbe a ele um ônus argumentativo bastante sensível.

[170] Art. 19, inciso III e §1º da Lei 12.846/2013. A dissolução compulsória de uma pessoa jurídica, de todo modo, é uma penalidade extrema, que deve ser aplicada como *ultima ratio*, quando nenhuma outra, nem mesmo o afastamento do mercado de contratações públicas, for suficiente. Sobre o assunto, confira-se: VOSGERAU, Bruno Roberto; BERTONCINI, Mateus Eduardo Siqueira Nunes. A dissolução compulsória da pessoa jurídica na lei anticorrupção e o aparente conflito com o princípio da função social da empresa e o princípio da preservação da empresa. *Revista de Direito Administrativo e Gestão Pública*. Porto Alegre. V. 4. n. 2, p. 60-78, jul./dez. 2018. Para uma visão mais crítica de penalidades dessa gravidade: TOJAL, Sebastião Botto de Barros. Da inconstitucionalidade da pena prevista no inciso II do artigo 19 da Lei Anticorrupção. *Revista do Advogado*. Ano XXXIV, n. 125. p 140-141, dez. 2014.

[171] Por norma de sobredireito, entendam-se as normas que regulam a aplicação de outras normas. Nesse sentido, a LINDB é composta por normas de sobredireito, que regulam a aplicação da legislação no tempo e no espaço. Desde a reforma introduzida pela Lei 13.665/2018, a LINDB passou a estabelecer também normas de sobredireito na aplicação do direito público nos seus arts. 20 a 30.

não for possível, as consequências de eventual suspensão ou nulidade deverão ser sopesadas. Trata-se de mais uma determinação legislativa de análise dos impactos de uma decisão administrativa, cuja lógica é compatível com a aplicação de sanções.

Note-se que não há nenhuma razão para que esses comandos legais, em especial o art. 20 da LINDB, deixem de ser aplicados no âmbito do direito administrativo sancionador. Pelo contrário: justamente por gerar decorrências diretas e graves, as decisões de conteúdo sancionatório devem fazer um juízo de ponderação de suas consequências.[172]

Levando-se em conta esses dois vetores, de um lado, o impedimento e a declaração de inidoneidade podem representar verdadeiramente uma "pena de morte" para a empresa punida, que fica impedida de celebrar contratos com a Administração Pública por muitos anos. No caso da declaração de inidoneidade, que abrange toda a Administração Pública, o período de afastamento será de três a seis anos.[173] Mas as consequências do impedimento também são bastante graves, uma vez que a medida abrange toda a Administração Pública direta e indireta do ente federativo que aplicou a penalidade e sua vigência pode chegar a três anos[174] – que está longe de ser um período curto para qualquer empresa, ainda mais considerando-se os custos fixos de manutenção da sua própria estrutura, inclusive de pessoal, compromissos financeiros e de crédito, dentre tantos outros.

Ainda que a empresa afastada do mercado de contratações públicas em tese possa estabelecer relações contratuais com empresas privadas não integrantes da Administração Pública, nem sempre essa possibilidade será viável na prática. Primeiro, porque as empresas que participam de licitações públicas comumente se especializam em contratações apenas para a Administração Pública, uma vez que muitos fornecimentos são de interesse direto apenas do Estado. Segundo, porque é muito comum que empresas de capital integralmente privado também se recusem a estabelecer relações contratuais com empresas que tenham aplicadas contra si as sanções de impedimento e declaração de

---

[172] Evidentemente, como será mencionado abaixo, isso não significa que a existência de consequências negativas afaste necessariamente a possibilidade de imposição de uma sanção. Mas essas consequências devem ser sopesadas, de forma que não se atinja o nocivo efeito, tão mencionado entre os estudiosos da economia comportamental, do *"throw out the baby with the bathwater"* (ou seja, na tentativa de se adotar uma decisão adequada, provoca-se um mal maior).

[173] Lei 14.133/2021, art. 156, §5º.

[174] Lei 14.133/2021, art. 156, §4º.

inidoneidade. Trata-se de uma decorrência da aplicação dos programas de *compliance* e da técnica da *due diligence de integridade*. Terceiro, porque empresas com essas penalidades aplicadas contra si acabam tendo dificuldades marcantes na obtenção de crédito.

De outro lado, o afastamento de uma empresa do mercado de contratações públicas tem a potencialidade de gerar consequências graves para a própria Administração Pública. Quando veda o acesso de uma empresa a licitações e contratações públicas, a Administração restringe o número de possíveis interessados que tenham qualificação suficiente para o atendimento de suas necessidades. Isso naturalmente reduz as chances de obtenção de propostas mais vantajosas, que possam representar uma economia significativa aos cofres públicos.

A situação é especialmente preocupante em setores estratégicos ou de competitividade restrita, em que pouquíssimas empresas (por vezes apenas uma) conseguem atender as necessidades da Administração Pública. No limite, o impedimento e a declaração de inidoneidade podem inviabilizar totalmente o suprimento de certas carências por parte da Administração Pública.

Logo, quando cogita da aplicação do impedimento ou da declaração de inidoneidade, a Administração Pública deverá ponderar as possíveis consequências da aplicação dessas medidas sobre a empresa-alvo e sobre o próprio Estado.

Isso não significa que o impedimento e a declaração de inidoneidade simplesmente devam deixar de ser aplicados. Dada a sua gravidade, é muito provável que o impedimento e a declaração de inidoneidade gerem efeitos negativos severos em todos os casos em que forem aplicados, ao menos para a empresa penalizada. Isso por si só não conduz o descabimento da aplicação dessas medidas. No entanto, deverá haver uma ponderação desses efeitos na decisão pela aplicação ou não das sanções – não por benevolência das autoridades competentes, mas porque o ordenamento jurídico assim determina. Seria uma espécie de "*Análise de Impacto Sancionatório*".

O fato é que não se pode vulgarizar a aplicação do impedimento e da declaração de inidoneidade. Trata-se de medidas extremas, que só deverão ser aplicadas ponderando-se a sua adequação (critério finalístico) e as suas consequências práticas (critério consequencialista). Em certos casos, o impedimento e a declaração de inidoneidade não passarão por esses dois juízos. O resultado disso será a sua não aplicação ao caso concreto. Mas isso não quer dizer necessariamente que a empresa-alvo deixará de ser penalizada. Existem diversas outras medidas e penalidades que são igualmente eficazes e não causarão os mesmos efeitos colaterais deletérios aos contratados e à própria Administração Pública, especialmente quanto o interessado não representar um risco intolerável ao Estado.

A verdade é que o impedimento e a declaração de inidoneidade não devem ser considerados como meras "camadas adicionais de punição" aos contratados.[175] Por sua gravidade e levando em conta as finalidades a que se prestam, somente poderão ser aplicados quando forem realmente necessários, proporcionais e adequados ao caso concreto.[176]

3.5.3 Aplicação concreta dos critérios finalístico e consequencialista

Três situações podem ser consideradas como uma verdadeira demonstração de aplicação dos critérios finalístico e consequencialista: (i) alterações de controle de boa-fé, (ii) continuidade dos contratos em curso com contratantes impedidos ou declarados inidôneos, e (iii) contratações com empresas sancionadas para o enfrentamento de situações de crise. Obviamente, esses três exemplos não esgotam a aplicação dos critérios em questão, mas demonstram bem como o sistema jurídico brasileiro realmente os leva em consideração.

---

[175] Segundo Jessica Tillipman, com base em lição de Todd J. Canni e Steven A. Shaw, o afastamento de interessados do âmbito das contratações somente pode acontecer depois de a autoridade competente considerar medidas remediadoras ou fatores mitigadores que joguem luzes à constatação de ser o particular responsável ou não. Se o contratado não representar uma ameaça, o seu afastamento será inapropriado (TILLIPMAN, Jessica. A House of Cards Falls: why 'Too Big to Debar' is all slogan and little substance. *Fordham Law Review Res Gestae*, New York, Vol. 80, n. 49, p. 51). Entendemos que esta lição é plenamente aplicável ao sistema brasileiro, com base nos critérios finalístico e consequencialista vistos acima. Ainda que o impedimento e a declaração de inidoneidade tenham também um caráter punitivo, o juízo de adequação na sua aplicação pode levar ao seu afastamento – inclusive por meio de acordos substitutivos de sanção e por medidas de reabilitação, como se verá adiante.

[176] Na perfeita síntese de Marçal Justen Filho: "O essencial não é vedar a participação das empresas em licitações e contratações futuras. A alternativa consiste em exigir que a empresa adote todas as providências pertinentes para eliminar desvios em suas práticas futuras. Isso envolve a implantação de mecanismos de governança interna, a proibição para o exercício de cargos para os envolvidos em fraude e em corrupção, as restrições ao exercício abusivo do poder de controle societário" (JUSTEN FILHO, Marçal. *Comentários à lei de licitações e contratações administrativas*. 2. ed. São Paulo: RT, 2023, p. 1675). No mesmo sentido é a lição de Alice Voronoff: "A ideia é que a substituição da sanção por um caminho de compromisso previna riscos de modo mais efetivo" (VORONOFF, Alice. *Direito administrativo sancionador no Brasil*: justificação, interpretação e aplicação. Belo Horizonte: Fórum, 2018, p. 176).

3.5.3.1 Alteração de controle de boa-fé: o *leading case* do TCU

Em 21 de junho de 2023, o TCU proferiu o Acórdão 1.257/2023-Plenário, que é um verdadeiro *leading case* na consideração dos critérios finalístico e consequencialista na aplicação da declaração de inidoneidade.

O caso versava sobre um suposto conluio entre empresas no âmbito de uma licitação.

Inicialmente, o TCU havia entendido pelo cabimento da declaração de inidoneidade às duas empresas acusadas (com base no art. 46 da Lei Orgânica do TCU), bem como de outras penalidades às pessoas físicas envolvidas. Contudo, no referido acórdão, o Plenário do TCU se debruçou sobre um ponto adicional que até então não havia sido examinado.

Em síntese, antes que se iniciasse o processo de apuração dos fatos que levaram à declaração de inidoneidade, houve a aquisição do controle de uma das empresas por um grupo estrangeiro atuante em obras de infraestrutura. O grupo que adquiriu o controle (reitere-se, antes mesmo do início das investigações que culminaram na declaração de inidoneidade) não tinha até então nenhuma relação com os controladores anteriores nem com os fatos investigados.

Assim, levou-se ao TCU a seguinte questão: faz sentido declarar a inidoneidade de uma empresa supostamente envolvida em atos fraudulentos e de corrupção se ela passou a ser substancialmente uma "nova empresa", submetida a um novo controlador, que inequivocamente não participou dos atos investigados nem tinha qualquer relação com o controlador da época dos fatos?

Note-se que a empresa alvo das investigações continuou existindo. Não houve uma cisão nem sua incorporação por outra pessoa jurídica, como observado pelo acórdão. Ocorreu apenas a alienação do seu controle acionário a um grupo econômico que, na época dos fatos objeto da investigação, não tinha nenhuma relação com as empresas envolvidas.

Apesar de a empresa apenada inicialmente com a declaração de inidoneidade continuar existindo, o entendimento unânime do Plenário do TCU foi o de que não fazia sentido penalizá-la.

Dentre os fundamentos adotados pelo acórdão, três merecem destaque.

Primeiro, considerou-se que o caso em análise é bem diferente de outras situações já analisadas pelo TCU em que a alienação de controle configurou tentativa de burlar a aplicação de penalidades.[177] No caso em exame, o TCU concluiu a partir das provas dos autos que o grupo econômico que adquiriu o controle da empresa alvo da investigação era um terceiro de boa-fé, que adotou as cautelas normais nesse tipo de operação – realizou, por exemplo, uma *due diligence*, que não constatou a existência de nenhuma investigação porque de fato ainda não havia nenhuma investigação instaurada naquele momento.

Segundo, o TCU tomou em conta que o objetivo da declaração de inidoneidade prevista no art. 46 da Lei Orgânica do TCU consiste em "evitar que o Poder Público continue contratando com empresas controladas por pessoas que não reúnam o requisito moral necessário".[178] Com base nisso, concluiu-se que, se houve uma alienação de controle societário a um terceiro de boa-fé, que não tem qualquer relação com as condutas supostamente praticadas pelo controlador pretérito, não é cabível o seu afastamento das contratações públicas. O "conteúdo" da empresa mudou tão drasticamente que ela, em sua nova configuração societária, deixou de representar um risco inaceitável à Administração Pública.[179] Trata-se do critério finalístico examinado acima.

Terceiro, o acórdão ponderou que se deve dar concretude ao art. 20 da LINDB, segundo o qual devem ser consideradas "as consequências práticas da decisão". No caso, a manutenção da declaração de inidoneidade da empresa afetaria investimentos que ela estava executando em obras públicas de grande relevância ao país. A empresa estaria sujeita à perda de financiamentos e a outras decorrências que acabariam afetando seus compromissos contratuais, o que poderia inviabilizar o próprio cumprimento dos contratos em curso. Trata-se precisamente do critério consequencialista exposto acima.

Em função desses fatores, o TCU entendeu pelo descabimento da declaração de inidoneidade no caso examinado.[180]

O Acórdão 1.257/2023-Plenário do TCU, portanto, demonstra concretamente que a aplicação das medidas de impedimento e

---

[177] Acórdãos 1.246/2020-Plenário e 2.914/2019-Plenário, ambos relatados pelo Min. Benjamin Zymler, que é também o relator do *leading case* em comento.

[178] Parágrafo 460 do acórdão.

[179] Observe-se que o raciocínio é substancialmente o mesmo que leva a FAR 9.406-4(c), no direito norte-americano, a considerar que a alteração de boa-fé do controle (*ownership*) ou do gerenciamento (*management*) da empresa pode afastar a aplicação da *suspension* e do *debarment*.

[180] Constou do voto condutor do acórdão a seguinte síntese: "Creio que este *leading case*, além de prestigiar a segurança jurídica e os direitos de terceiros de boa-fé, inaugure uma linha de entendimento que melhor se amolde ao interesse público".

declaração de inidoneidade podem ser afastadas (i) quando se verifica que sua finalidade – proteção do Estado mediante afastamento do mercado de contratações públicas – não é adequada nem proporcional ao caso concreto e (ii) quando se constata que a aplicação das medidas gerará consequências práticas gravosas à própria Administração Pública sem qualquer necessidade. No caso concreto examinado pelo TCU, pode-se dizer que houve uma espécie de "autossaneamento anômalo".[181] Considerou-se que, em decorrência da alteração do controle da empresa, que ocorreu de boa-fé, ela deixou de representar um risco inaceitável para a Administração. Promoveu-se uma "desconsideração da personalidade jurídica", e a partir dessa fotografia da sua situação atual da empresa, extraiu-se a conclusão de que a declaração de inidoneidade não era a medida mais adequada ao caso.

É evidente que não se está defendendo aqui o simples levantamento de razões consequencialistas deficientemente fundamentadas como forma de afastar a aplicação do impedimento e da declaração de inidoneidade. A questão é que, devido à gravidade dessas medidas, não faz nenhum sentido aplicá-las se, no caso concreto, elas se revelam desnecessárias – tendo em vista a inadequação de suas finalidades ao caso concreto – e ainda gerarão efeitos danosos à continuidade da empresa e à própria satisfação das necessidades da Administração Pública.

Não se trata de uma imunização à aplicação de penalidades. Há diversas outras sanções previstas no ordenamento, inclusive muito graves, que podem ser aplicadas pela Administração Pública ou mediante intervenção do Poder Judiciário. O impedimento de licitar e contratar e a declaração de inidoneidade não são uma mera camada a mais de penalização do infrator.

3.5.3.2 Continuidade dos contratos em curso com empresa impedida ou declarada inidônea

Questão conexa aos critérios finalístico e consequencialista diz respeito à eficácia do impedimento e da declaração de inidoneidade em relação a contratos em curso.

O art. 92, inciso XVI, da Lei 14.133/2021 estabelece a obrigação do contratado de manter, durante a execução do contrato, todas as condições que foram exigidas para a habilitação na licitação.

---

[181] O "autossaneamento anômalo" será aprofundado em capítulo específico adiante.

A previsão demonstra que o preenchimento dos requisitos de habilitação não é uma mera formalidade que precisa ser cumprida na licitação para o simples efeito de participação no certame. Trata-se de uma obrigação que deve ser mantida ao longo de toda a vigência do contrato justamente porque reflete a capacitação da empresa para execução o objeto da contratação. Quando um requisito de habilitação deixa de estar presente, o contrato em tese deve ser extinto justamente pela perda de uma característica que a Administração considerou essencial à própria contratação, e que o contratado não foi capaz de manter ao longo da vigência contratual.

Em função disso, poderia se alegar que a aplicação do impedimento ou da declaração de inidoneidade geraria a extinção antecipada dos contratos em curso com a empresa penalizada. Afinal, ao sofrer a aplicação de uma dessas medidas, o contratado perderia automaticamente uma das condições de sua habilitação.

Entretanto, a aplicação do impedimento e da declaração de inidoneidade não implica necessariamente que o contratado tenha deixado de ter condições para executar os contratos em curso. Estender a eficácia dessas penalidades a contratos em execução seria inadequado uma vez que não há a necessidade do afastamento se o contratado não representa um risco à execução contratual (critério finalístico).

Além disso, extinguir antecipadamente contratos em curso sob a alegação de que o particular supervenientemente sofreu um impedimento ou declaração de inidoneidade geraria efeitos negativos à própria Administração, que precisaria realizar um novo procedimento de contratação para a finalização do escopo em curso, mesmo a empresa penalizada tendo mantido a qualificação necessária para dar seguimento ao escopo contratual. Essas consequências devem ser ponderadas na aplicação do impedimento e da declaração de inidoneidade (critério consequencialista).

Por esses motivos, a doutrina de modo geral entende que impedimentos e declarações de inidoneidade não apresentam eficácia automática sobre os contratos em curso que a Administração mantenha com a empresa penalizada. Esses contratos continuarão sendo executados pelo particular punido, mesmo que ele seja reconhecido como um risco intolerável para a Administração em futuras contratações.[182]

---

[182] O entendimento de que o impedimento de licitar não afeta contratos em curso é o mesmo no direito norte-americano, conforme foi exposto no Capítulo 2.

A exceção fica por conta da existência de fatores que evidenciam a incapacidade de executar satisfatoriamente o contrato em curso. Se o contratado que supervenientemente foi reconhecido como impedido ou inidôneo não tiver condições de executar os contratos em curso de modo satisfatório, esses contratos poderão ser extintos antecipadamente. Afinal, nesse caso, a própria continuidade da execução do contrato dependerá do afastamento do risco representado pelo contratado responsabilizado. A extinção do vínculo contratual será uma condição para a própria realização de um novo procedimento de contratação. A manutenção do contrato acabaria gerando consequências práticas ainda mais nefastas para a Administração, que ficaria impossibilitada de realizar nova contratação para a finalização dos trabalhos assumidos pelo contratado anterior.

Por esses motivos, a jurisprudência de modo geral[183-184] entende que a superveniência de sanções de impedimento e de declaração de inidoneidade não tem eficácia sobre contratos previamente em curso. Caberá ao administrador público, portanto, avaliar a pertinência e as consequências da aplicação das penalidades em questão.

Note-se que a continuidade de contratos em curso com licitantes impedidos ou declarados inidôneos representa uma tolerância do sistema com a aplicação dessas medidas. Mesmo que o contratado represente um risco inaceitável para futuras contratações, a continuidade de sua relação a propósito de contratos em curso é admitida. Trata-se de uma solução não só pragmática, mas em linha com os critérios finalístico e consequencialista expostos acima.

---

[183] Nesse sentido, confiram-se exemplificativamente os seguintes precedentes do STJ: MS 14.002/DF, 1ª Seção, Rel. Min. Teori Zavascki, j. 28.10.2009, DJe 6.11.2009 e MS 13.101/DF, 1ª Seção, Rel. p/ acórdão Min. Eliana Calmon, j. 14.5.2008, DJe 9.12.2008. No mesmo sentido, em caso que versou sobre a proibição de contratar aplicada com base na Lei de Improbidade Administrativa: STJ – Edcl no REsp 1.021.851/SP, 2ª T., Rel. Min. Eliana Calmon, j. 23.6.2009, DJe 6.8.2009. Admite-se, no entanto, a adoção de medidas administrativas, caso a caso, que visem à rescisão. Nesse sentido: "a ausência do efeito rescisório automático não compromete nem restringe a faculdade que têm as entidades da Administração Pública de, no âmbito da sua esfera autônoma de atuação, promover medidas administrativas específicas para rescindir os contratos, nos casos autorizados e observadas as formalidades estabelecidas nos artigos 77 a 80 da Lei 8.666/93" (STJ – MS 14.002/DF, 1ª Seção, Rel. Min. Teori Zavascki, j. 28.10.2009, DJe 6.11.2009).

[184] Conforme entendimento do TCU: "Com efeito, a despeito da proximidade das datas, a superveniência da mencionada sanção administrativa, por si só, não teria o condão de ensejar a nulidade ou a rescisão do contrato em epígrafe, uma vez que a suspensão temporária para licitar produz efeitos ex nunc, não se aplicando automaticamente aos contratos já celebrados, sobretudo em contratos outros distintos do que gerou a sanção, consoante jurisprudência predominante desta Casa" (TCU – Acórdão nº 2183/2019-Plenário, Rel. Min. Augusto Sherman, j. 11.9.2019).

Sob certo ângulo, é mais "grave" dar continuidade a uma contratação que já exista (com a empresa supervenientemente reconhecida como impedida ou declarada inidônea) do que permitir que ela se reabilite para retornar ao mercado de contratações públicas depois de ter adotado medidas que recuperaram a sua confiabilidade. Trata-se de um fundamento que reforça a pertinência do autossaneamento de licitantes no sistema brasileiro. Seria contraditório admitir a continuidade de contratos celebrados com empresas impedidas ou declaradas inidôneas e, ao mesmo tempo, não admitir que a adoção de medidas de autossaneamento ou de reabilitação as restabeleça no mercado para novas contratações públicas.

3.5.3.3 Contratações de empresas sancionadas para o enfrentamento de crises e calamidades

Outra questão conexa aos critérios finalístico e consequencialista consiste na derrogação da penalidade de impedimento de licitar e contratar quando a Administração Pública precisa enfrentar situações de crises e calamidades graves.

O ordenamento jurídico tem contemplado regras permitindo que a Administração contrate uma empresa sancionada, desde que em situações muito excepcionais de calamidade e nas quais a empresa seja a única capaz de atender a necessidade a ser enfrentada.

Nesse sentido, o §3º do art. 4º da Lei 13.979/2020, editada para o enfrentamento da pandemia de Covid-19, estabelece a possibilidade de contratar empresa sancionada com impedimento de licitar e contratar desde que haja comprovadamente uma única fornecedora do bem ou prestadora do serviço necessário.

Depois disso, outras normas estabeleceram regras similares. A Medida Provisória 1.221/2024, por exemplo, que dispunha sobre contratações públicas para o enfrentamento de calamidades, autorizava excepcionalmente a mesma providência, mas exigindo a prestação de garantia adicional (art. 13, §§2º e 3º). A MP não foi convertida em lei, mas sua autorização pôde ser aplicada enquanto permaneceu em vigor e, em tese, é possível que regra similar venha a ser editada no futuro.

Previsões como essas, que lembram muito as derrogações de exclusões mandatórias do direito comunitário europeu vistas no Capítulo 1, demonstram que em certas situações, evidentemente muito específicas, tolera-se que a Administração Pública contrate empresas que foram impedidas de participar de licitações e de celebrar contratos administrativos. A lógica é que a ausência de contratação promova um mal maior: no caso, o não enfrentamento adequado de uma calamidade ou crise muito grave.

Esse tipo de situação reforça o cabimento das medidas de autossaneamento. De certa forma, é menos "grave" admitir que uma empresa impedida de participar de licitações tenha a sanção abreviada após o reconhecimento do seu autossaneamento do que abrir exceções para a contratação de empresas sancionadas e que não fizeram nenhum esforço no sentido de promover sua reabilitação. Lógico que uma situação de calamidade é muito peculiar, mas ela demonstra que o ordenamento tolera situações de risco controlado.

3.6 O autossaneamento de licitantes e contratados por meio de acordos

Até aqui, tratou-se das medidas de impedimento e declaração de inidoneidade com foco nos critérios que devem ser ponderados no juízo de adequação para que se decida pela sua incidência ou não.

Outro aspecto central no sistema brasileiro, entretanto, diz respeito à adoção de mecanismos de consensualidade pela Administração Pública no exercício de seu poder sancionador. É imprescindível compreender a extensão dos acordos substitutivos de sanção no âmbito do afastamento de licitantes, bem como a potencialidade desses acordos como mecanismos de autossaneamento de licitantes e contratados. Trata-se de situações em que a Administração Pública, embora reconheça o cabimento em tese das medidas de impedimento e declaração de inidoneidade no caso concreto, pode decidir pela sua não aplicação, ou mesmo pela suspensão dos seus efeitos até que o contratado adote providências que sejam consideradas positivas pelo ordenamento.

3.6.1 Breves considerações sobre a consensualidade na atuação da Administração Pública

Em princípio, a aplicação de sanções pela Administração Pública é uma derivação direta do princípio da legalidade. Há uma primazia da lei na disciplina da atuação administrativa e a compreensão da legalidade como vinculação positiva da Administração ao ordenamento.

Assim, quando o ordenamento prevê o cabimento de uma sanção em face de determinada conduta, o resultado natural seria a aplicação dessa sanção como exercício de pura execução da lei.

Entretanto, a atuação da Administração Pública não pode ser compreendida como um mero exercício de subsunções automáticas de fatos a normas. Esta seria uma visão simplista e incompatível com a realidade.

Além disso, a própria legislação também admite espaços de consensualidade na atuação da Administração Pública.[185]

A introdução da consensualidade como um componente do ordenamento jurídico conduz à própria releitura da legalidade fundada em bases positivistas. Com isso, a legalidade passa a englobar também a possibilidade de concertações administrativas.[186]

De um lado, a celebração de acordos entre a Administração Pública e particulares que tenham por objeto a negociação de prerrogativas públicas reflete um *viés pragmático* no exercício dessas prerrogativas.[187] Busca-se resolver uma questão concreta por meio da negociação dessas prerrogativas, de modo a se alcançar uma resposta mais eficiente ao problema enfrentado.

Quando bem construída, uma solução consensual pode inclusive ter a virtude de customizar o exercício dessas prerrogativas às peculiaridades daquele caso, buscando observar os valores que devem ser protegidos, mas afastando os efeitos colaterais negativos que uma solução não consensual poderia gerar. Uma solução *tailor-made*, enfim, focada na situação-problema, com todas as virtudes que qualquer solução especializada pode apresentar.[188]

Lógico que não se trata de abrir não de uma prerrogativa estatal por mera liberalidade. Abre-se mão de uma prerrogativa – ou,

---

[185] Os exemplos são numerosos e o tema será mais desenvolvido adiante.

[186] PALMA, Juliana Bonacorsi de. *Sanção e acordo na Administração Pública*. São Paulo: Malheiros, 2015, p. 267. Confira-se também: DANTAS, Bruno. *Consensualismo na administração pública e regulação*: reflexões para um direito administrativo do século XXI. Belo Horizonte: Fórum, 2023.

[187] Sobre o pragmatismo no direito público brasileiro, confira-se: JORDÃO, Eduardo. Art. 22 da LINDB – acabou o romance: reforço do pragmatismo no direito público brasileiro. *Revista de Direito Administrativo – Edição Especial – Lei de Introdução às Normas do Direito Brasileiro – LINDB (Lei nº 13.655/2018)*, Rio de Janeiro, FGV, p. 63-92.

[188] Note-se a semelhança com a *tailored suspension* ou o *tailored debarment* do direito norte-americano – solução adotada no rumoroso Caso Boeing, conforme mencionado no Capítulo 2.

colocando-se em termos mais apropriados, definem-se os contornos do exercício dessa prerrogativa de modo consensual – apenas se essa solução fizer sentido em termos de proteção dos valores centrais que o ordenamento contempla e, simultaneamente, houver uma resposta mais eficiente à situação tratada, dentro de uma visão pragmática.[189] A própria complexidade dos problemas resolvidos, ainda mais quando se consideram contratos que envolvem uma complexa engenharia financeira, atrai o exercício de soluções dotadas de uma carga de consensualidade e, consequentemente, de maior plasticidade.

De outro lado, os acordos entre Administração Pública e particulares revelam a existência de uma margem de *autonomia da vontade no âmbito do aparato estatal*. As atuações mediante consenso derivam de uma aquiescência bilateral pública e privada. A vontade do Estado não está totalmente contida na vontade legal, e os meios para o seu atingimento serão construídos com base em termos atípicos voltados à solução do caso específico.

Na prática, a centralidade da lei de certa forma fica questionada quando se adotam mecanismos negociais, de conteúdo necessariamente atípico, informados pelo pragmatismo e focados na situação-problema.[190]

---

[189] Thiago Marrara faz considerações muito pertinentes sobre isso. Segundo ele: "Diga-se bem: negociar não para beneficiar gratuitamente, não para dispor de interesses públicos que lhe cabe zelar, não para se omitir na execução das funções públicas. Negociar sim, mas com intuito de obter suporte à execução bem sucedida de processos acusatórios e atingir um grau satisfatório de repressão de práticas ilícitas altamente nocivas que sequer se descobririam pelos meios persecutórios e fiscalizatórios clássicos" (MARRARA, Thiago. Acordos de leniência no processo administrativo brasileiro: modalidades, regime jurídico e problemas emergentes. *Revista Digital de Direito Administrativo*, Ribeirão Preto, v. 2, n. 2, p. 511). Especificamente em relação ao trecho no qual o doutrinador fala em condutas que sequer poderiam ser descobertas de outro modo, trata-se de uma peculiaridade relativa, no geral, a acordos de leniência. Acordos substitutivos de sanções não têm necessariamente esse caráter investigatório-probatório.

[190] Como ensina Juliana Bonacorsi de Palma a propósito da atuação administrativa por meio de acordos: "Seu caráter negocial e pragmático, focado na situação-problema, em que a consensualidade se apresenta como possível instrumento de solucionamento, enseja a feição *negativa* da legalidade e, mesmo, a *atipicidade* dos termos dos acordos administrativos (vinculação negativa e atipicidade *versus* vinculação positiva e tipicidade)" (PALMA, Juliana Bonacorsi de. *Sanção e acordo na Administração Pública*. São Paulo: Malheiros, 2015, p. 267-268).

3.6.2 Consensualidade no exercício de prerrogativas sancionatórias

Reconhecida a possibilidade de atuação consensual de modo geral por parte da Administração Pública, cabe verificar mais especificamente se as prerrogativas sancionatórias também podem ser objeto de consenso e transação – de modo, por exemplo, que o poder público possa, em consenso com o particular, substituir uma sanção, suspender um procedimento administrativo sancionatório ou ainda obstar a sua instauração.

Alguns argumentos poderiam ser levantados como possíveis óbices à realização de negociações de prerrogativas sancionatórias. Os principais são a supremacia do interesse público, a indisponibilidade do interesse público e a inafastabilidade das prerrogativas públicas.

Entretanto, nenhum desses fundamentos constitui óbice real à realização de transações sobre prerrogativas sancionatórias.

Com relação à supremacia e à indisponibilidade do interesse público, a simples aplicação de uma sanção administrativa não significa necessariamente satisfazer o interesse público. Da mesma forma, celebrar uma transação entre Administração e particular não significa priorizar o interesse privado em detrimento do público. Na realidade, a própria dicotomia absoluta entre interesse público e interesse privado é questionável. De todo modo, o fato é que a celebração de um acordo substitutivo de sanção administrativa tem a potencialidade de cumprir de modo mais eficiente os interesses da Administração Pública. Tudo vai depender da fundamentação do acordo e da demonstração de que essa solução, no caso concreto, será mais vantajosa do que a simples aplicação de uma sanção administrativa em toda a sua extensão.

A inafastabilidade das prerrogativas públicas também não representa um óbice à celebração de acordos pela Administração Pública. Quando há uma autorização normativa – ainda que genérica – para a celebração de acordos, a colocação em prática dessa possibilidade não pode ser afastada, dado que a lei já previu a sua possibilidade. Como destaca Juliana Bonacorsi de Palma: "a autorização normativa da consensualidade por permissivo genérico viabiliza a substituição da sanção por acordo administrativo mesmo quando apurada a responsabilidade administrativa".[191] A sanção somente não poderá ser substituída por

---

[191] PALMA, Juliana Bonacorsi de. *Sanção e acordo na Administração Pública*. São Paulo: Malheiros, 2015, p. 280.

acordo substitutivo de sanção quando houver alguma delimitação normativa ou quando existir uma vedação normativa clara.[192]

Como a prerrogativa sancionadora se insere no conjunto das prerrogativas (exorbitantes e instrumentais) da Administração Pública, ela pode deixar de ser exercida em cada situação concreta caso se considere que a atuação concertada consiga atingir os mesmos fins buscados.

Há, portanto, um vínculo de fim no exercício das prerrogativas sancionadoras. A adoção de mecanismos consensuais tem plenas condições de atingir os fins buscados com a sanção administrativa.[193]

No caso específico das sanções, pode-se dizer que elas buscam notadamente os efeitos de repressão do infrator, recomposição da legalidade, prevenção de novas infrações e afirmação da autoridade da Administração Pública. Todos esses efeitos são plenamente atingíveis com uma atuação consensual.

Por um lado, um acordo substitutivo de sanções pode gerar (i) a repressão do infrator (por exemplo, prevendo penalidades pecuniárias em vez do seu afastamento das contratações públicas), (ii) a recomposição da legalidade (pelo pagamento de multas e de indenização ao Estado pelos danos causados, bem como pela assunção de obrigações pelo particular no tocante ao aprimoramento de seus controles internos de integridade), (iii) a prevenção de novas infrações (os compromissos assumidos normalmente envolvem tempo e recursos significativos, que servem de desestímulo a novas condutas ilícitas por parte do contratado e de terceiros) e ainda (iv) a reafirmação da autoridade da Administração Pública (que tem relativa autonomia para decidir pelo meio consensual ou não).

---

[192] Era o que estabelecia, por exemplo, a Lei de Improbidade Administrativa (Lei 8.429/1992). Seu art. 17 vedava expressamente transação, acordo ou conciliação nas ações de improbidade. Entretanto, após algumas alterações do dispositivo, inclusive por meio de Medida Provisória, a Lei atualmente admite expressamente a conciliação (art. 17, §10-B) e a celebração acordos de não persecução civil (art. 17-B). Desde logo, note-se que o sistema brasileiro passou a reconhecer expressamente a possibilidade de realização de acordos até mesmo quando estão envolvidos atos de improbidade, o que reforça o cabimento da consensualidade quando se trata sanções administrativas.

[193] Novamente recorrendo às lições de Juliana Bonacorsi de Palma: "Dentro da margem de discricionariedade, a Administração Pública está adstrita ao denominado 'vínculo de fim', e deve satisfazer as finalidades públicas por mecanismos os mais variados, gozando de relativa liberdade de escolha nos limites fornecimentos pelo regime jurídico que disciplina a situação em concreto" (PALMA, Juliana Bonacorsi de. *Sanção e acordo na Administração Pública*. São Paulo: Malheiros, 2015, p. 280-281).

Por outro lado, a solução consensual pode gerar benefícios que não são alcançados com a simples aplicação de uma sanção, tais como: (i) redução de tempo e de custos com um processo administrativo sancionatório, (ii) limitação do risco de judicialização da questão, (iii) obtenção de uma solução mais célere, com todos os efeitos positivos que a proximidade de uma resposta estatal pode gerar (percepção positiva junto à sociedade, por exemplo), e (iv) redução de custos e tempo com o *enforcement* da decisão tomada (a questão da judicialização, com todos os seus efeitos decorrentes, caso a sanção não seja cumprida).

É possível até mesmo que um acordo resulte na não aplicação de sanções quando a Administração conclua que a adoção de mecanismos positivos diversos terá resultados mais satisfatórios. Admite-se, por exemplo, que eventuais sanções em tese aplicáveis sejam suspensas preventivamente enquanto o contratado adota providências reputadas positivas, como a cessação da conduta delituosa e a adoção de comportamentos destinados a evitar futuros atos ilícitos. Trata-se precisamente da aplicação da ideia de autossaneamento por meio de um acordo substitutivo de sanção, que poderá resultar no afastamento total das penalidades em tese cabíveis, ou pelo menos na não exclusão do interessado do mercado de contratações públicas – inclusive, se for o caso, com o monitoramento das medidas adotadas, num autêntico "Regime de Recuperação Habilitatória".

É evidente que os acordos substitutivos de sanções não serão necessariamente mais eficientes do que a aplicação de uma sanção administrativa. A decisão pela adoção ou não de uma solução consensual deverá ponderar as peculiaridades do caso concreto. Na prática, será feita uma comparação entre a adoção de uma solução consensual e a aplicação das penalidades cabíveis, a fim de se concluir pela vantajosidade de uma ou outra alternativa. Essa avaliação deverá constar da motivação da decisão que for tomada.

Além disso, há também a questão do consentimento. Nenhuma solução consensual pode ser imposta unilateralmente, sob pena de não ser efetivamente consensual. A bilateralidade das soluções consensuais demandará consentimento de ambas as partes, o que resultará na necessidade de certas garantias procedimentais. O particular deve ter o direito de apresentar uma proposta de solução, caso queira, e sua proposta deverá ser efetivamente analisada, o que resultará numa decisão motivada a respeito da sua adoção ou não. Além disso, deverá haver uma oportunidade de efetiva negociação. Negar essas garantias mínimas seria rejeitar a própria consensualidade, a qual é uma ferramenta que deve necessariamente ser avaliada pela Administração Pública, ainda mais quando provocada pelo particular.

Não se está afirmando aqui que o particular tem um direito subjetivo a uma solução negociada. Mas tem, certamente, o direito de apresentar uma proposta, bem como que ela seja efetivamente analisada e considerada pela Administração Pública.

3.6.3 O permissivo legal genérico para a consensualidade administrativa (inclusive para o exercício de prerrogativas sancionatórias)

Durante muito tempo, discutiu-se a respeito da efetiva necessidade de a atuação consensual da Administração Pública ser disciplinada por lei formal. Eventual desnecessidade de previsão em lei formal apresentaria certas virtudes: procedimentos normativos infralegais mais céleres e menos burocráticos, proximidade do administrador em relação aos problemas enfrentados, entre outros. A discussão a respeito da legalidade, a rigor, extrapola o âmbito da consensualidade.[194]

Mesmo os que defendem a necessidade de lei formal prevendo a possibilidade de atuação consensual por parte da Administração Pública apontavam que a previsão legal que mais se aproximava de um permissivo genérico era o art. 5º, §6º, da Lei 7.347/1985 (Lei da Ação Civil Pública).[195]

O dispositivo, introduzido no ordenamento pela Lei 8.078/1990, estabelece a possibilidade de celebração de "compromisso de ajustamento" pelos legitimados a propor ações civis públicas. Dentre os legitimados, estão a União, os Estados, os Municípios, o Distrito Federal e os entes da Administração Pública indireta.[196]

---

[194] A respeito do tema da legalidade e o seu papel na Administração Pública contemporânea, confira-se a obra seminal de OTERO, Paulo: *Legalidade e Administração Pública*: o sentido da vinculação administrativa à juridicidade. Coimbra: Almedina, 2003. Também tratando com maestria do tema no direito brasileiro, confira-se: BINENBOJM, Gustavo. *Uma teoria do direito administrativo*: direitos fundamentais, democracia e constitucionalização. Rio de Janeiro: Renovar, 2006.

[195] O dispositivo estabelece o seguinte: "§6º Os órgãos públicos legitimados poderão tomar dos interessados compromisso de ajustamento de sua conduta às exigências legais, mediante cominações, que terá eficácia de título executivo extrajudicial".

[196] Note-se, contudo, que parte da doutrina sempre considerou frágil, embora defensável, o entendimento de que a Lei da Ação Civil Pública contemplava realmente um permissivo genérico legal necessário à consensualidade administrativa. Nesse sentido: GUERRA,

A previsão da Lei da Ação Civil Pública convive com autorizações legais mais específicas a respeito do exercício da consensualidade, como previsões constantes de leis criadoras de agências reguladoras[197] da lei de concorrência.[198]

Entretanto, essa discussão em grande medida ficou superada com a introdução do art. 26 à LINDB pela Lei 13.655/2018.[199]

O art. 26 da LINDB prevê que é possível à Administração Pública celebrar compromisso com os interessados para eliminar irregularidade, incerteza jurídica ou situação contenciosa na aplicação do direito público. Trata-se de norma que contém previsões bastante abrangentes e, portanto, configura permissivo genérico para a atuação consensual por parte da Administração Pública. Qualquer órgão ou ente administrativo, com fundamento no art. 26 da LINDB, está autorizado a celebrar acordos, sem a necessidade de qualquer outra norma legal ou infralegal específica.[200]

Sérgio. PALMA, Juliana Bonacorsi de. Art. 26 da LINDB: novo regime jurídico de negociação com a Administração Pública. *Revista de Direito Administrativo*. Rio de Janeiro, Edição Especial: Direito Público na Lei de Introdução às Normas do Direito Brasileiro – LINDB – Lei nº 13.655/2018. nov. 2018, p. 147.

[197] Por exemplo: Resolução 629/2013 da ANATEL (estabelece o regulamento sobre Termos de Ajustamento de Conduta no âmbito da ANATEL); Resolução Normativa 333/2008 da ANEEL (que estabelece critérios e procedimentos para celebração de Termo de Compromisso de Ajuste de Conduta entre a ANEEL e as concessionárias, permissionárias e autorizadas de serviços e instalações de energia elétrica); e Resolução 92/2022 da ANTAQ (que estabelece os critérios e procedimentos para celebração de Termo de Compromisso de Ajustamento de Conduta no âmbito da ANTAQ).

[198] O art. 85 da Lei 12.529/2011 trata da figura dos compromissos de cessação: "Nos procedimentos administrativos mencionados nos incisos I, II e III do art. 48 desta Lei, o Cade poderá tomar do representado compromisso de cessação da prática sob investigação ou dos seus efeitos lesivos, sempre que, em juízo de conveniência e oportunidade, devidamente fundamentado, entender que atende aos interesses protegidos por lei".

[199] O art. 26 da LINDB prevê o seguinte: "Art. 26. Para eliminar irregularidade, incerteza jurídica ou situação contenciosa na aplicação do direito público, inclusive no caso de expedição de licença, a autoridade administrativa poderá, após oitiva do órgão jurídico e, quando for o caso, após realização de consulta pública, e presentes razões de relevante interesse geral, celebrar compromisso com os interessados, observada a legislação aplicável, o qual só produzirá efeitos a partir de sua publicação oficial. §1º O compromisso referido no *caput* deste artigo: I – buscará solução jurídica proporcional, equânime, eficiente e compatível com os interesses gerais; II – (VETADO); III – não poderá conferir desoneração permanente de dever ou condicionamento de direito reconhecidos por orientação geral;(Incluído pela Lei nº 13.655, de 2018); e IV – deverá prever com clareza as obrigações das partes, o prazo para seu cumprimento e as sanções aplicáveis em caso de descumprimento.; §2º (VETADO)".

[200] Conforme ensinam Sérgio Guerra e Juliana Bonacorsi de Palma: "Alinhando-se a outros sistemas jurídicos que dispõem de leis autorizativas genéricas à celebração de acordos pela Administração Pública, a Lei nº 13.655/18 expressamente confere competência consensual de ordem geral ao Poder Público brasileiro. Isso significa que qualquer órgão ou ente

Assim, ficou superada a dúvida sobre a existência de um permissivo legal genérico à consensualidade administrativa. O art. 26 da LINDB deixou clara a possibilidade de a Administração Pública firmar compromisso, que é, na prática, a celebração de um acordo, e ainda fixou regras mínimas a respeito dessa possibilidade.

Especificamente em relação ao objeto deste estudo, cumpre analisar se o art. 26 da LINDB é um permissivo para a consensualidade especificamente no âmbito das prerrogativas sancionatórias da Administração Pública.

Alguém poderia sustentar que o art. 26 da LINDB permite apenas genericamente o exercício da consensualidade no âmbito do aparato estatal, mas sem abranger prerrogativas sancionatórias. Isso porque o dispositivo não menciona expressamente a celebração de compromissos com o específico objeto de dispor sobre a aplicação de sanções.

Entretanto, a redação do art. 26 da LINDB é suficientemente ampla para abranger o exercício de prerrogativas sancionatórias. As menções à eliminação de "irregularidade" e de "situação contenciosa na aplicação do direito público" abrangem as sanções administrativas. Uma das formas de eliminação de uma irregularidade consiste justamente na aplicação de uma sanção que, se cumprida, extinguirá a irregularidade constatada. Da mesma forma, a aplicação de uma sanção pode gerar uma situação contenciosa, que é resolvida no procedimento sancionatório.

A questão é que a LINDB deliberadamente utilizou termos abertos, justamente por ser uma lei de introdução. Não se espera da LINDB que ela estabeleça normas mais específicas. Assim, deve-se observar a funcionalidade do compromisso previsto no art. 26. Trata-se de um instrumento que tem a função de solucionar situações de irregularidade, incerteza jurídica ou situação contenciosa. Um compromisso substitutivo de uma sanção promove exatamente algumas dessas funções.[201]

---

administrativo encontra-se imediatamente autorizado a celebrar compromisso, nos termos do art. 26 da Lei, não se fazendo necessária a edição e qualquer outra lei específica, decreto ou regulamentação interna" (GUERRA, Sérgio. PALMA, Juliana Bonacorsi de. Art. 26 da LINDB: novo regime jurídico de negociação com a Administração Pública. *Revista de Direito Administrativo*. Rio de Janeiro, Edição Especial: Direito Público na Lei de Introdução às Normas do Direito Brasileiro – LINDB – Lei nº 13.655/2018. nov. 2018, p. 146).

[201] Segundo Sérgio Guerra e Juliana Bonacorsi de Palma, "as hipóteses de celebração do compromisso da LINDB são propositalmente indefinidas e fluidas, permitindo até mesmo

Outro possível óbice derivaria do veto ao inciso II do §1º do art. 26 da LINDB. O então projeto de lei (que resultou na Lei 13.655/2018) previa um dispositivo estabelecendo que o compromisso referido no *caput* do art. 26 "poderá envolver transação quanto a sanções e créditos relativos ao passado e, ainda, o estabelecimento de regime de transição". Essa previsão foi objeto de veto presidencial. As razões do veto limitaram-se a afirmar o seguinte:

> A celebração de compromisso com os interessados, instrumento de natureza administrativa previsto no *caput* do artigo, não pode, em respeito ao princípio da reserva legal, transacionar a respeito de sanções e créditos relativos ao tempo pretérito e imputados em decorrência de lei. Ademais, poderia representar estímulo indevido ao não cumprimento das respectivas sanções, visando posterior transação.[202]

Note-se que as razões de um veto não constituem necessariamente um vetor interpretativo das normas vigentes. De todo modo, o veto ao dispositivo em nenhum momento afirmou qualquer impossibilidade de compromissos versando sobre prerrogativas sancionatórias da Administração Pública. O ponto que justificou o veto dizia respeito a sanções e créditos "relativos ao tempo pretérito e imputados em decorrência de lei". Ou seja, pretendia-se evitar que um particular deliberadamente descumprisse uma sanção para buscar uma transação que lhe fosse mais benéfica.

No caso da aplicação de um impedimento de licitar ou de uma declaração de inidoneidade, essas questões não se colocam. Primeiro, porque a celebração de um acordo substitutivo dessas sanções pode ocorrer antes da efetiva aplicação da penalidade (podendo resultar no autossaneamento do interessado). Segundo, porque cabe o afastamento dessas medidas mesmo depois da sua aplicação (trata-se justamente da

---

uma simbiose entre as hipóteses. Nos processos sancionadores, por exemplo, está-se diante de uma situação de irregularidade e igualmente de uma situação contenciosa, considerando a existência de um conflito e de posturas adversariais. Por esta razão, a *tipicidade* do compromisso da LINDB é *relativa*: se o compromisso é expressamente definido e disciplinado na Lei nº 13.655/18, há amplas margens de liberdade para definição sobre a melhor estratégia, o conteúdo das cláusulas compromissórias e seus efeitos." (GUERRA, Sérgio. PALMA, Juliana Bonacorsi de. Art. 26 da LINDB: novo regime jurídico de negociação com a Administração Pública. *Revista de Direito Administrativo*. Rio de Janeiro, Edição Especial: Direito Público na Lei de Introdução às Normas do Direito Brasileiro – LINDB – Lei nº 13.655/2018. nov. 2018, p. 151).

[202] Disponível em: <https://www.planalto.gov.br/ccivil_03/_Ato2015-2018/2018/Msg/VEP/VEP-212.htm>. Acesso em: 23 abr. 2025.

figura da reabilitação prevista no art. 163 da Lei 14.133/2021). Terceiro, porque o impedimento de licitar e a declaração de inidoneidade não são passíveis de descumprimento pelo particular apenado (uma vez que não dependem de nenhuma providência ativa de sua parte; trata-se de puro e simples afastamento do mercado de contratações públicas por determinado período).

Por esses motivos, o art. 26 da LINDB consiste no permissivo legal genérico à adoção de mecanismos de consensualidade na aplicação de sanções administrativas.[203]

Isso sem falar que se observa no ordenamento brasileiro um consistente movimento de criação de mecanismos que deslocam as atenções do puro punitivismo para um tratamento mais prospectivo do direito sancionador: acordos em ações de improbidade (acordos de não persecução civil), acordos de leniência, acordos substitutivos de sanções, reconhecimento de efeitos a programas de integridade – todas essas figuras derivam de um realinhamento de incentivos por meio da substituição de uma lógica punitiva (do *big stick*) por outra centrada em incentivos positivos (*carrots*).[204]

3.6.4 Os acordos substitutivos de sanção como instrumentos de autossaneamento de licitantes

Os acordos que terão por objeto a aplicação de sanções administrativas serão acordos substitutivos de sanções[205] – embora, evidentemente, leis específicas e seus respectivos regulamentos possam utilizar denominações diversas.

---

[203] A compreensão do art. 26 da LINDB como um permissivo geral para a celebração de acordos no âmbito do direito administrativo sancionador já tem sido aplicada concretamente pela CGU. É o que se verifica na Portaria Normativa 155/2024 da CGU, de 21.8.2024, que dispõe sobre a celebração de Termo de Compromisso no âmbito da Lei Anticorrupção. O Termo de Compromisso concebido pela Portaria Normativa não tem previsão legal expressa na Lei 12.846/2013, mas é embasado precisamente no art. 26 da LINDB, dentre outros dispositivos normativos infralegais, conforme mencionado de modo expresso na norma.

[204] Sobre o assunto, confira-se: PUTSIS, William. *The carrot and the stick*: leveraging strategic control for growth. Toronto: University of Toronto Press, 2020 (em especial as páginas 159 a 197).

[205] Com base no art. 26 da LINDB, admitem-se também os acordos integrativos, que são destinados a dirimir incertezas jurídicas. Entretanto, os acordos integrativos não guardam relação de pertinência com o objeto desta obra. Por esse motivo, está se tratando apenas dos acordos substitutivos de sanção neste ponto.

O termo "substitutivo" não significa necessariamente que o acordo resultará no afastamento de todas as sanções em tese aplicáveis. O vocábulo se refere ao fato de o acordo substituir (i) a instauração do processo sancionador, (ii) o processo eventualmente já em tramitação, ou (iii) a decisão final desse processo (inclusive em fase recursal).

Na prática, o acordo substitutivo de sanção pode ser celebrado em vários momentos: (i) antes da instauração de um processo administrativo sancionador, (ii) no curso do processo (inclusive na fase de decisão), (iii) na fase recursal e (iv) após a constituição da coisa julgada administrativa.

Considerando o objeto do acordo substitutivo de sanção e a possibilidade de haver a sua celebração em diversos momentos processuais, constata-se a sua utilidade para contemplar medidas de autossaneamento de licitantes e contratados. Os acordos substitutivos de sanção poderão estabelecer a não aplicação do impedimento de licitar ou da declaração de inidoneidade de que se chegou a cogitar e, em seu lugar, poderá tomar do interessado a assunção de diversos compromissos que resultem no seu autossaneamento (tais como o pagamento de eventual multa aplicada, a demissão das pessoas envolvidas nos atos praticados, a criação ou o aperfeiçoamento de seus mecanismos internos de controle e integridade e a reparação integral dos danos eventualmente provocados à Administração Pública). Eventualmente, poderá haver inclusive o monitoramento das providências adotadas pelo interessado, no que se está a denominar de Regime de Recuperação Habilitatória.

Quando os acordos substitutivos de sanções forem celebrados antes da instauração de um processo administrativo sancionatório ou no seu curso, terão por efeito o autossaneamento do contratado. Com o cumprimento pelo contratado dos compromissos assumidos no acordo, o impedimento ou a declaração de inidoneidade de que se cogitara inicialmente poderão deixar de ser aplicados.

Já se o acordo substitutivo da sanção for celebrado após o término do processo administrativo que resultou na aplicação do impedimento ou da declaração de inidoneidade, será um instrumento que formalizará a reabilitação do licitante, nos termos do art. 163 da Lei 14.133/2021. A reabilitação nada mais é do que o reconhecimento do autossaneamento do licitante ocorrido depois da aplicação das medidas de impedimento ou declaração de inidoneidade. No caso, o cumprimento pelo contratado das condições de autossaneamento estabelecidas no acordo substitutivo de sanção abreviará o tempo de aplicação do impedimento e da declaração de inidoneidade, restituindo o interessado ao mercado de contratações públicas.

Note-se que o art. 163 da Lei 14.133/2021 não exige a celebração de um acordo para a reabilitação do interessado. A rigor, o reconhecimento da reabilitação pode se dar por mera decisão administrativa que entenda terem sido cumpridos os requisitos necessários. Todavia, o dispositivo não veda a celebração de acordo substitutivo de sanção como um instrumento de reabilitação. Nada impede que o interessado e a Administração Pública competente para a reabilitação celebrem um compromisso negocial em que o particular assuma compromissos inclusive para o futuro, cujo cumprimento deverá ser objeto de monitoramento, num verdadeiro *Regime de Recuperação Habilitatória*. Para esses casos, o acordo substitutivo de sanção é um instrumento plenamente possível.

Nesse contexto, observe-se que o inciso IV do art. 163 da Lei 14.133/2021 admite que o ato punitivo estabeleça condições para a reabilitação. Isso significa que as condições previstas no art. 163 não abrangem todas as hipóteses possíveis. Como há certa flexibilidade no seu estabelecimento, um instrumento negocial pode ser cabível para que se definam as métricas e sistemáticas de acompanhamento do cumprimento pelo contratado.

A formalização das condições de autossaneamento ou reabilitação por meio de um acordo substitutivo de sanção permite inclusive que o instrumento seja utilizado como fundamento para uma execução judicial. Caso sejam cumpridas as formalidades exigidas pela legislação processual, o instrumento poderá configurar título executivo e, portanto, qualquer um dos compromitentes poderá exigir o seu cumprimento judicialmente caso repute que a outra parte não está cumprindo com as suas obrigações.

A existência de obrigações para o contratado é mais evidente. Afinal, é ele que assumirá compromissos destinados a promover o seu autossaneamento. Pode-se instituir inclusive um *Regime de Recuperação Habilitatória* com obrigações expressas que o interessado deverá cumprir para que seja considerado reabilitado. Entretanto, poderá haver obrigações para a Administração Pública também. Por exemplo, a previsão de que o contratado será readmitido às licitações e contratações públicas quando cumprir os compromissos assumidos. Assim, por exemplo, se a Administração que celebrou o acordo substitutivo de sanção não admitir o particular ou não cumprir os deveres correlatos (por exemplo, de retirada do contratado do rol de empresas impedidas ou declaradas inidôneas), caberá medida judicial visando ao cumprimento dessas medidas.

3.6.5 Acordos de leniência como instrumentos de autossaneamento de licitantes e contratados

O acordo de leniência também pode ser utilizado como ferramenta para instrumentalizar o autossaneamento de empresas impedidas ou declaradas inidôneas.[206]

Em princípio, o acordo de leniência é um instrumento negocial com obrigações recíprocas para o ente público e o particular, em que este assume o dever de colaborar efetivamente com as investigações para que o Estado possa exercer de forma mais eficiente as suas funções repressivas. O dever de colaboração do particular que celebra um acordo de leniência é um aspecto central desses instrumentos. Tanto é que o art. 16 da Lei 12.846/2013 (Lei Anticorrupção) estabelece que da colaboração deve resultar a identificação dos demais envolvidos na infração, quando couber (inciso I), e a obtenção célere de informações e documentos que comprovem o ilícito sob apuração (inciso II).

Nesse contexto, um dos requisitos para a celebração dos acordos de leniência é que a pessoa jurídica seja primeira a se manifestar sobre seu interesse em cooperar para a apuração do ato ilícito[207] – racionalidade *"first come, first serve"*. O objetivo dessa previsão é se valer de um comportamento racional retratado no "dilema do prisioneiro", que é uma das mais conhecidas ilustrações da teoria dos jogos. Basicamente, utiliza-se a técnica de sanção premial para beneficiar o agente que tiver um comportamento estratégico que a outra parte considera vantajoso – no caso, a cooperação para a apuração dos atos de corrupção.[208]

---

[206] Sobre os acordos de leniência, a bibliografia já é farta. Por todos, confiram-se: ATHAYDE, Amanda. *Manual dos acordos de leniência no Brasil*: teoria e prática. Belo Horizonte: Fórum, 2019; CANETTI, Rafaela Coutinho. *Acordo de leniência*: fundamentos do instituto e os problemas de seu transplante ao ordenamento jurídico brasileiro. 2. ed. Belo Horizonte: Fórum, 2020; BIANCHI, Bruno Guimarães. *Acordos de leniência*: entre a consensualidade e a imperatividade na lei anticorrupção. Curitiba: Íthala, 2023.

[207] Lei 12.846/2013, art. 16, §1º, inciso I.

[208] Sobre a teoria dos jogos e o dilema do prisioneiro, consulte-se: PICKER, Randal. An introduction to game theory and the law. *Coase-Sandor Institute for Law & Economics Working Paper*, n. 22, 1994, p. 1-21. Em brevíssima síntese, o dilema do prisioneiro é ilustrado pela situação em que dois indivíduos detidos pela prática de um crime, mas a respeito do qual as autoridades não têm provas suficientes para a condenação, são separados e ficam incomunicáveis entre si. Cada um deles é comunicado de que aquele que confessar e delatar o seu comparsa ficará isento de sanção, enquanto que o outro

O interessado que preencher os requisitos legais necessários e celebrar o acordo de leniência não sofrerá as sanções previstas no inciso II do art. 6º da Lei 12.846/2013[209] e no inciso IV do art. 19 da mesma lei,[210] e ainda terá reduzido em até dois terços o valor da multa aplicável (conforme art. 16, §2º, da lei).

Entretanto, além das previsões do art. 16 da Lei 12.846/2013, há ainda uma outra possibilidade de celebração de acordo de leniência, que é a do art. 17 da mesma lei. O dispositivo prevê que a Administração Pública também poderá celebrar acordo de leniência com a pessoa jurídica que praticou os ilícitos previstos nos arts. 86 a 88 da Lei 8.666/1993, "com vistas à isenção ou atenuação das sanções administrativas" previstas na Lei 8.666/1993. Dentre as sanções em questão, estão a suspensão do direito de licitar e a declaração de inidoneidade (art. 87, incisos III e IV, da Lei 8.666/1993).[211]

A Lei 8.666/1993 não está mais em vigor, mas reputa-se que o acordo de leniência previsto no art. 17 da Lei 12.846/2013 se aplica agora às penalidades previstas na Lei 14.133/2021, mais especificamente no seu art. 156, incisos I a IV (o que inclui o impedimento de licitar e contratar e a declaração de inidoneidade). Isso se dá por três razões.

Primeiro, porque as penalidades previstas no art. 156 da Lei 14.133/2021 são fundamentalmente as mesmas sanções que a Lei 12.846 procura abranger quando faz referência à (agora revogada) Lei 8.666/1993. Há diferenças pontuais de prazos e outras características, mas se trata fundamentalmente das mesmas penalidades anteriormente previstas na Lei 8.666/1993.

Segundo, porque o art. 155, inciso XII, da Lei 14.133/2021 estabelece como conduta passível de penalidades a prática dos atos previstos

---

receberá a pena máxima, bem como que, se houver cooperação pelos dois, ambos terão sua pena reduzida. Nesse contexto, os prisioneiros racionalmente preferirão agir de modo a reduzir o tempo de suas penas. A relação da teoria dos jogos (e da ilustração do "dilema do prisioneiro") com o acordo de leniência é frequente na doutrina. Por todos, confira-se, a excelente obra de Rafaela Coutinho Canetti: CANETTI, Rafaela Coutinho. *Acordo de leniência*: fundamentos do instituto e os problemas de seu transplante ao ordenamento jurídico brasileiro. 2. ed. Belo Horizonte: Fórum, 2020, p. 68-75.

[209] Trata-se da publicação extraordinária da sentença condenatória.

[210] Trata-se da proibição de receber incentivos, subsídios, subvenções, doações ou empréstimos de órgãos ou entidades públicas e de instituições financeiras públicas ou controladas pelo poder público, pelo prazo mínimo de um e máximo de cinco anos.

[211] O art. 17 da Lei 12.846/2013 estabelece o seguinte: "A administração pública poderá também celebrar acordo de leniência com a pessoa jurídica responsável pela prática de ilícitos previstos na Lei nº 8.666, de 21 de junho de 1993, com vistas à isenção ou atenuação das sanções administrativas estabelecidas em seus arts. 86 a 88".

no art. 5º da Lei 12.846/2013 (ou seja, a prática de atos de corrupção). Atos de corrupção podem acarretar a aplicação justamente das sanções previstas na Lei 14.133/2021.

Terceiro, porque várias das condutas previstas no art. 5º da Lei 12.846/2013 acabam se confundindo com aquelas previstas em alguns dos incisos do art. 155 da Lei 14.133/2021. Por exemplo, o ato de "frustrar ou fraudar, mediante ajuste, combinação ou qualquer outro expediente, o caráter competitivo de procedimento licitatório público" (art. 5º, inciso IV, a, da Lei 12.846/2013) enquadra-se nas hipóteses de "fraudar a licitação" e de "praticar atos ilícitos com vistas a frustrar os objetivos da licitação" (art. 155, incisos IX e XI, da Lei 14.133/2021).

Ocorre que o acordo de leniência do art. 17 da Lei 12.846/2013 não se submete aos mesmos requisitos do art. 16. De fato, o art. 17 é mais genérico. Não estabelece requisitos similares, tampouco faz referência à aplicabilidade dos mesmos requisitos previstos no art. 16. Isso acontece porque a lógica do art. 16 é a do acordo de leniência que envolve uma cooperação do interessado com as investigações. Já o acordo de leniência do art. 17 não contempla esse mesmo dever.

Portanto, há duas hipóteses de acordos de leniência na Lei 12.846/2013: (i) os acordos do art. 16 para as hipóteses de atos de corrupção que envolverão uma colaboração do particular com as investigações, e (ii) os acordos do art. 17, que podem ser adotados nos casos em que o interessado incidiu nas hipóteses do art. 155 da Lei 14.133/2021 e para as quais são cabíveis as sanções do art. 156 da mesma lei.

Para o objetivo deste estudo, a segunda hipótese é a mais pertinente. A partir da previsão do art. 17 da Lei 12.846/2013, conclui-se que é possível a celebração de acordos de leniência que resultem na "isenção" ou na "atenuação" das sanções administrativas previstas no art. 156 da Lei 14.133/2021.[212]

Nesse contexto, os acordos de leniência podem ser instrumentos voltados precisamente ao autossaneamento de contratados. Em vez de a Administração Pública aplicar uma sanção como o impedimento ou a declaração de inidoneidade, poderá estabelecer compromissos que,

---

[212] Conforme nota Luciano Ferraz: "o art. 17 da Lei nº 12.846/13 é importantíssimo instrumento de controle consensual para o âmbito das contratações públicas no Brasil. A nomenclatura mais correta a designá-lo seria 'acordo substitutivo', a exemplo daqueles com previsão em normas próprias de algumas agências reguladoras no Brasil" (FERRAZ, Luciano. *Controle e consensualidade*: fundamentos para o controle consensual da Administração Pública – TAG, TAC, SUSPAD, acordos de leniência, acordos substitutivos e instrumentos afins. Belo Horizonte: Fórum, 2019, p. 180).

se forem cumpridos pelo interessado, resultarão no afastamento total dessas mesmas sanções ou, quando menos, na sua atenuação (por exemplo, redução do prazo de eficácia).[213]

Assim, na hipótese do art. 17 da Lei 12.846/2013, a contrapartida do particular não será (ao menos obrigatoriamente) a colaboração probatória para fins de investigação. Mas poderá ser a adoção de medidas voltadas ao seu autossaneamento, como a adoção e o aprimoramento de mecanismos de integridade – que é justamente um dos objetivos tanto da Lei Anticorrupção quanto da Lei Geral de Licitações e Contratações Públicas. Poderá ser fixado inclusive um monitoramento das medidas adotadas, por certo tempo, num Regime de Recuperação Habilitatória.

Nesse sentido, o art. 7º, inciso VIII, da Lei 12.846/2013 estabelece que deverá ser considerada na aplicação de sanções a existência de mecanismos e procedimentos internos de integridade, auditoria e incentivo à denúncia de irregularidades, bem como a efetiva aplicação de códigos de ética e de conduta no âmbito da pessoa jurídica. A avaliação dos programas de integridade deverá levar em conta os critérios previstos no art. 57 do Decreto 11.129/2022, que regulamenta a Lei Anticorrupção. Se essa avaliação pode ser feita na decisão pela aplicação de penalidades previstas na Lei 12.846/2013, nada mais coerente que os mesmos critérios sejam estabelecidos como compromissos assumidos pelo particular num acordo de leniência celebrado com fundamento no art. 17 da Lei 12.846/2013.

Dessa forma, haverá um estímulo à adoção de mecanismos de integridade e boas práticas no mercado de contratações públicas, o que é condizente com as orientações da Lei Anticorrupção e da Lei Geral de Licitações e Contratações Públicas. Ao mesmo tempo, possibilita-se que o interessado promova o seu autossaneamento de modo a retornar ao mercado de contratações públicas por meio do afastamento das sanções de impedimento e de declaração de inidoneidade.

---

[213] De acordo com Marçal Justen Filho: "Deve-se tomar em vista que o acordo de leniência previsto na Lei 12.846/2013 também autoriza a suspensão da eficácia das sanções previstas na legislação de licitações e contratações administrativas. Em tais casos, pode-se obter efeito similar ao da reabilitação" (JUSTEN FILHO, Marçal. *Comentários à lei de licitações e contratações administrativas*. 2. ed. São Paulo: RT, 2023, p. 1711).

3.6.6 Acordos de não persecução civil como instrumentos de autossaneamento de licitantes e contratados

Certas condutas previstas no art. 155 da Lei 14.133/2021 podem configurar atos de improbidade. Uma das penalidades cabíveis para atos de improbidade é justamente a proibição de contratar com o poder público, por prazos que podem se estender por vários anos, conforme previsto no art. 12, incisos I a III, da Lei de Improbidade Administrativa (Lei 8.429/1992).

Nesse contexto, surge a possibilidade de celebração de acordos de não persecução civil com o Ministério Público, conforme previsto no art. 17-B da Lei 8.429/1992.

Os acordos de não persecução civil podem prever medidas diversas, inclusive de afastamento de eventual penalidade de proibição de contratar com o poder público.

Para tanto, o particular deverá adotar algumas providências obrigatórias, como o integral ressarcimento do dano eventualmente causado e a reversão à pessoa jurídica lesada da vantagem indevida obtida, ainda que oriunda de agentes privados (art. 17-B, incisos I e II).

Haverá um procedimento a ser seguido para a celebração do acordo de não persecução civil, o que envolverá a oitiva do ente federativo lesado, a aprovação pelo órgão do Ministério Público competente para o arquivamento de inquéritos civis (quando o acordo é celebrado antes da propositura de ação de improbidade administrativa) e a homologação judicial (independentemente de o acordo ser celebrado antes ou depois da propositura da ação), conforme art. 17-B, §1º, incisos I a III, da Lei 8.429/1992.

O acordo de não persecução civil poderá prever justamente medidas de autossaneamento do particular. Nesse sentido, o §6º do art. 17-B da Lei 8.429/1992 estabelece textualmente que esses acordos poderão contemplar a adoção de mecanismos e procedimentos internos de integridade, de auditoria e de incentivo à denúncia de irregularidades e a aplicação efetiva de códigos de ética e de conduta no âmbito da pessoa jurídica, bem como de outras medidas em favor do interesse público e de boas práticas administrativas.

Portanto, o acordo de não persecução civil, cabível quando se está diante de atos qualificados como de improbidade, é mais um instrumento negocial por meio do qual podem ser estabelecidas providências de autossaneamento destinadas a afastar uma eventual proibição de contratar com a Administração Pública.

3.6.7 Os termos de compromisso celebrados com a CGU

Outro instrumento consensual de autossaneamento é o termo de compromisso estabelecido pela Portaria Normativa 155/2024 da CGU, que é aplicável a atos lesivos previstos na Lei 12.846/2013. Como certos atos de corrupção podem levar à aplicação das medidas de impedimento e declaração de inidoneidade, o termo de compromisso pode ser um veículo para o autossaneamento do interessado.

A Portaria Normativa 155/2024 da CGU define esse termo de compromisso como sendo "ato administrativo negocial decorrente do exercício do poder sancionador do Estado, que visa fomentar a cultura de integridade no setor privado, por meio da responsabilização adequada, proporcional e célere de pessoas jurídicas pela prática de atos lesivos contra a administração pública nacional ou estrangeira" (art. 1º, §1º). Portanto, os objetivos do instrumento são perfeitamente compatíveis com os do autossaneamento de licitantes.

A competência para a celebração do termo de compromisso regido pela Portaria Normativa é privativa da CGU e tal instrumento somente será possível quando não couber a celebração de acordo de leniência.

O termo de compromisso poderá estabelecer diversos requisitos. Para os efeitos do presente estudo, os mais relevantes são aqueles destinados a promover a recuperação da confiabilidade do interessado, tais como: (i) apresentação de provas e de relatos detalhados (quando disponíveis) do que for de seu conhecimento em relação aos atos investigados; (ii) cessação completa de seu envolvimento na prática do ato lesivo; (iii) compromisso de (iii.1) reparar integralmente a parcela incontroversa do dano causado; (iii.2) perder em favor do ente lesado os valores correspondentes ao acréscimo patrimonial indevido ou ao enriquecimento ilícito direta ou indiretamente obtido da infração, nos termos e nos montantes definidos na negociação; (iii.3) comprovar o pagamento do valor da multa aplicável; (iii.4) atender aos pedidos de informações relacionados aos fatos do processo que sejam de seu conhecimento; e (iii.5) adotar, aplicar ou aperfeiçoar programa de integridade.[214]

---

[214] A íntegra dos requisitos é estabelecida pelo art. 2º da Portaria Normativa 155/2024 da CGU. O requisito em relação à adoção ou aperfeiçoamento de programa de integridade em princípio não será obrigatório, a não ser que o termo de compromisso assim estabeleça: "Art. 2º São requisitos para a celebração de termo de compromisso: I - a admissão pela pessoa jurídica de sua responsabilidade pela prática dos atos lesivos investigados,

Justamente por haver compromissos típicos de autossaneamento, a Portaria Normativa prevê como um dos efeitos da celebração do instrumento a "atenuação das sanções restritivas de licitar e contratar com o poder público", o que pode se dar com "a redução do tempo ou o abrandamento da modalidade da sanção a ser aplicada", tudo "de acordo com as peculiaridades do caso concreto e observada a proporcionalidade da pena" (art. 3º, inciso II). O §1º do art. 3º apenas estabelece que a atenuação das sanções restritivas de licitar e contratar com o poder público deverá observar o "prazo mínimo de sessenta dias de impedimento ou de suspensão".

Portanto, em situações nas quais houve a prática de atos qualificados como ilegais pela Lei Anticorrupção, é possível celebrar um termo de compromisso com a CGU que poderá contemplar medidas de autossaneamento, de forma a afastar ou abreviar as medidas de impedimento ou declaração de inidoneidade.

3.7 A admissão ampla do autossaneamento (inclusive por acordos), o Regime de Recuperação Habilitatória e a reabilitação

Conforme ficou demonstrado, o sistema legal brasileiro, tal como o comunitário europeu e o norte-americano, contempla o afastamento

---

acompanhada de provas e de relatos detalhados do que for de seu conhecimento, quando disponíveis; II - a cessação completa pela pessoa jurídica de seu envolvimento na prática do ato lesivo, a partir da data da propositura do termo; III - o compromisso da pessoa jurídica de: a) reparar integralmente a parcela incontroversa do dano causado; b) perder, em favor do ente lesado ou da União, conforme o caso, os valores correspondentes ao acréscimo patrimonial indevido ou ao enriquecimento ilícito direta ou indiretamente obtido da infração, nos termos e nos montantes definidos na negociação; c) comprovar o pagamento do valor da multa prevista no inciso I do art. 6º da Lei nº 12.846, de 1º de agosto de 2013, no prazo de até trinta dias após a publicação da decisão de deferimento do termo de compromisso pelo Ministro de Estado da Controladoria-Geral da União, bem como apresentar os elementos que permitam o seu cálculo e a sua dosimetria; d) atender aos pedidos de informações relacionados aos fatos do processo, que sejam de seu conhecimento; e) não interpor recursos administrativos contra a decisão que defira integralmente a proposta; f) dispensar a apresentação da peça de defesa, quando cabível; e g) desistir de eventuais ações judiciais, caso existentes, bem como não ajuizar novas demandas relativas ao processo administrativo ou ao termo de compromisso celebrado; e IV - a declaração de que o termo de compromisso, após aprovação pela Secretaria de Integridade Privada e decisão do Ministro de Estado da Controladoria-Geral da União, torna-se título executivo para todos os fins de direito e de que seu descumprimento desconstitui todos os incentivos do respectivo termo, em especial os previstos no art. 3º desta Portaria Normativa. Parágrafo único. De acordo com a análise do caso concreto, a Controladoria-Geral da União poderá condicionar a celebração do termo de compromisso à inclusão de compromisso da pessoa jurídica quanto à adoção, à aplicação ou ao aperfeiçoamento de programa de integridade".

de licitantes do mercado de contratações públicas como medidas destinadas à proteção da Administração Pública. O objetivo central é impedir que o Estado volte a contratar com empresas que não reúnam os predicados necessários à sua confiabilidade. As empresas afastadas representam riscos que a Administração Pública não está disposta a assumir.

Entretanto, a aplicação do impedimento e da declaração de inidoneidade, devido ao seu caráter *pro futuro* e com efeitos externos à licitação e ao contrato a que se referem, demandam uma avaliação muito peculiar de sua pertinência, notadamente com fundamento nos critérios finalístico e consequencialista (numa verdadeira *Análise de Impacto Sancionatório*). É plenamente possível que a Administração Pública, mediante juízos de adequação e necessidade, conclua que a solução mais eficiente consiste não no afastamento da empresa do mercado de contratações públicas, e sim na aplicação de sanções pecuniárias – ou mesmo na não aplicação de sanções.

Nesse contexto, insere-se a ideia de autossaneamento. O sistema normativo brasileiro incentiva a adoção de práticas voltadas à instituição de um ambiente mais saudável, transparente e íntegro nas relações público-privadas. As empresas que adotarem essas medidas, cuja definição se dará em cada situação concreta, poderão afastar a aplicação do impedimento e da declaração de inidoneidade, ou ainda poderão abreviar o prazo de vigência dessas medidas (o que, nessa última hipótese, consiste no autossaneamento reativo, que é precisamente a reabilitação prevista no art. 163 da Lei 14.133/2021).

Deve-se reconhecer que há inclusive um movimento de criação de mecanismos que deslocam as atenções do puro punitivismo para um tratamento mais prospectivo do direito sancionador. Nesse contexto, o autossaneamento poderá ser contemplado em instrumentos de consensualidade. O principal deles é o acordo substitutivo de sanção, cuja autorização genérica de adoção consta do art. 26 da LINDB. Mas é possível também, em certos casos, a adoção de acordos de leniência (art. 17 da Lei 12.846/2013), de acordos de não persecução civil (art. 17-B da Lei 8.429/1992) e de termos de compromisso em geral (de que é exemplo aquele previsto na Portaria Normativa 155/2024 da CGU).

A conclusão disso tudo é que o sistema brasileiro admite de modo amplo a adoção de mecanismos de autossaneamento, adotando concepções similares às que informam o sistema comunitário europeu e o norte-americano.

Não se pode deixar de destacar o caráter positivo do autossaneamento em relação às medidas de impedimento e declaração de inidoneidade. Seria certa hipocrisia presumir que uma empresa afastada por anos do mercado de contratações públicas simplesmente voltasse mais forte e renovada após o período de afastamento. Provavelmente, uma empresa afastada por anos simplesmente encerraria as suas atividades, com as decorrências sociais e econômicas negativas daí decorrentes.

Daí a importância da noção de autossaneamento. Trata-se de uma abordagem de certa forma mais inteligente da questão. Supera-se uma visão estritamente punitivista em favor de medidas que efetivamente contribuam para um ambiente mais saudável nas contratações públicas.

É plenamente possível que os acordos envolvendo medidas de autossaneamento estabeleçam inclusive um *Regime de Recuperação Habilitatória*, em que o interessado terá compromissos que deverão ser satisfeitos ao longo de determinado tempo. Com isso, ele pode ser reconduzido ao mercado de contratações públicas, sem prejuízo de que possa haver um monitoramento das medidas adotadas. Enquanto essas medidas são implementadas e monitoradas, pode-se admitir que o interessado seja mantido ou reintegrado ao mercado de contratações públicas.

A expressão "Regime de Recuperação Habilitatória" não é utilizada no direito positivo, mas as normas sobre consensualidade e as previsões abertas, inclusive no art. 163 da Lei 14.133/2021, conferem fundamento a tal possibilidade. Tal como ocorre em regimes de recuperação de empresas ou de recuperação regulatória, é plenamente possível que sejam estabelecidas condições para a recuperação da confiabilidade das empresas, inclusive com o abreviamento ou não aplicação de eventuais medidas que resultariam no seu afastamento do mercado de contratações públicas. Nada impede inclusive que haja um monitoramento da adoção dessas medidas e, simultaneamente, a reintegração do interessado ao mercado de contratações públicas enquanto elas são adotadas e monitoradas.

Observe-se que o autossaneamento pode ocorrer antes da aplicação das medidas de impedimento e de declaração de inidoneidade. Mas pode ocorrer depois também. Quando ocorrem depois, o autossaneamento reativo consistirá justamente na figura da reabilitação prevista no art. 163 da Lei 14.133/2021 – assunto de que se passa a tratar no próximo capítulo.

CAPÍTULO 4

REABILITAÇÃO DE LICITANTES E CONTRATADOS NA LEI 14.133/2021: EVOLUÇÃO NORMATIVA, CABIMENTO E ASPECTOS GERAIS

4.1 Introdução

Neste capítulo, começamos a tratar propriamente da reabilitação de licitantes e contratados, nos termos em que é regida pelo art. 163 da Lei 14.133/2021.

Conforme visto até aqui, o ordenamento jurídico brasileiro admite o autossaneamento em sentido amplo, ou seja, a adoção de medidas por interessados de modo que eles possam recuperar a sua confiabilidade. Essas medidas podem ser adotadas antes mesmo da aplicação de uma penalidade de impedimento ou declaração de inidoneidade. Podem inclusive ser objeto de acordos firmados com a Administração Pública, e podem instituir verdadeiros Regimes de Recuperação Habilitatória.

Entretanto, há ainda a figura da reabilitação.

A reabilitação é o autossaneamento que ocorre posteriormente à aplicação das sanções de impedimento ou declaração de inidoneidade.

Faz-se essa diferenciação porque o art. 163 da Lei 14.133/2021, ao tratar da reabilitação, pressupõe que essa figura se aplique ao licitante ou contratado que já teve a penalidade imposta contra si. O dispositivo prevê as hipóteses em que a reabilitação é cabível e os requisitos necessários para a sua aplicação concreta.

Neste capítulo, trataremos do conceito de reabilitação, exporemos sua evolução legislativa até chegar na previsão do art. 163 da Lei 14.133/2021, e examinaremos alguns aspectos centrais quanto ao seu cabimento e sua comparação com as previsões do direito comunitário europeu e do direito norte-americano. Outras questões relacionadas à reabilitação – tais como seus requisitos e as questões procedimentais subjacentes – serão examinadas nos capítulos seguintes.

4.2 A reabilitação de licitantes e contratados

Nos contornos estabelecidos pelo art. 163 da Lei 14.133/2021, a reabilitação de licitantes e contratados consiste no restabelecimento da sua capacidade de participar de procedimentos de contratação administrativa e de estabelecer relações contratuais com a Administração Pública antes do decurso do prazo da medida que lhe foi aplicada.

A reabilitação é um ato constitutivo negativo. Extingue antecipadamente a medida de impedimento ou de declaração de inidoneidade diante do reconhecimento de que o particular preencheu os requisitos aplicáveis a esse efeito e, portanto, deixou de representar um risco inaceitável para a Administração Pública.

Ao participar de procedimentos de contratação administrativa e ao celebrar contratos com a Administração Pública, qualquer particular fica sujeito à aplicação de sanções em caso de adoção de condutas indevidas. Essas penalidades devem ser aplicadas de modo proporcional à gravidade da conduta e, caso estejam presentes, os requisitos de punibilidade.

Duas sanções, em especial, apresentam uma gravidade maior: o impedimento de licitar e contratar e a declaração de inidoneidade para licitar ou contratar (art. 156, incisos III e IV, da Lei 14.133/2021). Por meio dessas medidas, o particular fica proibido de participar de qualquer procedimento destinado à celebração de contratos administrativos, por maior ou menor tempo, dependendo da gravidade da conduta incorrida e dos demais fatores que foram reputados pertinentes na decisão de aplicação das penalidades. O objetivo buscado com essas medidas, conforme demonstrado no Capítulo 3, reside em afastar o particular do mercado de contratações públicas de modo a proteger a Administração Pública.

Evidentemente, o impedimento e a declaração de inidoneidade são sanções bastante negativas ao particular, uma vez que apresentam efeitos externos à licitação e ao contrato no âmbito do qual foram aplicadas e ainda estendem seus efeitos para o futuro – diferentemente do que acontece com a advertência e as penalidades meramente pecuniárias. Isso faz com que tais penalidades sejam adequadas apenas a casos extremos, em que a simples possibilidade de contratação do particular representa um risco inaceitável para a Administração Pública.[215]

Entretanto, além de trazerem efeitos negativos ao particular apenado, o impedimento e a declaração de inidoneidade provocam efeitos negativos à própria Administração Pública, uma vez que essas sanções restringem o universo de particulares aptos a participar de procedimentos de contratações administrativas – o que, em tese, faz com que se reduzam as chances de obtenção de propostas mais vantajosas ao poder público.

Além disso, simplesmente impedir que certos particulares participem de licitações e contratem com a Administração Pública por determinado período de tempo não contribui de forma completa para que haja um ambiente mais saudável, transparente e correto nas contratações públicas.

Evidentemente, não se nega legitimidade às medidas de impedimento e de declaração de inidoneidade. Ao excluírem do mercado de contratações públicas licitantes que não reúnem requisitos mínimos de confiabilidade, elas indiretamente promovem uma "limpeza", por assim dizer, do mercado.

Entretanto, os efeitos do impedimento e da declaração de inidoneidade são insuficientes para a própria proteção da Administração Pública.

Primeiro, porque a prática revela que há a utilização indevida de mecanismos destinados a contornar a sua aplicação, como, por exemplo, as transferências fraudulentas de controle e a criação de pessoa jurídica diversa com o propósito de escapar da aplicação dessas penalidades.

Segundo, porque há uma certa ingenuidade em se pensar que uma empresa que cometeu atos gravíssimos a ponto de ser afastada por vários anos do mercado de licitações públicas simplesmente passará a adotar práticas diferentes a partir do término do prazo da penalidade aplicada. Muito possivelmente, essa empresa nem sequer terá condições econômicas e financeiras de sobreviver a um período tão longo sem a receita derivada das contratações. Ademais, o simples decurso do prazo, embora de fato encerre a vigência da penalidade, não faz com que as práticas da empresa, que já foram objeto de penalização, passem automaticamente a ser corretas.

---

[215] As peculiaridades envolvidas no juízo a respeito da adequação das medidas de impedimento e declaração de inidoneidade foram examinadas no Capítulo 3, quando se destacou a relevância dos critérios finalístico e consequencialista.

Diante dessas questões, identifica-se que há outras formas potencialmente mais eficazes de se promover novas práticas no mercado de contratações públicas. Trata-se de fomentar medidas que não tenham efeito sancionador, mas que sirvam de incentivo para que os particulares adotem providências que efetivamente minimizem os riscos de que os malfeitos do passado se repitam no futuro.

É precisamente nesse contexto que se insere o instituto da reabilitação, que, no âmbito das contratações públicas, está positivado no art. 163 da Lei 14.133/2021.

Por meio da reabilitação, um licitante ou contratado tem a oportunidade de adotar certas condutas que demonstrem à Administração Pública que ele restaurou a sua confiabilidade, ou seja, que ele voltou a reunir os predicados de honestidade, probidade e competência mínimos para que possa novamente ser considerado em contratações públicas antes do decurso do prazo da penalidade que lhe foi aplicada.

A reabilitação é o resultado do autossaneamento em sentido amplo, com a peculiaridade de que ocorre depois de já aplicados o impedimento ou a declaração de inidoneidade. O paralelo da reabilitação com o *self-cleaning* do direito comunitário europeu ou mesmo com a possibilidade de abreviar as medidas de *debarment* no direito norte-americano é evidente.[216]

Para obter a sua reabilitação, o particular apenado deverá voluntariamente adotar as medidas que a Administração Pública e o ordenamento jurídico previram como necessárias para a recuperação da sua confiabilidade. Assim o fazendo, terá o direito de ser reconhecido como reabilitado para fins de retornar ao mercado de contratações públicas.

A obtenção da reabilitação depende da vontade do interessado, uma vez que nenhum particular é obrigado a buscar a sua reabilitação. No entanto, ao adotar as medidas necessárias, e que normalmente envolvem o emprego de esforços e recursos relevantes, o particular obterá o benefício almejado, que será justamente a extinção antecipada do impedimento ou da declaração de inidoneidade.

---

[216] Esse paralelo fica evidente ao se examinar os sistemas comunitário europeu e norte-americano (Capítulos 1 e 2).

4.3 A reabilitação como superação de concepções meramente punitivistas

A reabilitação de licitantes e contratados envolve a superação de uma concepção meramente punitivista do direito administrativo sancionador. Em lugar de simplesmente punir o particular que adotou condutas gravemente desabonadoras, cria-se uma sistemática de incentivo para que o apenado passe realmente a adotar práticas consideradas positivas pelo ordenamento e, assim, obtenha como contrapartida a redução do prazo de afastamento do mercado de contratações públicas. Aplicam-se aqui as considerações feitas sobre o assunto no Capítulo 3 a respeito do autossaneamento em sentido amplo.

Note-se que a reabilitação está longe de ser uma simples benevolência do sistema jurídico em favor do infrator.

Do lado do particular, a obtenção da reabilitação envolve o emprego de tempo e recursos significativos. São necessárias medidas custosas, que, ao serem adotadas com seriedade, demonstram que o particular realmente retomou a sua confiabilidade e deixou de representar um risco inaceitável para a Administração Pública. O fato é que o cumprimento dos requisitos de reabilitação não é fácil nem trivial.[217]

Além disso, a reabilitação não resulta na ausência de penalização do particular que agiu mal. Há prazos mínimos de aplicação da penalidade (um ano no caso de impedimento de licitar e contratar e três anos no caso da declaração de inidoneidade) que devem ser observados de toda forma. A reabilitação somente abrevia o período de afastamento do particular a partir do momento em que ele realmente comprova que restabeleceu os predicados de um licitante confiável.

---

[217] Há relatos de que os valores pagos em casos de corrupção transnacional por meio de acordos são muito mais elevados do que os que foram submetidos a julgamento. De acordo com estudo da OCDE de 2019 (*Resolving foreign bribery cases with non-trial resolutions*: settlements and non-trial agreements by parties to the anti-bribery convention. Disponível em: <www.oecd.org/corruption/Resolving-Foreign-Bribery-Caseswith-Non-Trial-Resolutions.htm>. Acesso em: 10 jan. 2024), o caso Odebrecht/Braskem envolveu pagamento de 3,5 bilhões de dólares em 2016, e o caso Siemens resultou num pagamento de 1,6 bilhão de dólares (em 2008). As informações constam de: LOPES, Sara Martins Gomes. Comentários ao estudo de direito comparado resolving foreign bribery cases with non-trial resolutions da OCDE. *In*: FRIDRICZEWSKI, Vanir; SOUZA, Carolina Yumi de; VELHO, Rafael Rott de Campos (coord.). *Acordos de Leniência da Lei nº 12.846, de 2013*: a experiência da CGU e da AGU (aspectos práticos, teóricos e perspectivas). Vol. 12, n. 03, Brasília, set/dez/2020, p. 17. E esses montantes refletem apenas os valores pagos pelas companhias, sem considerar os significativos investimentos em criação de sistemas eficazes de integridade, treinamento de pessoal e outras providências estruturais.

Logo, o instituto da reabilitação não retira o caráter dissuasório das penalidades de impedimento e declaração de inidoneidade.[218]

Do lado da Administração Pública, a reabilitação gera benefícios relevantes.

Primeiro, porque o instituto permite o retorno ao mercado de contratações públicas de empresas que restabeleceram a sua confiabilidade. Possibilita que a empresa, com todo o seu acervo técnico e com o seu corpo de funcionários, restabeleça suas condições de contratar. Isso amplia as chances de obtenção de propostas mais vantajosas ao poder público, gera efeitos econômicos e sociais positivos, e ainda contribui para a instituição de práticas mais saudáveis nas relações público-privadas.

Segundo, porque a reabilitação reduz os riscos de judicialização e os custos do *enforcement* das penalidades aplicadas. Isso fica muito claro a partir da previsão de que a reabilitação fica condicionada à reparação integral dos danos eventualmente causados à Administração Pública e ao pagamento das multas aplicadas. Como, para obter a reabilitação, o particular deverá indenizar o poder público e pagar as multas, a sua implementação liberará a Administração Pública de ter de buscar a tutela judicial para obtenção dessas providências – o que envolve custos e riscos para o próprio Estado.

Portanto, é equivocado compreender a reabilitação como uma espécie de benevolência desnecessária e excessiva do sistema em favor de particulares que não mereceriam esse tratamento. Na realidade, a reabilitação de licitantes e contratados é uma providência complementar de proteção do sistema de contratações públicas, que interessa igualmente aos particulares e ao poder público.

---

[218] Um dos fatores que conduzem ao sucesso de um programa de leniência é justamente a manutenção do caráter dissuasório das sanções potencialmente aplicáveis. O estudo *Resolving foreign bribery cases with non-trial resolutions*: settlements and non-trial agreements by parties to the anti-bribery convention, de 2019 da OCDE, destaca a dificuldade de se avaliar esse impacto por meio da comparação entre acordos realizados e casos julgados pelas cortes estatais. De todo modo, conforme destacado na nota anterior, os valores pagos pelas empresas em acordos muitas vezes são maiores do que o das condenações judiciais, o que é um elemento importante para demonstrar que os acordos não são benevolências aplicadas de forma descuidada.

4.4 A reabilitação como instituto geral do direito sancionador

Na realidade, a reabilitação é um instituto presente no direito sancionador em geral, embora se apresente com variações marcantes dentro de cada contexto em que se insere.

No âmbito do direito penal, o Código Penal[219] estabelece que o condenado poderá requerer a sua reabilitação decorridos dois anos do dia em que for extinta a sua pena ou terminar a sua execução. Para tanto, deverá cumprir alguns requisitos: ter domicílio no Brasil no prazo referido, ter dado, durante esse tempo, demonstração efetiva e constante de bom comportamento público e privado, e ter ressarcido o dano causado pelo crime ou demonstre a absoluta impossibilidade de o fazer, ou ainda comprove a renúncia da vítima ou novação da dívida.

O procedimento de reabilitação no direito penal segue o disposto nos arts. 743 a 748 do Código de Processo Penal. Caso obtida a reabilitação, será assegurado ao condenado o sigilo dos registros sobre o seu processo e condenação. Entretanto, se o condenado vier a ser condenado como reincidente a uma pena que não seja de multa, perderá a sua reabilitação. Além disso, se o pedido de reabilitação for rejeitado, o condenado não poderá requerer a providência novamente pelo prazo de dois anos, a não ser que a rejeição tenha ocorrido por falta ou insuficiência de documentos (art. 749 do Código de Processo Penal).

No âmbito do direito administrativo sancionador disciplinar, a reabilitação é prevista fundamentalmente no art. 131 do Estatuto dos Servidores Públicos (Lei 8.112/1990). O dispositivo estabelece que as penalidades de advertência e de suspensão terão seus registros cancelados, após o decurso de três e cinco anos de efetivo exercício, respectivamente, se o servidor não houver, nesse período, praticado infração disciplinar. O cancelamento da penalidade, contudo, não gera efeitos retroativos.

Ainda no campo disciplinar, o Estatuto da Ordem dos Advogados do Brasil (Lei 8.906/1994) prevê que o profissional que tenha sofrido qualquer sanção disciplinar pode requerer sua reabilitação um ano após o cumprimento da penalidade. Para tanto, deverá apresentar provas efetivas de bom comportamento. O parágrafo único, todavia,

---

[219] Arts. 93 a 95 do Código Penal.

estabelece que, quando a sanção disciplinar resultar da prática de crime, o pedido de reabilitação dependerá também da correspondente reabilitação criminal.

Estes exemplos demonstram que a reabilitação é um instituto espraiado em diversas normas de direito sancionador, embora com diferenças em cada âmbito de aplicação.[220] Um requisito comum para a reabilitação normalmente reside na demonstração, pelo apenado, de que tem adotado bom comportamento ao longo de determinado período de tempo. Por vezes, há outros requisitos também, como o ressarcimento de danos causados pelo crime na reabilitação prevista no Código Penal. Nesses contextos, contudo, a reabilitação não abrevia o prazo da penalidade aplicada. Ela somente pode ocorrer depois de cumprida toda a sanção que foi imposta ao apenado. O efeito buscado normalmente diz respeito à publicidade da sanção imposta, ou seja, busca-se o cancelamento dos seus registros.

No âmbito das licitações e contratações públicas, um ponto comum com a reabilitação criminal e disciplinar é que a reabilitação compreende a demonstração de recuperação de confiabilidade por parte do interessado. Ou seja, o interessado deve demonstrar de modo concreto que recuperou os predicados necessários à restauração da sua confiabilidade.

Há, no entanto, muitas diferenças entre a reabilitação de licitantes e contratados em comparação com a reabilitação criminal ou disciplinar.

A mais evidente é que a reabilitação de licitantes e contratados não busca propriamente afastar o acesso à informação de que o particular esteve penalizado – muito embora, com a reabilitação, a sua presença nos cadastros de licitantes impedidos ou declarados inidôneos deverá, obviamente, ser excluída.

Outra diferença diz respeito ao prazo da penalidade aplicada. Diferentemente da reabilitação criminal e da disciplinar, a reabilitação de licitantes e contratados tem o efeito de abreviar a vigência da penalidade.

Além disso, a reabilitação de licitantes e contratados dependerá de outras providências mais específicas – como o ressarcimento dos

---

[220] Mesmo em outros ramos do direito que não dizem respeito ao direito sancionador, existe a figura da reabilitação. É o caso do direito ambiental, por exemplo. Os órgãos ambientais estabelecem regras sobre a reabilitação ambiental, que consiste no retorno de uma área degradada a um estado biológico apropriado.

danos à Administração Pública, o pagamento de multas e a adoção de providências que muitas vezes envolverão medidas organizativas e de instituição ou aperfeiçoamento de programas de integridade. Já a reabilitação criminal e a disciplinar normalmente não envolvem esse tipo de providências (com exceção da reparação de danos à vítima na reabilitação criminal).

Apesar dessas diferenças, é relevante o fato de que a reabilitação é um instituto transversal no ordenamento jurídico brasileiro, admitida inclusive no âmbito penal, em que os valores jurídicos levados em consideração na aplicação das penas são os mais sensíveis.

4.5 Breve retrospectiva do tratamento da reabilitação de licitantes e contratados no direito brasileiro

A Lei 14.133/2021 trata da figura da reabilitação de licitantes e contratados com um certo detalhamento. Ainda que as disposições do art. 163 possam ser criticadas – por alguns fatores que serão examinados à frente –, o fato é que a Lei 14.133/2021 representa um avanço na disciplina da reabilitação existente até então.

Cabe aqui um breve histórico.

O Decreto-Lei 200/1967, embora previsse as sanções de suspensão do direito de licitar e de declaração de inidoneidade (art. 136, incisos II e III), não continha nenhuma regra sobre reabilitação de licitantes.

Posteriormente, o Decreto-Lei 2.300/1986, no art. 73, inciso IV, passou a prever que a declaração de inidoneidade para licitar e contratar deveria permanecer em vigor "enquanto perdurarem os motivos determinantes da punição". Portanto, ao menos previu que a declaração de inidoneidade poderia ser extinta a partir do momento em que cessassem os motivos que conduziram à aplicação da sanção. Já se tratava de um avanço, na medida em que a penalidade poderia ser extinta a partir do momento em que se demonstrasse que ela deixou de ser necessária.

Entretanto, a redação desse dispositivo veio a ser complementada pelo Decreto-Lei 2.360/1987. A norma passou a prever que a declaração de inidoneidade se dava perante a Administração Pública Federal e que ela deveria se estender não só "enquanto perdurarem os motivos determinantes da punição", mas também "até que seja promovida a reabilitação, perante a própria autoridade que aplicou a penalidade".

Portanto, passou a haver uma dupla possibilidade de extinção da declaração de inidoneidade – que era uma penalidade sem prazo máximo de vigência na legislação da época. Essa sanção poderia ser extinta de duas formas: (i) com a demonstração de que os motivos determinantes da punição não se fazem mais presentes, ou (ii) com a promoção da reabilitação perante a autoridade que aplicou a penalidade. Não havia nenhum detalhamento acerca dos requisitos necessários, nem mesmo sobre procedimentos e prazos.

Cerca de sete anos depois de iniciar sua vigência, o Decreto-Lei 2.300/1986 foi revogado pela Lei 8.666/1993, que passou a ser a lei geral de licitações e contratos administrativos. A reabilitação passou a ser tratada no inciso IV do art. 87 da Lei 8.666/1993. Basicamente, o dispositivo repetiu a redação contida no art. 73, inciso IV, do Decreto-Lei 2.300/1986 (com a redação conferida pelo Decreto-Lei 2.360/1987), mas acrescentando-se uma complementação: a de que a reabilitação "será concedida sempre que o contratado ressarcir a Administração pelos prejuízos resultantes e após decorrido o prazo da sanção aplicada com base no inciso anterior".

Com isso, manteve-se a dupla possibilidade de extinção da declaração de inidoneidade: (i) desaparecimento dos motivos determinantes da punição e (ii) reabilitação do interessado, sendo que foram criados dois requisitos (ainda muito singelos) para a sua implementação (ressarcimento de danos pelo interessado e decurso de um prazo mínimo).

Nunca se deu muita atenção à primeira hipótese de extinção da declaração de inidoneidade, referente ao desaparecimento dos motivos determinantes da punição. Um dos poucos doutrinadores que chamavam a atenção para o tema era Hely Lopes Meirelles, ainda na vigência do Decreto-Lei 2.300/1986. O doutrinador defendia a possibilidade de "cancelamento" da declaração de inidoneidade. Sustentava que esse cancelamento poderia ocorrer "desde que afastada a diretoria, a equipe técnica ou o profissional responsável pelas falhas contratuais e técnicas, pois, cessada a causa, devem cessar os efeitos da sanção",[221] uma vez que "são contra a índole do Direito as interdições administrativas perpétuas".[222]

---

[221] MEIRELLES, Hely Lopes. *Direito administrativo brasileiro*. 16. ed., 2. tir., São Paulo: RT, 1991, p. 220 (última edição publicada antes do falecimento do doutrinador). A mesma passagem constou também de sua obra específica sobre licitações e contratos administrativos: MEIRELLES, Hely Lopes. *Licitação e contrato administrativo*. 7. ed. São Paulo: RT, 1987.

[222] MEIRELLES, Hely Lopes. *Direito administrativo brasileiro*. 16. ed., 2. tir., São Paulo: RT, 1991, p. 220.

Portanto, já se defendia há muito tempo que a declaração de inidoneidade, que, segundo Hely Lopes Meirelles, tinha a função precípua de proteger a Administração Pública,[223] poderia ser cancelada caso fossem adotadas providências que demonstrassem a superação dos motivos que conduziram à aplicação da sanção. O entendimento, extraído da norma então vigente, não deixa de ser a origem do que atualmente se entende por autossaneamento de licitantes em sentido amplo, ou seja, a possibilidade de adoção de providências que tenham por efeito a recuperação da confiabilidade do interessado para que ele possa participar de licitações e contratações públicas.

Com relação à reabilitação, a Lei 8.666/1993 previa que ela ocorreria perante a autoridade que aplicou a penalidade e passou a prever os únicos dois requisitos para o seu cabimento: (i) ressarcimento da Administração pelos prejuízos resultantes e (ii) decurso de prazo mínimo de aplicação da sanção do inciso anterior, que era a suspensão do direito de licitar e o impedimento de contratar com a Administração Pública por até dois anos.

Em relação à reabilitação, como se vê, a Lei 8.666/1993 era um pouco mais detalhada do que a legislação até então em vigor, muito embora continuasse bastante econômica em suas previsões. Não havia nenhum procedimento mínimo a ser seguido, e foram previstos apenas dois requisitos: ressarcimento da Administração e decurso de um prazo mínimo.

A previsão acerca do decurso do prazo mínimo inclusive gerava dúvidas. O entendimento mais adequado parecia ser o de que o prazo mínimo para que ocorresse a reabilitação era de dois anos, uma vez que esse era o prazo máximo da sanção de suspensão do direito de licitar e impedimento para contratar.[224] Mas a previsão, de fato, era um tanto confusa.

---

[223] "(...) resguardando a Administração contra maus contratados", nas palavras de Hely Lopes Meirelles (MEIRELLES, Hely Lopes. *Direito administrativo brasileiro*. 16. ed., 2. tir., São Paulo: RT, 1991, p. 221). Aliás, note-se como era atual a visão de Hely Lopes Meirelles a respeito do que defendemos aqui como critérios finalístico e consequencialista (conforme exposto no Capítulo 3). Segundo o doutrinador: "O que caracteriza a inidoneidade é o dolo ou a reiteração de falhas do profissional ou da empresa. O erro é uma contingência humana e, quando não há má-fé ou reincidência decorrente de culpa grave, deve ser punido com penalidade mais branda que a declaração de inidoneidade, que pode acarretar a ruína no infrator" (MEIRELLES, Hely Lopes. *Direito administrativo brasileiro*. 16. ed., 2. tir., São Paulo: RT, 1991, p. 220). O doutrinador, portanto, defendia que a declaração de inidoneidade era uma penalidade excepcional, que só poderia ser aplicada a situações extremas, inclusive porque pode levar à extinção da empresa-alvo.

[224] Sobre o assunto, confira-se: SCHWIND, Rafael Wallbach. Reabilitação de empresas declaradas inidôneas pela Administração Pública. *In*: WALD, Arnoldo; JUSTEN FILHO,

Sob a Lei 8.666/1993, portanto, a declaração de inidoneidade era a única penalidade que admitia reabilitação. Entretanto, essa medida não abreviava o prazo de aplicação da penalidade. Na prática, a penalidade deixava de ser perpétua, uma vez que não havia prazo máximo para sua vigência. O período mínimo de aplicação era de dois anos caso o particular obtivesse o reconhecimento da reabilitação.

A pouca importância que a Lei 8.666/1993 dava ao instituto da reabilitação provavelmente decorria da sua orientação mais voltada à simples punição de licitantes e contratados que atuassem mal. Na época (primeira metade dos anos 1990), não havia preocupações no Brasil com instrumentos formais de integridade nem códigos de ética. A legislação não previa nenhum mecanismo de incentivo à adoção desse tipo de providência. Cuidava apenas de prever punições aos licitantes e contratados que incorressem em descumprimentos de previsões contratuais ou normativas. Quando muito, previam-se prazos máximos para o afastamento dos licitantes do mercado de contratações públicas (especificamente em relação à suspensão do direito de licitar e impedimento de contratar).

A legislação editada na mesma época ou supervenientemente também não se preocupava com a reabilitação de licitantes. Apenas previa a possibilidade de afastamento dos infratores do mercado de contratações públicas e estabelecia prazos máximos para esse afastamento. É o caso, por exemplo, da Lei de Improbidade Administrativa (art. 12 da Lei 8.429/1992, em sua redação original),[225] da Lei Orgânica

---

Marçal; PEREIRA, Cesar Augusto Guimarães (coord.). *O direito administrativo na atualidade*: estudos em homenagem ao centenário de Hely Lopes Meirelles (1917-2017). São Paulo: Malheiros, 2017, p. 974-992.

[225] Art. 12 da Lei 8.429/1992 (em sua redação original): "Art. 12. Independentemente das sanções penais, civis e administrativas, previstas na legislação específica, está o responsável pelo ato de improbidade sujeito às seguintes cominações: I - na hipótese do art. 9º, perda dos bens ou valores acrescidos ilicitamente ao patrimônio, ressarcimento integral do dano, quando houver, perda da função pública, suspensão dos direitos políticos de oito a dez anos, pagamento de multa civil de até três vezes o valor do acréscimo patrimonial e *proibição de contratar com o Poder Público* ou receber benefícios ou incentivos fiscais ou creditícios, direta ou indiretamente, ainda que por intermédio de pessoa jurídica da qual seja sócio majoritário, *pelo prazo de dez anos*; II - na hipótese do art. 10, ressarcimento integral do dano, perda dos bens ou valores acrescidos ilicitamente ao patrimônio, se concorrer esta circunstância, perda da função pública, suspensão dos direitos políticos de cinco a oito anos, pagamento de multa civil de até duas vezes o valor do dano e *proibição de contratar com o Poder Público* ou receber benefícios ou incentivos fiscais ou creditícios, direta ou indiretamente, ainda que por intermédio de pessoa jurídica da qual seja sócio majoritário, *pelo prazo de cinco anos*; III - na hipótese do art. 11, ressarcimento integral do dano, se houver, perda da função pública, suspensão dos direitos políticos de três a cinco anos, pagamento de multa civil de até cem vezes o valor da remuneração percebida pelo

do TCU (art. 46 da Lei 8.443/1992)[226] e da então Lei do Pregão (art. 7º da Lei 10.520/2002).[227] Todas essas leis previam a possibilidade de afastamento dos particulares do mercado de contratações públicas, mas nenhuma delas se preocupava em estabelecer regras sobre reabilitação. Não previam mecanismos de consensualidade nem incentivavam a adoção de mecanismos de integridade – temas que, de fato, não eram objeto de preocupações na época.

Essa sistemática de se colocar o licitante infrator numa espécie de *"doghouse"*, afastando-o das licitações e contratações administrativas, muitas vezes sem a definição de um prazo máximo da sanção, era no mínimo bastante questionável. Ainda que se admita a existência de objetivos punitivos (em certa medida) com os afastamentos previstos em lei, não se pode afirmar que o simples decurso do tempo fará com que sejam instituídas novas práticas. A declaração de inidoneidade equivalia praticamente a uma pena de morte para as empresas infratoras. Já quando a legislação se limitava a prever prazos máximos, sem dar atenção à reabilitação, acabava partindo do pressuposto de que, atingido o limite temporal estabelecido, o particular estaria novamente apto a celebrar contratações com o poder público – ainda que não tivesse tomado nenhuma providência para aperfeiçoar suas práticas de controle e integridade. Entretanto, o simples decurso do tempo não faz com que as relações público-privadas sejam alçadas a novos patamares de integridade.

O fato é que o cancelamento da declaração de inidoneidade e a reabilitação, embora presentes na Lei 8.666/1993 e com uma certa evolução em relação à legislação anterior, ainda eram objeto de previsões muito tímidas e insuficientes.

---

agente e *proibição de contratar com o Poder Público* ou receber benefícios ou incentivos fiscais ou creditícios, direta ou indiretamente, ainda que por intermédio de pessoa jurídica da qual seja sócio majoritário, *pelo prazo de três anos"*.

[226] Art. 46 da Lei 8.443/1992: "Verificada a ocorrência de fraude comprovada à licitação, o Tribunal declarará a inidoneidade do licitante fraudador para participar, por até cinco anos, de licitação na Administração Pública Federal".

[227] Art. 7º da Lei 10.520/2002 (posteriormente revogada pela Lei 14.133/2021): "Quem, convocado dentro do prazo de validade da sua proposta, não celebrar o contrato, deixar de entregar ou apresentar documentação falsa exigida para o certame, ensejar o retardamento da execução de seu objeto, não mantiver a proposta, falhar ou fraudar na execução do contrato, comportar-se de modo inidôneo ou cometer fraude fiscal, *ficará impedido de licitar e contratar com a União, Estados, Distrito Federal ou Municípios* e, será descredenciado no Sicaf, ou nos sistemas de cadastramento de fornecedores a que se refere o inciso XIV do art. 4o desta Lei, *pelo prazo de até 5 (cinco) anos*, sem prejuízo das multas previstas em edital e no contrato e das demais cominações legais".

Diante disso, parece-nos inegável que a Lei 14.133/2021 representa um avanço significativo no tema da reabilitação. Apesar de também ser econômica no tratamento do tema, suas regras sobre reabilitação têm um detalhamento maior do que a presente na legislação anterior.[228]

4.6 Aspectos gerais da reabilitação na Lei 14.133/2021

A partir da entrada em vigor da Lei 14.133/2021, que foi editada num momento histórico bem mais avançado em relação a práticas de integridade, é visível que houve uma evolução a respeito das regras de reabilitação.

Neste ponto, convém examinar algumas dessas previsões – ressalvando-se que os requisitos para a reabilitação serão tratados de modo mais detalhado no Capítulo 5.

4.6.1 Âmbito de aplicação da reabilitação

A Lei 14.133/2021 ampliou o âmbito de aplicação da reabilitação.

Antes da Lei 14.133/2021, a reabilitação era uma possibilidade aplicável apenas às declarações de inidoneidade. Era assim no Decreto-Lei 2.300/1986 (art. 73, inciso IV) e na Lei 8.666/1993 (art. 87, inciso IV). Não se previa a possibilidade de reabilitação para licitantes apenados com a suspensão do direito de licitar e impedimento de contratar.

A partir da edição da Lei 14.133/2021, a reabilitação passou a ser uma possibilidade não só aos apenados com a declaração de inidoneidade, mas também aos licitantes e contratados que sofreram a penalidade de impedimento de licitar e contratar com a Administração

---

[228] Antes da Lei 14.133/2021, mas no plano infralegal, merece destaque a Portaria 1.214, de 8 de junho de 2020, da Controladoria-Geral da União, que regulamentava especificamente no âmbito da CGU a reabilitação de licitantes declarados inidôneos. O art. 2º da Portaria estabelece como requisitos cumulativos para a concessão da reabilitação: "I - o transcurso do prazo de dois anos sem licitar ou contratar com a Administração Pública a contar da data de publicação do ato que aplicou a sanção de declaração de inidoneidade; II - o ressarcimento integral dos prejuízos causados pela pessoa física ou jurídica, quando apontados pela Administração Pública, em decorrência dos atos que justificaram a aplicação da sanção de declaração de inidoneidade; e III - a adoção de medidas que demonstrem a superação dos motivos determinantes da punição, o que inclui a implementação e a aplicação de programa de integridade, instituído de acordo com os parâmetros estabelecidos pelo art. 42 do Decreto nº 8.420, de 18 de março de 2015". Portanto, a Portaria realmente ia além das previsões da Lei 8.666/1993. Pode-se dizer que os incisos I e II do art. 2º da Portaria foram substancialmente consolidados com a Lei 14.133/2021.

Pública. É o que se verifica no inciso III do art. 163 da Lei 14.133/2021, que se refere às duas penalidades.

A ampliação do âmbito de aplicação da reabilitação pela Lei 14.133/2021 apresenta dois pontos positivos.

O primeiro deles é que se aumenta o incentivo a condutas positivas e ao estabelecimento de novas práticas nas relações da Administração Pública com a iniciativa privada. No regime anterior, uma empresa que estivesse com o seu direito de licitar e contratar suspenso simplesmente não podia buscar sua reabilitação porque esta não era uma possibilidade prevista na Lei 8.666/1993. Sob a Lei 14.133/2021, a possibilidade de uma empresa impedida retornar ao mercado de contratações públicas depois de um ano é um incentivo para que ela utilize esse tempo para efetivamente cumprir os requisitos necessários – o que terá o efeito de abreviar o prazo de incidência da penalidade.

O segundo ponto positivo é que a extensão da reabilitação para os casos de impedimento de licitar e contratar corrige uma distorção que existia na legislação anterior. De fato, não havia sentido em se permitir a reabilitação de contratados que sofreram uma penalidade mais grave (declaração de inidoneidade) e não prever a mesma possibilidade para licitantes que sofreram a aplicação de uma penalidade menos grave (suspensão e impedimento do direito de licitar e contratar). Isso derivava do fato de que a reabilitação, à luz da Lei 8.666/1993, não permitia o encurtamento do prazo de vigência da sanção. Por isso, aplicava-se apenas à declaração de inidoneidade, que poderia se estender indefinidamente no tempo, e não à suspensão do direito de licitar. Ocorre que a suspensão do direito de licitar e contratar, tal como a declaração de inidoneidade, igualmente pode gerar efeitos concretos bastante negativos ao contratado. Afinal, afasta o particular das contratações públicas por período que pode se alongar significativamente, ainda que tenha um prazo final previamente definido. Assim, é bastante lógico que também os licitantes e contratados impedidos possam buscar a sua reabilitação.

4.6.2 Estabelecimento mais detalhado das exigências para reabilitação

O art. 163 da Lei 14.133/2021 estabelece uma relação de exigências que deverão ser cumpridas cumulativamente para que os licitantes obtenham sua reabilitação. São elas: (i) reparação integral do dano causado à Administração Pública, (ii) pagamento da multa, (iii) transcurso do prazo mínimo de um ano de impedimento de licitar ou três anos de declaração de inidoneidade, (iv) cumprimento de condições de reabilitação definidas no ato punitivo e (v) análise jurídica prévia com posicionamento conclusivo a respeito dos requisitos estabelecidos, sendo que (vi) para certas situações, a reabilitação exigirá a implantação ou o aperfeiçoamento de programa de integridade pelo interessado.

A análise detalhada dessas exigências será feita no Capítulo 5.

Por ora, deve-se observar que houve um detalhamento muito maior dos requisitos para a reabilitação em comparação com o que previa a Lei 8.666/1993. Sob um certo ângulo, a reabilitação passou a ter regras inclusive mais criteriosas do que antes, uma vez que foram instituídos requisitos até então não previstos na legislação.

Outra evolução relevante é que eventuais requisitos adicionais para a reabilitação devem estar previstos já na decisão que aplicou a penalidade (art. 163, inciso IV, da Lei 14.133/2021). Isso obriga a autoridade a fazer um exercício de refletir sobre a penalidade do ponto de vista de quais medidas são necessárias para superar a sua aplicação. Ademais, permite-se maior segurança jurídica ao apenado, que terá consciência das providências a tomar logo a partir do momento em que a medida é aplicada.

4.6.3 Comparação com os requisitos para o *self-cleaning* no direito comunitário europeu e norte-americano

Ainda nesta aproximação inicial, e com o objetivo de verificar o alinhamento da reabilitação com práticas bem-sucedidas de outros sistemas legais, é interessante fazer uma comparação das exigências para reabilitação da Lei 14.133/2021 com as exigências do *self-cleaning* do direito comunitário europeu e da redução do período de *debarment* no direito norte-americano.

A Diretiva 2014/24/EU da União Europeia prevê como requisitos para o *self-cleaning* (i) o ressarcimento de danos ou pelo menos a adoção das medidas para ressarcir os danos causados, (ii) o esclarecimento integral dos fatos e circunstâncias por meio de uma colaboração ativa com as autoridades responsáveis, e (iii) a adoção de medidas concretas de ordem técnica, organizativa e de pessoal que sejam adequadas para evitar que outras infrações penais ou faltas graves venham a ocorrer.[229]

---

[229] O art. 57º(6) da Diretiva 2024/14/EU prevê o seguinte: "o operador econômico deve provar que ressarciu ou que tomou medidas para ressarcir eventuais danos causados pela infração penal ou pela falta grave, esclareceu integralmente os fatos e as circunstâncias

Já no direito norte-americano, o item 9.406-4(c) da FAR estabelece a possibilidade de redução do prazo de vigência do *debarment* pelas seguintes razões: (i) descoberta de novas provas, (ii) reversão da condenação criminal ou civil que embasou o *debarment*, (iii) mudança de boa-fé na propriedade ou gestão da empresa, (iv) eliminação de outras causas em função das quais o *debarment* foi imposto, e (v) outras razões que a autoridade competente considere apropriadas.

É interessante notar que os sistemas brasileiro, europeu e norte-americano exigem requisitos bastante diferentes. Para se cotejar os três sistemas, adotam-se aqui os seguintes eixos de comparação: (i) reparação de danos, (ii) recolhimento de multa, (iii) medidas de reorganização empresarial, (iv) prazo mínimo de incidência da penalidade, (v) medidas de colaboração, (vi) abertura para o estabelecimento de requisitos adicionais e (vii) possibilidade de reabilitação em função de causas externas.

4.6.3.1 Reparação de danos

A reabilitação no Brasil exige reparação de danos pelo infrator, assim como no direito comunitário europeu. Lá, entretanto, o sistema se contenta *expressamente* com a adoção de medidas *destinadas a reparar os danos* causados, ou seja, não exige propriamente que a reparação já tenha ocorrido. No Brasil, de todo modo, a mesma lógica pode ser aplicada, como se verá ao longo deste estudo.

Já nos Estados Unidos, a extinção antecipada do *debarment* não é condicionada à reparação de danos, embora essa possa ser uma condição fixada pela autoridade competente em cada caso, se reputá-la apropriada. De todo modo, mesmo que a reparação de danos não seja uma condição para a extinção antecipada do *debarment*, é evidente que o Estado poderá buscar a reparação junto ao contratado penalizado.

4.6.3.2 Recolhimento de multa

A reabilitação no Brasil exige expressamente o pagamento da multa aplicada ao particular. No direito comunitário europeu, a Diretiva 2014/24/EU não exige pagamento de multa como condição para

---

através de uma colaboração ativa com as autoridades responsáveis pelo inquérito e tomou as medidas concretas técnicas, organizativas e de pessoal adequadas para evitar outras infrações penais ou faltas graves".

o *self-cleaning*, mas a doutrina admite essa possibilidade como se viu no Capítulo 1.

Nos Estados Unidos, a FAR não exige pagamento de multa como providência necessária a abreviar o prazo do *debarment*, mas a autoridade competente dispõe de discricionariedade para exigir isso caso entenda pertinente.

4.6.3.3 Medidas de reorganização empresarial

No Brasil, a única exigência legal para a reabilitação, em termos de reorganização empresarial, consiste na criação ou aperfeiçoamento de programas de integridade. E ainda assim, essa exigência é obrigatória por lei apenas em dois casos específicos: quando o interessado apresentou declaração ou documento falso ou quando praticou atos previstos na Lei Anticorrupção.

É claro que o ato de aplicação de penalidade poderá definir outras condições, inclusive de reorganização empresarial mais abrangente do que a instituição de um programa de integridade. Poderá também exigir essas medidas para outras situações que não aquelas previstas nos incisos VIII e XII do art. 155 da Lei 14.133/2021. Mas a lei foi relativamente tímida em relação às medidas dessa natureza.

Quanto a isso, a Lei 14.133/2021 destoa da Diretiva 24/2014/EU e da FAR.

A Diretiva exige, para o *self-cleaning*, que o particular adote medidas concretas, técnicas, organizativas e de pessoal adequadas para evitar outras infrações penais ou faltas graves. Isso pode envolver, por exemplo, a própria reorganização da estrutura empresarial, não só a criação de um programa de integridade.

A FAR, por sua vez, prevê que mudanças de boa-fé na propriedade e na gestão da empresa podem levar à redução do prazo de *debarment*. A regra pode contemplar, portanto, alterações estruturais propriamente ditas, que não se restrinjam à instituição e ao aperfeiçoamento de programas de integridade.

4.6.3.4 Prazo mínimo de aplicação da penalidade de afastamento

A reabilitação de licitantes no Brasil só pode acontecer depois de transcorridos prazos mínimos (um ano no caso do impedimento e três anos no caso da declaração de inidoneidade).

Neste ponto, o direito brasileiro destoa do comunitário europeu e do norte-americano, que não exigem o cumprimento de nenhum prazo mínimo da medida sancionadora aplicada. Em relação ao prazo de cumprimento da penalidade, a Diretiva 2014/24/EU apenas estabelece que, nos afastamentos aplicados pelo Judiciário, o particular só pode requerer o seu retorno ao mercado de contratações públicas depois de finalizado o prazo dessa sanção. Mas não há regra dessa natureza para os afastamentos aplicados pela própria Administração Pública. Há apenas limites máximos de período de exclusão,[230] e não uma previsão de período mínimo de exclusão quando houver o *self-cleaning* do interessado. Já o direito norte-americano é silente sobre a questão.

4.6.3.5 Medidas de colaboração

O sistema comunitário europeu é o único que prevê expressamente a adoção de medidas de colaboração pelo interessado para que ele obtenha o *self-cleaning*. De fato, um dos requisitos exigidos pela Diretiva 2014/24/EU é o esclarecimento dos fatos e das circunstâncias por meio de uma colaboração ativa com as autoridades responsáveis pelas apurações.

No Brasil e nos Estados Unidos, esse dever de colaboração não é previsto expressamente, seja nas regras de reabilitação da Lei 14.133/2021, seja na previsão da FAR relacionada à redução do período de *debarment*. No entanto, é plenamente possível que essas medidas possam ser previstas no ato punitivo no Brasil ou que sejam consideradas pela autoridade norte-americana responsável pelo *debarment*.

Além disso, o dever de colaboração é uma providência típica de acordos de leniência, que podem ser um instrumento para viabilizar a reabilitação de licitantes e contratados, conforme visto no Capítulo 3.

---

[230] O art. 57º, item 7, da Diretiva 2014/24/EU, estabelece que cabe aos Estados-membros definir os períodos máximos de exclusões para o caso de o particular não adotar medidas de *self-cleaning*. Na ausência dessa definição, o período será de no máximo cinco anos para exclusões mandatórias e de três anos para exclusões discricionárias. Nos termos do dispositivo: "Os Estados-Membros devem especificar as condições de aplicação do presente artigo por meio de disposições legislativas, regulamentares ou administrativas e tendo em conta o direito da União. Devem, em particular, determinar o período máximo de exclusão no caso de o operador econômico não ter tomado medidas, como as especificadas no n. 6, para demonstrar a sua fiabilidade. Se o período de exclusão não tiver sido fixado por decisão transitada em julgado, esse prazo não pode ser superior a cinco anos a contar da data da condenação por decisão transitada em julgado nos casos referidos no n. 1 e três anos a contar da data do fato pertinente nos casos referidos no n. 4".

Portanto, embora a Lei 14.133/2021 seja silente em relação a medidas de colaboração por parte do interessado na reabilitação, é possível que haja a sua previsão em casos concretos, inclusive por meio de acordo que pode ser firmado com o particular.

4.6.3.6 Abertura para estabelecimento de requisitos adicionais

O inciso IV do art. 163 da Lei 14.133/2021 prevê expressamente a possibilidade de definição de outras condições para reabilitação, além daquelas já previstas nos demais incisos. É natural que seja assim, uma vez que as peculiaridades de cada caso normalmente se refletirão em condições de reabilitação também específicas para cada situação.

Neste ponto, a lei brasileira é similar à FAR, que prevê a possibilidade de a autoridade competente levar em conta outras razões que considerar apropriadas.

Note-se que, no Brasil, as condições adicionais em questão devem estar previstas no ato punitivo, de modo a proporcionar maior transparência e segurança jurídica. Não se reputa cabível que o particular seja surpreendido por condições de reabilitação estabelecidas de forma extemporânea. Nos Estados Unidos, não há nem mesmo a necessidade dessa previsão. Caberá à autoridade competente avaliar, de forma discricionária, as razões que considerar pertinentes. A diferença se deve ao fato de que se trata de sistemas jurídicos bastante diversos entre si. Nos Estados Unidos, há um espaço maior de discricionariedade.

Já na Diretiva 2014/24/EU, não se estabelece expressamente uma margem de liberdade para a definição de requisitos adicionais para o *self-cleaning*. Apenas se prevê que a avaliação da suficiência dos requisitos levará em conta a gravidade e as circunstâncias específicas da falta cometida, mas não se permite expressamente a criação de requisitos não previstos na Diretiva.

4.6.3.7 Causas externas

Uma questão interessante é que apenas o sistema norte-americano contempla expressamente a relevância de causas externas para que o prazo do afastamento seja abreviado.

De fato, a FAR relaciona os seguintes fatores externos como causas de redução do prazo do *debarment*: a descoberta de novas provas e a reversão de condenação cível ou criminal que havia embasado o *debarment*.

A Lei 14.133/2021 e a Diretiva 2014/24/EU não contêm nenhuma regra determinando que se levem em conta fatores externos como estes. Entretanto, mesmo nesses sistemas, é bastante razoável que fatores como estes devem necessariamente ser considerados, ainda que não estejam previstos expressamente nas normas que tratam de reabilitação. Isso porque eles provocam a própria superação da penalidade aplicada.

No sistema brasileiro, por exemplo, a descoberta de novas provas poderia levar à revisão da penalidade aplicada, com base no instituto da "revisão" previsto no art. 65 da Lei 9.784/1999. Assim, descobrindo-se, supervenientemente, que o particular de fato não praticou o ato que levou à aplicação do impedimento ou da declaração de inidoneidade, a penalidade deverá ser revista e cancelada.[231]

4.6.3.8 Tabelas comparativas

A comparação dos sistemas comunitário europeu, norte-americano e brasileiro de reabilitação pode ser visualizada de modo gráfico abaixo.

Na Tabela 1, podem ser comparadas as redações dos dispositivos pertinentes à reabilitação em cada um dos três sistemas. Ela permite identificar certas semelhanças, mas também várias diferenças na forma de abordagem da problemática em cada um dos sistemas em questão:

---

[231] Art. 65 da Lei 9.784/1999: "Os processos administrativos de que resultem sanções poderão ser revistos, a qualquer tempo, a pedido ou de ofício, quando surgirem fatos novos ou circunstâncias relevantes suscetíveis de justificar a inadequação da sanção aplicada". A aplicação da revisão será aprofundada adiante, ao tratarmos do autossaneamento anômalo.

Tabela 1 – Comparativo dos textos normativos

Brasil Lei 14.133/2021 – art. 163	União Europeia Diretiva 2014/24/EU – art. 57º(6)	Estados Unidos FAR 9.406-4(c)
"Art. 163. É admitida a reabilitação do licitante ou contratado perante a própria autoridade que aplicou a penalidade, exigidos, cumulativamente: I - reparação integral do dano causado à Administração Pública; II - pagamento da multa; III - transcurso do prazo mínimo de 1 (um) ano da aplicação da penalidade, no caso de impedimento de licitar e contratar, ou de 3 (três) anos da aplicação da penalidade, no caso de declaração de inidoneidade; IV - cumprimento das condições de reabilitação definidas no ato punitivo; V - análise jurídica prévia, com posicionamento conclusivo quanto ao cumprimento dos requisitos definidos neste artigo. Parágrafo único. A sanção pelas infrações previstas nos incisos VIII e XII do caput do art. 155 desta Lei exigirá, como condição de reabilitação do licitante ou contratado, a implantação ou aperfeiçoamento de programa de integridade pelo responsável."	"6. Qualquer operador econômico que se encontre numa das situações referidas nos nºs 1 e 4 pode fornecer provas de que as medidas por si tomadas são suficientes para demonstrar a sua fiabilidade não obstante a existência de uma importante causa de exclusão. Se essas provas forem consideradas suficientes, o operador econômico em causa não é excluído do procedimento de contratação. Para o efeito, o operador econômico deve provar que ressarciu ou que tomou medidas para ressarcir eventuais danos causados pela infração penal ou pela falta grave, esclareceu integralmente os fatos e as circunstâncias através de uma colaboração ativa com as autoridades responsáveis pelo inquérito e tomou as medidas concretas técnicas, organizativas e de pessoal adequadas para evitar outras infrações penais ou faltas graves. As medidas tomadas pelos operadores econômicos são avaliadas tendo em conta a gravidade e as circunstâncias específicas da infração penal ou falta cometida. Caso as medidas sejam consideradas insuficientes, o operador econômico recebe uma exposição dos motivos dessa decisão. Um operador econômico que tenha sido excluído, por decisão transitada em julgado, de participar em procedimentos de contratação pública ou concessão não pode recorrer à possibilidade prevista no presente número durante o período de exclusão resultante dessa decisão nos Estados-Membros onde esta produz efeitos."	"(c) O *debarring official* pode reduzir o período ou extensão do *debarment*, mediante solicitação do contratante, apoiada por documentação, por motivos como: (1) Nova evidência material descoberta; (2) Reversão da condenação ou do julgamento civil que fundamentou o *debarment*; (3) Mudança legítima na propriedade ou gestão [da empresa penalizada]; (4) Eliminação de outras causas pelas quais o *debarment* foi imposto; ou (5) Outros motivos que o oficial responsável pela proibição considere apropriados."

Fonte: Elaboração própria.

Na Tabela 2, é possível comparar os três sistemas considerando cada tema examinado:

Tabela 2 – Comparativo dos requisitos para *self-cleaning* ou reabilitação

Requisito	Brasil	União Europeia	Estados Unidos
Reparação dos danos	Requisito obrigatório pela Lei.	Requisito obrigatório. Admite também a comprovação de que o interessado "tomou medidas" para ressarcir os danos.	Não é um requisito obrigatório, mas a Administração pode buscar a reparação ou prever essa necessidade como requisito no caso concreto.
Recolhimento de multa	Requisito obrigatório pela Lei.	Não é requisito obrigatório, embora possa ser exigido pela autoridade competente.	Não é requisito obrigatório, embora possa ser exigido pela autoridade competente.
Medidas de reorganização empresarial	A Lei prevê apenas a criação ou aperfeiçoamento de programa de integridade para duas situações específicas. Mas é possível exigir medidas de reorganização empresarial em cada caso.	A Diretiva prevê a necessidade de tomada de medidas concretas técnicas, organizativas e de pessoal adequadas para evitar outras infrações penais ou faltas graves.	A FAR prevê que seja levada em conta a boa-fé na alteração da propriedade ou da gestão da empresa.
Transcurso de prazo mínimo sob a vigência da penalidade	A Lei prevê prazo mínimo para a incidência da penalidade (um ano para impedimento e três anos para declaração de inidoneidade).	Não prevê prazo mínimo (apenas estabelece que não é possível pedir a reabilitação no curso do prazo da penalidade aplicada judicialmente).	Não prevê prazo mínimo de vigência da penalidade.
Esclarecimento de fatos e circunstâncias por meio de colaboração	Não é uma exigência legal, mas pode ser prevista em cada situação concreta, inclusive por meio de acordo entre Administração Pública e particular.	É uma exigência normativa da Diretiva 2014/24/EU.	Não é uma exigência da FAR, mas pode ser exigida na avaliação da autoridade competente acerca da suficiência das medidas.
Abertura do sistema para formulação de exigências adicionais	É uma possibilidade prevista no inciso IV do art. 163.	Não há previsão expressa na Diretiva.	Há liberdade para que a autoridade competente examine a eliminação das causas de aplicação da penalidade.
Causas externas (reversão da decisão condenatória e eliminação de outras causas) para fins de exclusão da penalidade	Não há previsão expressa na Lei 14.133/2021, mas é possível por meio do instituto da revisão (art. 65 da Lei 9.784/1999).	Não há previsão expressa, mas é possível.	Não há previsão expressa, mas é possível.

Fonte: Elaboração própria.

Como se verifica a partir das comparações acima, os três sistemas guardam similitudes marcantes, ainda que não haja uma coincidência total das normas.

Especificamente no caso da reabilitação de licitantes e contratados no Brasil, a comparação é salutar porque certos mecanismos previstos nos outros sistemas podem servir de inspiração para o estabelecimento de requisitos similares no país.

4.7 Considerações gerais

A Lei 14.133/2021 promoveu um aprimoramento significativo das regras sobre reabilitação de licitantes em comparação com as leis anteriores. Seus dispositivos são o resultado de uma longa evolução histórica e estão alinhados com práticas de diversos países. As similitudes em especial com as regras sobre *self-cleaning* da União Europeia são evidentes.

Feitas essas considerações iniciais, passa-se ao exame dos requisitos para a reabilitação no capítulo que segue.

CAPÍTULO 5

REQUISITOS PARA A REABILITAÇÃO DE LICITANTES E CONTRATADOS

5.1 Introdução

O art. 163 da Lei 14.133/2021 estabelece os requisitos que precisam ser observados para que haja a reabilitação de licitantes e contratados.

Quatro requisitos gerais devem ser cumpridos pelo interessado na reabilitação: (i) reparação integral do dano causado à Administração Pública, (ii) pagamento da multa, (iii) transcurso de prazo mínimo que varia de acordo com a penalidade aplicada e (iv) cumprimento das obrigações definidas no ato punitivo. Há ainda um quinto requisito, exigido pela lei apenas a situações específicas, que consiste na implantação ou aperfeiçoamento de programa de integridade pelo responsável.

Além disso, foi estabelecido um requisito que deve ser cumprido pela própria Administração Pública, que é a análise jurídica prévia do cumprimento dos requisitos.

Neste capítulo, serão examinados os requisitos em questão, com exceção da análise jurídica prévia, que será tratada no capítulo seguinte, sobre questões procedimentais na reabilitação.

5.2 Reparação integral do dano causado à Administração Pública

O primeiro requisito para a reabilitação do licitante ou contratado é que ele repare integralmente o dano causado à Administração Pública (art. 163, inciso I, da Lei 14.133/2021).

Esse requisito merece algumas digressões.

5.2.1 O compromisso com a seriedade da reabilitação

O compromisso do particular com a efetiva reparação integral dos danos causados à Administração Pública reflete a assertividade do seu propósito de reabilitação. Duvida-se da seriedade do compromisso do particular com o autossaneamento dos problemas identificados se ele não promove efetivamente a reparação dos danos provocados à Administração. E mais: se esse compromisso não envolve a *integralidade* dos danos ocasionados.

É claro que o particular tem o direito de colocar em dúvida a própria existência de um dano à Administração Pública e de questionar o seu montante. Nem sempre uma conduta que tenha resultado na aplicação de um impedimento de licitar e contratar ou de uma declaração de inidoneidade terá causado efetivamente um dano à Administração. Além disso, pode haver dúvidas concretas sobre o montante a ser reparado. Em situações assim, os questionamentos podem ser pertinentes e não será possível afastá-los com meras presunções. O que não se deve admitir é uma recusa imotivada por parte do particular em reparar um dano quando houver provas efetivas da sua ocorrência e do montante envolvido. A resistência indevida ao dever de reparação de danos muito provavelmente lançará fundadas dúvidas sobre a seriedade da pretensão do particular de se ver reabilitado.

5.2.2 A integralidade da reparação

A reparação dos danos deverá ser integral, ou seja, deverá efetivamente cobrir todos os danos causados à Administração Pública.

A aplicação desse requisito poderá gerar certas dificuldades práticas, uma vez que a identificação do dano ocorrido não será tão direta em algumas situações. Poderá haver danos diretos e indiretos, bem como um debate consistente acerca da sua extensão e abrangência.

Como será visto adiante, não há uma fórmula objetiva e geral para a aferição dos danos causados à Administração Pública. O importante é que haja razoabilidade e racionalidade na sua identificação e quantificação. De um lado, a ausência de consideração de danos que efetivamente foram causados pelo contratado acaba por contrariar a determinação legal de sua reparação. De outro, a alegação da ocorrência de danos sem comprovação efetiva será indevida e obstaculizará uma reabilitação eventualmente devida.

5.2.3 O nexo causal entre as condutas penalizadas e o dano ocasionado

Deverá haver um nexo causal entre os danos objeto da reparação e as condutas que resultaram na aplicação do impedimento ou declaração de inidoneidade. Danos sem relação com tais condutas serão irrelevantes para fins de reabilitação.

A exigência de reparação de danos que não tenham relação com as condutas que levaram à aplicação do impedimento ou da declaração de inidoneidade incorreria em duas invalidades. A uma, seria um desvio de finalidade e um abuso de direito por parte da Administração Pública, que não pode se aproveitar do interesse do particular em obter sua reabilitação para impor a ele valores não devidos ou sem relação com os fatos ocorridos. A duas, haveria um efeito similar ao do *bis in idem*, estendendo-se os efeitos do impedimento ou da declaração de inidoneidade a ocorrências que não tinham a mesma gravidade e que eventualmente nem se enquadram nas hipóteses legais que em tese dão ensejo à aplicação dessas penalidades.

Na prática, apontar danos que não têm relação com a conduta que levou à aplicação do impedimento ou da declaração de inidoneidade significaria prejudicar ou até mesmo inviabilizar a possibilidade de reabilitação.

Não se discute aqui a possibilidade em tese de haver outros danos sofridos pela Administração Pública, inclusive por ação ou omissão do próprio particular que pretende a sua reabilitação. Entretanto, se esses danos não têm relação com a conduta objeto do impedimento ou da declaração de inidoneidade (sendo referentes a outros contratos e outras licitações, por exemplo), sua reparação não pode ser imposta como um requisito para a reabilitação. O inciso I do art. 163 da Lei 14.133/2021, ao se referir à reparação integral "do dano causado à Administração Pública", claramente está se referindo ao dano que tem relação com a conduta objeto do impedimento ou inidoneidade. Não se refere a todo e qualquer dano que não guarde uma relação de causalidade com a conduta em questão.

5.2.4 Danos causados necessariamente à Administração Pública

O inciso I do art. 163 da Lei 14.133/2021 exige a reparação do dano causado "à Administração Pública" especificamente. A reparação de eventuais danos ocasionados a terceiros (por exemplo, concorrentes que perderam a possibilidade de celebrar um contrato com a Administração em decorrência de um ato ilícito praticado na licitação) não é requisito legal para a reabilitação do interessado.

A opção normativa poderia ser diferente. No direito comunitário europeu, por exemplo, admite-se que o *self-cleaning* de uma empresa excluída de contratações públicas seja condicionado à reparação de danos provocados por ela a terceiros em decorrência do ato que resultou na sua exclusão. Há diversas discussões, por exemplo, sobre a reparação de danos concorrenciais ocasionadas pelo contratado que busca seu autossaneamento. Entretanto, o inciso I do art. 163 da Lei 14.133/2021 não tem a mesma abrangência. Optou-se por condicionar a reabilitação do interessado à reparação de danos ocasionados especificamente à Administração Pública.

5.2.5 Situações em que não há dano efetivo à Administração Pública

A reparação de danos provocados à Administração Pública como requisito de reabilitação parte de um pressuposto lógico: o de que sua aplicação só poderá ser exigida quando efetivamente houver sido causado um dano. Caso a conduta que levou à aplicação da penalidade não tenha gerado danos à Administração Pública, não há que se falar em reparação como requisito para a reabilitação do interessado. Não haverá o que reparar.

Note-se que a hipótese de ausência de dano não é um mero exercício teórico. Em certas situações, apesar de ter havido um fato de tamanha gravidade que tenha levado à aplicação de um impedimento ou declaração de inidoneidade, pode não ter sido ocasionado nenhum dano concreto à Administração. Inexistindo dano, evidentemente não haverá o que reparar e, portanto, a reabilitação do interessado não ficará condicionada a qualquer reparação.

Suponha-se, por exemplo, situação em que o particular tenha apresentado uma declaração falsa, mas essa conduta, embora reprovável e objeto de sancionamento, não tenha causado nenhuma consequência negativa à Administração, nem mesmo em termos de atraso na condução do certame e da contratação. Em situações desse tipo, cumpridos os demais requisitos legais e os que tenham sido eventualmente estabelecidos na decisão que aplicou a penalidade, o particular terá direito à sua reabilitação mesmo sem a reparação de danos. Não se pode reparar um dano que não existe.

5.2.6 Natureza jurídica da reparação de dano

É importante compreender a natureza jurídica da reparação de danos.

Reparação de danos não é sanção. Seu conteúdo é restitutório, e não disciplinar. A imposição de uma reparação de danos não tem função repressiva, punitiva, mas reparatória. Busca-se reparar um prejuízo sofrido pela Administração, e não causar uma aflição ao particular.[232]

Algumas normas não deixam clara a natureza da reparação de danos. Por exemplo, a Lei 8.429/1992 previa o "ressarcimento integral do dano" dentre as "penas" aplicáveis por ato de improbidade (art. 12, incisos I a III), dando a entender que a reparação de danos seria uma sanção. Entretanto, na reforma introduzida pela Lei 14.230/2021, essa imprecisão foi corrigida. O art. 12 passou a prever que, independentemente do ressarcimento integral dos danos causados, podem ser aplicadas diversas sanções, as quais são relacionadas pelo dispositivo. Portanto, deixou-se claro que reparação de danos não é sanção.

Já a Lei 12.846/2013 não incorreu no mesmo equívoco conceitual que havia na Lei 8.429/1992. O ressarcimento de danos não está previsto como sanção nos dispositivos que estabelecem as sanções aplicáveis na esfera administrativa e judicial (arts. 6º e 19, respectivamente).

Longe de ser uma questão meramente teórica, a correta compreensão da natureza jurídica do ressarcimento tem grande relevância prática.[233] Suponha-se que tenha havido um ato administrativo ou termo de acordo reconhecendo a reabilitação de uma empresa devido ao fato de ela ter cumprido todos os requisitos estabelecidos para o caso concreto, inclusive o pagamento de determinado montante à Administração Pública. Caso o ato ou acordo não tenha qualificado precisamente a que título se deu o recolhimento do valor (se foi a título de multa ou como ressarcimento de danos), poderá haver dúvidas por parte dos

---

[232] OSÓRIO, Fábio Medina. *Direito administrativo sancionador*. 9. ed. São Paulo: RT, 2023, p. 113. O STJ já fixou entendimento nesse sentido: "O ressarcimento não constitui sanção propriamente dita, mas sim consequência necessária do prejuízo causado" (STJ – Resp. 1184897/PE, Rel. Min. Herman Benjamin, j. 15.6.2020).

[233] Sobre a questão, mas no âmbito dos acordos de leniência da Lei Anticorrupção, confira-se: SOUZA, Ana Paula Peresi de. O ressarcimento do dano em acordos de leniência da lei anticorrupção. *Revista Digital de Direito Administrativo*, vol. 8, n. 2, 2021, p. 254-256.

órgãos de controle competentes acerca do efetivo cumprimento dos requisitos legais aplicáveis, o que pode comprometer todo o processo de reabilitação. Evidentemente, questões como a boa-fé do particular devem ser levadas em conta pelo órgão de controle. De todo modo, para se evitar questionamentos como esse, é fundamental que o ato ou acordo caracterizem de forma precisa se o pagamento se deu com a natureza de ressarcimento ou de sanção pecuniária.

A correta compreensão da natureza jurídica do ressarcimento e da sua caracterização no caso concreto pode evitar discussões também sobre a suficiência do valor pago – caso surjam dúvidas sobre a abrangência do dano sofrido pela Administração Pública.

5.2.7 A correta compreensão da reparação de danos

Além da própria natureza jurídica da reparação de danos, é necessário compreender adequadamente em que consiste a reparação de um dano de acordo com o ordenamento jurídico. Embora pareça uma questão trivial, a compreensão do que é reparar um dano é essencial, uma vez que dela derivam decorrências jurídicas concretas.

O art. 389 do Código Civil estabelece que a reparação de um dano é uma decorrência do descumprimento de uma obrigação.[234] O art. 402 prevê que as perdas e danos devidos devem abranger o que a vítima perder (danos emergentes) e também o que ela deixou de lucrar (lucros cessantes).[235] Além disso, o art. 403 dispõe que são perdas e danos indenizáveis aqueles que decorrem "direta e imediatamente" da inexecução.[236]

Em relação à função da indenização, o art. 944, *caput*, do Código Civil prevê que a indenização deve ser medida, em princípio, pela extensão do dano (que é o fundamento legal do princípio da reparação integral do dano contemplado pelo ordenamento brasileiro).[237] Portanto, reparar um dano significa apagar os efeitos do evento lesivo. Esta é a função indenitária decorrente do princípio da reparação integral.

---

[234] "Art. 389. Não cumprida a obrigação, responde o devedor por perdas e danos, mais juros, atualização monetária e honorários de advogado".

[235] "Art. 402. Salvo as exceções expressamente previstas em lei, as perdas e danos devidas ao credor abrangem, além do que ele efetivamente perdeu, o que razoavelmente deixou de lucrar".

[236] "Art. 403. Ainda que a inexecução resulte de dolo do devedor, as perdas e danos só incluem os prejuízos efetivos e os lucros cessantes por efeito dela direto e imediato, sem prejuízo do disposto na lei processual".

[237] "Art. 944. A indenização mede-se pela extensão do dano".

Nesse contexto, é comum a afirmação de que a reparação integral serve para reconduzir o lesado ao *status quo ante*, ou seja, ao estado em que se encontrava antes do evento que lhe provocou a lesão.[238]

Entretanto, embora em muitos casos, notadamente envolvendo responsabilização extracontratual, a indenização devida realmente seja completa com o simples retorno fictício do lesado à situação anterior, nem sempre isso será suficiente. Em certos casos, indenizar a vítima, notadamente em casos de responsabilidade civil contratual, significa colocá-la em uma situação na qual nunca esteve, ou seja, conferir ao lesado algo que ele não tinha antes,[239] que é precisamente a vantagem que ele razoavelmente esperava obter com o cumprimento que não ocorreu por parte do infrator. Trata-se, portanto, de uma adição de algo razoavelmente esperado, mas que a vítima não tinha (uma situação hipotética sem o dano), e não necessariamente de um simples retorno a um *status quo* anterior.

Como ensina Renata C. Steiner, a reparação de danos deve levar em conta a possível presença de interesses tanto negativos quanto positivos. Na reparação do interesse positivo, a indenização busca colocar o lesado na situação em que estaria se o contrato tivesse sido cumprido; já na reparação do interesse negativo, a indenização pretende colocar o lesado na situação em que estaria se não houvesse confiado na perfeita execução do contrato.[240]

O art. 944 do Código Civil, ao estabelecer que a indenização se mede pela extensão do dano, conduz ao entendimento de que a reparação de um dano consiste em colocar o lesado na situação em que estaria se o dano não tivesse ocorrido. Se a indenização restabelecerá a vítima ao *status quo ante* ou se a colocará num *status ad quem* hipotético em que ela nunca esteve, isso vai depender fundamentalmente

---

[238] Gustavo Tepedino, Heloisa Helena Barboza e Maria Celina Bodin de Moraes, por exemplo, afirmam o seguinte: "a ideia consiste em atribuir ampla proteção à vítima, empregando-se todos os esforços para fazê-la retornar ao *status quo* anterior ao prejuízo" (TEPEDINO, Gustavo; BARBOZA, Heloisa Helena; BODIN DE MORAES, Maria Celina. *Código Civil interpretado de acordo com a Constituição da República*. vol. II. Rio de Janeiro: Renovar, 2006, p. 859).

[239] STEINER, Renata C. *Reparação de danos*: interesse positivo e interesse negativo. São Paulo: Quartier Latin, 2018, p. 20.

[240] Conforme Renata C. Steiner: "Enquanto no primeiro caso [interesse positivo] o sentido da reparação é positivo em relação ao pacto – ou seja, confere-se ao lesado uma indenização que o coloca em situação igualmente positiva em relação ao contrato –, no segundo [interesse negativo] ele é negativo, conduzindo-se o lesado à situação em que estaria se não houvesse confiado na perfeita conclusão do contrato" (STEINER, Renata C. *Reparação de danos*: interesse positivo e interesse negativo. São Paulo: Quartier Latin, 2018, p. 20).

das peculiaridades do caso concreto, notadamente do tipo do evento lesivo e do conjunto de consequências aplicáveis, inclusive previstas no próprio contrato celebrado.

Assim, por exemplo, se o contratado praticou no *iter contratual* um ato (*v.g.* um descumprimento contratual integral) que provocou dano à Administração Pública, a reparação integral desse dano não constituirá necessariamente a reposição do contratante ao *status quo ante*, mas a sua colocação em uma posição em que o ente estatal nunca esteve na realidade, mas deveria estar não fosse a ocorrência do ato lesivo que gerou o dano.

Esclareça-se, contudo, que não se trata de colocar a Administração em uma situação irreal, meramente imaginária, mas numa situação que *razoavelmente* poderia se esperar que tivesse acontecido se não fosse o ato praticado pela empresa que foi penalizada com o impedimento ou a declaração de inidoneidade.

Sendo corretamente compreendido que pode haver uma indenização pelo interesse positivo, cumpre observar também que o seu cálculo pode ser de difícil liquidação.[241] A própria conversão de um cumprimento *in natura* em termos pecuniários não configura mero cálculo aritmético e sua aplicação por vezes não se limita a considerar o dano decorrente da resolução contratual. Além disso, em certas situações, notadamente de contratos que não possuam um interesse econômico ou nos quais ele é ilíquido, o ressarcimento estará numa zona cinzenta entre interesse positivo e negativo.

Por fim, será necessário verificar se a Administração adotou providências razoáveis de contenção dos danos, uma vez que há um dever geral de mitigação de danos.[242]

---

[241] STEINER, Renata C. *Reparação de danos:* interesse positivo e interesse negativo. São Paulo: Quartier Latin, 2018, p. 151.

[242] O STJ reconhece o "*princípio do duty to mitigate the loss*" como "consectário da boa-fé objetiva, de acordo com o qual é dever do credor mitigar as suas próprias perdas, sob pena de incorrer em abuso de direito" (STJ – REsp 1.731.351/RS, Rel. Min. Og Fernandes, 2ª T., j. 25.8.2020, DJe 9.9.2020). O princípio é utilizado pela jurisprudência inclusive na quantificação de indenizações eventualmente devidas (STJ – AgInt no REsp 1.831.113/SP, Rel. Min. Nancy Andrighi, 3ª T., j. 21.9.2020, DJe 24.9.2020). O tema não é exclusividade do direito brasileiro. Diversos sistemas nacionais adotam a teoria do "*duty to mitigate the loss*", que foi também incorporado no art. 77 da Convenção de Viena sobre Contratos de Compra e Venda Internacional de Bens: "A parte que invocar o inadimplemento do contrato deverá tomar as medidas que forem razoáveis, de acordo com as circunstâncias, para diminuir os prejuízos resultantes do descumprimento, incluídos os lucros cessantes. Caso não adote estas medidas, a outra parte poderá pedir redução na indenização das perdas e danos, no montante da perda que deveria ter sido mitigada". Há fortes críticas

Note-se que nada do que foi exposto consiste em mero jogo de palavras. Muito embora boa parte da doutrina, ao se referir ao retorno ao *status quo ante*, não exclua a possibilidade de a indenização reparar um interesse positivo, o fato é que a afirmação de retorno ao *status quo ante* é incompleta. Como em muitas situações a reparação para fins de reabilitação do contratado se dará em virtude de atos ocorridos ao longo da execução de um contrato administrativo, envolvendo, portanto, responsabilidades de natureza contratual, é importante que se tenha muito claro o objetivo buscado com a indenização, inclusive porque a reparação de um dano causado à Administração Pública deve ser integral, nos termos do art. 163, inciso I, da Lei 14.133/2021.

5.2.8 A insuficiência dos parâmetros previstos nos normativos da CGU

Bem compreendida a questão sobre a que se refere a reparação de um dano, deve-se examinar como ele é quantificado para fins de reabilitação de licitantes impedidos de participar de licitações e contratações ou declarados inidôneos.

Quanto a isso, é cabível que certos órgãos editem regras específicas estabelecendo critérios gerais para a aferição dos danos que precisam ser reparados para efeitos de reabilitação de contratados. De todo modo, eventuais regras nesse sentido serão meros parâmetros, uma vez que a fixação da reparação efetivamente devida sempre dependerá das peculiaridades de cada situação concreta.

Nesse contexto, a CGU editou a Portaria 1.214, de 8 de junho de 2020 (portanto, anterior à atual lei de licitações e contratações administrativas), que estabelece como requisito para reabilitação o ressarcimento integral dos prejuízos causados em decorrência dos atos que justificaram a sanção aplicada. Esse requisito viria depois a ser contemplado pela Lei 14.133/2021.[243]

A Portaria 1.214/2020 da CGU prevê que a comprovação do ressarcimento dos danos causados à Administração Pública deve

---

inclusive à chamada "crise da cooperação". Por todos, ver: BETTI, Emilio. *Teoria geral das obrigações*. Campinas: Bookseller, 2005, p. 124-125.

[243] A Portaria Normativa 54/2023 da CGU atualizou a Portaria 1.214/2020 de modo a estabelecer expressamente a aplicabilidade desta última também às penalidades aplicadas com base na Lei 14.133/2021.

levar em conta as definições e metodologia da Instrução Normativa CGU/AGU 2, de 16 de maio de 2018.[244]

A rigor, a Instrução Normativa estabeleceu a metodologia de cálculo da multa administrativa prevista no art. 6º, inciso I, da Lei 12.846/2013, a ser aplicada aos acordos de leniência firmados pelo Ministério da Transparência e CGU em relação a atos enquadrados na Lei Anticorrupção. Assim, dado esse âmbito de aplicação, a sua transposição para o cálculo de reparação de danos para fins de reabilitação de licitantes e contratados não pode ser feita de forma descuidada, sob pena de se aplicar conceitos que não se colocam no âmbito de um procedimento de reabilitação.

De todo modo, a Instrução Normativa contém um detalhamento para aferição do montante de ressarcimento, que é composto de três categorias de valores: (i) "somatório de eventuais danos incontroversos atribuíveis às empresas colaboradoras"; (ii) somatório de todas as propinas pagas"; e (iii) "lucro ou enriquecimento que seria razoável se não houvera o ato ilícito".[245]

Ocorre que esse detalhamento incorre em impropriedades conceituais.

O somatório de eventuais valores pagos indevidamente ("propinas") não guarda nenhuma relação com a quantificação de danos causados à Administração Pública. Afinal, um dano não será maior ou menor dependendo da ocorrência de pagamento desse tipo de valor ou do seu montante. Assim, não há por que considerar esse critério na quantificação do dano sofrido pela Administração Pública.

A previsão sobre o lucro ou enriquecimento que seria razoável se não houvesse sido praticado ilícito também não estabelece regra

---

[244] O art. 2º da Portaria 1.214/2020 da CGU estabelece o seguinte: "Art. 2º São requisitos cumulativos para a concessão da reabilitação: (...) II - o ressarcimento integral dos prejuízos causados pela pessoa física ou jurídica, quando apontados pela Administração Pública, em decorrência dos atos que justificaram a aplicação da sanção de declaração de inidoneidade; (...) §1º Para fins de comprovação do disposto no inciso II, serão adotadas as definições e a metodologia constantes da Instrução Normativa CGU/AGU nº 2, de 16 de maio de 2018".

[245] Item 3 do Anexo I da Instrução Normativa 2/2018 CGU/AGU: "3. No que se refere ao ressarcimento aos entes lesados, a orientação vigente sobre o valor a ser ressarcido aos entes públicos lesados, no âmbito de acordo de leniência, consigna dois tipos de rubricas: i. Rubrica com natureza de sanção: a multa administrativa do LAC; e ii. Rubrica com natureza de ressarcimento: a vantagem indevida auferida ou pretendida no âmbito de suas relações com a administração pública em geral. *Composta por três categorias de valores, a saber: 1. somatório de eventuais danos incontroversos atribuíveis às empresas colaboradoras; 2. somatório de todas as propinas pagas; e 3. lucro ou enriquecimento que seria razoável se não houvera o ato ilícito*".

adequada. Não se esclarece o que seria o enriquecimento razoável. Também não fica claro se o lucro contemplaria o valor realmente auferido pela empresa ou se seria uma mera estimativa de lucro.

Portanto, a Instrução Normativa em questão acaba sendo de utilidade questionável para processos de reabilitação. Suas previsões não são muito esclarecedoras e incidem em confusões conceituais. O ideal seria, ainda mais com a edição da Lei 14.133/2021, que houvesse a edição de regras específicas tratando exclusivamente da reabilitação de licitantes e contratados, uma vez que vários casos de aplicação de impedimentos e declarações de inidoneidade não terão relação alguma com condutas que são apenadas com base na Lei Anticorrupção.

5.2.9 A experiência do TCU na quantificação de danos

Nesse contexto, parece mais proveitoso considerar a experiência do TCU na quantificação de danos sofridos pela Administração Pública por atos ilícitos praticados por licitantes e contratados. Ainda que esses casos não tenham tratado propriamente da quantificação para fins de reabilitação, suas metodologias fornecem referenciais pertinentes.

As metodologias já utilizadas pelo TCU podem ser classificadas da seguinte forma: (i) metodologias tradicionais baseadas em engenharia de custos; (ii) análise de notas fiscais; (iii) métodos econométricos; (iv) teoria do Produto Bruto Mitigado; e (v) índice de recuperação projetado.[246]

As *metodologias baseadas em engenharia de custos* são bastante tradicionais no TCU, inclusive nas auditorias de obras públicas (ou seja, não necessariamente para o cálculo do dano a ser ressarcido). Trata-se de comparar preços globais e unitários de um contrato (por vezes utilizando-se de curvas ABC de modo a considerar os valores mais representativos) com referenciais considerados seguros, como os sistemas Sicro, Sinapi, dentre outros.[247] Essas metodologias são bastante consistentes, mas por vezes não fornecem uma visão completa, dadas suas limitações e a necessidade de se levar em conta peculiaridades de

---

[246] Essa classificação das diferentes metodologias aplicadas pelo TCU foi feita por Amanda Athayde: ATHAYDE, Amanda. *Manual dos acordos de leniência no Brasil:* teoria e prática. Belo Horizonte: Fórum, 2019, p. 57-60.

[247] A título de exemplo: TCU – Acórdão 632/2017-Plenário, Rel. Min. André Carvalho, j. 26.8.2017.

certos contratos, que em determinados casos não se enquadram nas condições consideradas pelas tabelas-padrão.[248]

A *análise de notas fiscais* consiste, em linhas gerais, na comparação entre os valores pagos pela Administração com os valores reais de aquisição de insumos, mão de obra e serviços terceirizados pelo contratado. Com isso, busca-se verificar se os valores pagos pela Administração ao contratado estão significativamente acima do valor "real", considerando-se, evidentemente, uma margem de lucros que seria razoável. O TCU já aplicou a metodologia de análise de notas fiscais em diversas situações, inclusive nas quais foi constatado que a análise por meio de metodologias tradicionais baseadas em tabelas gerais de custos não fornecia respostas confiáveis em termos de aferição de sobrepreço.[249] Entretanto, é necessário considerar as dificuldades de se definir o que seriam os preços supostamente "reais". Diversas variáveis podem dificultar o estabelecimento de um referencial seguro de comparação.

Métodos econométricos são baseados na escolha de variáveis explicativas para elaboração de um modelo matemático que é utilizado para a quantificação do impacto em função das variáveis.

Esses métodos foram utilizados pelo TCU para verificar a análise de sobrepreços decorrentes de cartel no âmbito da Petrobras. Sua utilização derivou da constatação de que métodos tradicionais, apesar de pertinentes em outras situações, eram "pouco eficazes para a função de quantificação do sobrepreço global auferido pelos integrantes desse cartel, porque seria necessário empreender análises por técnicas de engenharia de custos em todos os contratos que foram alvo do cartel".[250]

---

[248] A jurisprudência do TCU é pacífica no sentido de que as informações contidas em tabelas como Sicro e Sinapi gozam de presunção relativa de que são representativas do preço de mercado (ALVES, Francisco Sérgio Maia; ZYMLER, Benjamin. *Processo do Tribunal de Contas da União*. Belo Horizonte: Fórum, 2023, p. 399).

[249] Como já decidiu o TCU: "Mostra-se essencial, portanto, que o TCU busque elementos 'reais' dos custos desses materiais e bens 'tagueados' e solicite informações ao MPF e à JFPR, inclusive para a obtenção de outras provas, que permitam a mais perfeita identificação dos responsáveis e a apuração mais fidedigna do débito [...] como bem ponderou o Ministro Benjamin Zymler no Acórdão 1.990/2015-Plenário [...], trata-se, é verdade, de procedimento pioneiro que foge à prática usual desta Corte de Contas, que vinha buscando, usualmente, a utilização de sistema oficiais de referências de preço, em vez dos preços nos acordos firmados entre a contratada e os seus fornecedores" (TCU – Acórdão 2163/2015-Plenário, Rel. Min. André Carvalho, j. 26.8.2015). No mesmo sentido: TCU – Acórdão 2396/2018-Plenário, Rel. Min. Benjamin Zymler, j. 17.10.2018; TCU – Acórdão 2677/2018-Plenário, Rel. Min. Benjamin Zymler, j. 21.11.2018.

[250] Conforme histórico detalhado no Acórdão 1568/2020-Plenário do TCU (Rel. Min. Benjamin Zymler, j. 17.6.2020).

Em síntese, o estudo econométrico do TCU comparou os preços ofertados pelos licitantes em ambiente cartelizado numa amostra de 156 contratos (factual) com os preços que seriam ofertados em ambientes de perfeita concorrência (contrafactual), levando-se em conta os preços de referência estimados pela própria Petrobras em cada certame licitatório. Partindo dessa comparação, o TCU concluiu pela existência de um sobrepreço de 17%, que seria o dano provocado pelo cartel. A partir daí, o TCU determinou que esse parâmetro, na ausência de dado mais robusto, seria adotado como presunção *relativa* para a avaliação dos acordos de leniência que viriam a ser celebrados com base na Lei 12.846/2013.[251] A AGU inclusive utilizou esse método como referência para buscar o ressarcimento de danos em ações de improbidade administrativa que foram propostas em face de empresas acusadas de integrar o cartel.[252]

Em 2020, o Plenário do TCU revisitou seu estudo técnico para verificar se ele seria aplicável a contratos firmados por outras diretorias da Petrobras. A conclusão do TCU foi pela pertinência da utilização do estudo, mas o percentual apurado foi retificado para 14,53%.[253]

Mais uma vez, trata-se de um referencial, ou seja, de um elemento que pode ser aplicado em conjunto com outros igualmente reputados como consistentes para a definição dos danos eventualmente sofridos pela Administração em cada caso concreto.

Outra metodologia aplicada pelo TCU é a do *Produto Bruto Mitigado*. Para compreendê-la, é necessário explicar primeiro o que é a Teoria do Produto Bruto. Segundo a Teoria do Produto Bruto, deve haver o integral ressarcimento do contratante em decorrência da nulidade constatada, o que abrangerá não só a devolução do lucro, mas também de toda a receita obtida com o negócio ilícito.[254]

---

[251] O estudo econométrico do TCU foi positivado no Acórdão 3089/2015-Plenário (Rel. Min. Benjamin Zymler, j. 2.12.2015).

[252] SOUZA, Ana Paula Peresi de. O ressarcimento do dano em acordos de leniência da lei anticorrupção. *Revista Digital de Direito Administrativo*. Vol. 8, n. 2, 2021, p. 279. Ana Paula Peresi de Souza, em seu excelente estudo sobre o ressarcimento de danos em acordos de leniência, menciona que as conclusões do TCU foram objeto de críticas por estudos econômicos apresentados em ações de improbidade.

[253] TCU – Acórdão 1568/2020-Plenário, Rel. Min. Benjamin Zymler, j. 17.6.2020.

[254] WEIBLEN, Fabrício Pinto; DI SENA JÚNIOR, Roberto; PARGENDLER, Vitor Silveira. A teoria do produto bruto mitigado como alternativa para o ressarcimento de danos ao erário nas fraudes em contratações públicas. *Atuação: Revista Jurídica do Ministério Público Catarinense*, v. 15, n. 32, out. 2020, p. 48. Os autores apontam que a teoria é vista por muitos como draconiana "apesar de gozar de amparo legal", segundo eles.

Já pela Teoria do Produto Bruto Mitigado, também denominada de teoria do produto líquido, o contratado perde apenas o lucro, ou seja, continua com o direito de receber o valor correspondente ao custo do serviço que efetivamente prestou.[255] Nesse cenário, surge o problema de identificar qual é o custo efetivo do que foi prestado, a fim de se definir qual foi o lucro obtido. O dano sofrido pela Administração será em regra equivalente à diferença entre o custo efetivo do que foi prestado e o valor total pago ao contratado.

Por fim, há ainda o *índice de recuperação projetado*. Trata-se de projetar quanto o Estado poderá recuperar do prejuízo com a investigação de modo a se calcular qual o valor a ser pago pelo colaborador em um acordo de leniência.[256-257]

Como se verifica a partir dos vários julgados do TCU, que tratam de controle de acordos de leniência e de verificação de contratos em geral, não há uma metodologia única e geral para a quantificação de danos decorrentes de ilicitudes praticadas em licitações e contratos. Existem diversas metodologias e, na prática, o TCU aplica aquelas que, em sua visão, sejam as mais capazes de se verificar o prejuízo ocorrido para a Administração em cada caso concreto. Em certos casos, há inclusive a aplicação de mais de uma metodologia de cálculo, sob o entendimento de que a adoção de uma metodologia de modo isolado apresenta limitações para a correta quantificação dos danos.[258]

Eventualmente, o desenvolvimento de uma única metodologia traria maior segurança jurídica e agilizaria a identificação dos danos

---

[255] O hoje Ministro do STF André Luiz de Almeida Mendonça, em sua tese de doutorado defendida na Universidade de Salamanca, trata da Teoria do Produto Bruto Mitigado sob o enfoque do direito espanhol. Segundo ele, o direito espanhol distingue contratos cujo objeto é ilícito (por exemplo, um contrato que tenha por objeto atividades relacionadas ao tráfico de drogas) de contratos que tenham objeto lícito, mas foram realizados de modo ilícito (por exemplo, um contrato de obra pública decorrente de licitação fraudulenta). Na primeira hipótese, a Teoria do Produto Bruto é aplicável; na segunda, a Teoria do Produto Bruto Mitigado (MENDONÇA, André Luiz de Almeida. *Sistema de principios para la recuperación de activos procedentes de la corrupción*. Tese (Doutorado em Direito) – Universidade de Salamanca, 2018.

[256] ATHAYDE, Amanda. *Manual dos acordos de leniência no Brasil*: teoria e prática. Belo Horizonte: Fórum, 2019, p. 60.

[257] O TCU também entendeu que as metas de recuperação devem ser crescentes, a fim de que não haja recuperações pouco expressivas (Acórdão 239/2024-Plenário, Rel. Min. Benjamin Zymler, j. 21.2.2024).

[258] Nesse sentido, dentre tantos outros: Acórdão 632/2017-Plenário (Rel. Min. André Carvalho, j. 26.8.2017), Acórdão 2396/2018-Plenári (Rel. Min. Benjamin Zymler, j. 17.10.2018), Acórdão 2677/2018-Plenário, Rel. Min. Benjamin Zymler, j. 21.11.2018) e Acórdão 491/2022-Plenário (Rel. Min. André Carvalho, j. 9.3.2022).

que o interessado em sua reabilitação teria de indenizar. Entretanto, são tantas as variáveis envolvidas e as peculiaridades de cada caso que parece impossível o desenvolvimento de uma metodologia única e geral para situações desse tipo.[259]

5.2.10 A questão da remoção dos lucros ilícitos (*disgorgement of profits*)

Outra questão que se coloca é a seguinte: a remoção dos ganhos ilícitos (ou *disgorgement of profits*) é um requisito legal para a reabilitação de um contratado? Em outras palavras: o *disgorgement of profits* deve ser compreendido como inserido na previsão de "reparação integral do dano causado à Administração Pública" do art. 163, inciso I, da Lei 14.133/2021?

5.2.10.1 O racional da remoção dos ganhos ilícitos

O *disgorgement of profits* consiste na remoção dos lucros indevidos auferidos por aquele que obteve um enriquecimento em razão do dano gerado por ele a um terceiro.[260]

Aplicando-se o racional às relações contratuais entre Administração Pública e particulares, o *disgorgement* seria a remoção de lucros indevidos obtidos por uma empresa em virtude de contrato que ela obteve de modo fraudulento (por exemplo, por meio de apresentação de documentos falsos, pagamento de propina ou formação de cartel)

---

[259] A variedade de metodologias não é peculiaridade do sistema brasileiro. Conforme levantamento de Ana Paula Peresi de Souza, o guia do Banco Mundial e da OCDE demonstra a convivência de metodologias diversas para apuração de danos sofridos pela Administração. De todo modo, o guia em questão teve o cuidado com a distinção entre os propósitos de cada metodologia que pode ser aplicada – cuidado este que não vem sendo observado no Brasil, ao menos nos acordos de leniência (SOUZA, Ana Paula Peresi de. O ressarcimento do dano em acordos de leniência da lei anticorrupção. *Revista Digital de Direito Administrativo*, vol. 8, n. 2, 2021, p. 281-286).

[260] Sobre o tema, confiram-se: AGUIÃ. Pedro Henrique Muniz Teixeira de Brito. *A remoção de lucros ilícitos contratuais: disgorgement e commodum ex negotiatione*. Dissertação (Mestrado) – Universidade de Coimbra, 2020; BIRKS, Peter. *Unjust enrichment*. 2. ed. Oxford: Oxford University Press, 2005; BIRKS, Peter. *An introduction to the law of restitution*. Oxford: Oxford, 2003; EDELMAN, James; BANT, Elise. *Unjust enrichment*. 2. ed. Oxford: Hart, 2016; ROSENVALD, Nelson. *A responsabilidade civil pelo ilícito lucrativo*: o disgorgement e a indenização restitutória. 2. ed. São Paulo: JusPodivm, 2021. Acerca do tema em diversos ordenamentos jurídicos: HONDIUS, Ewoud; JANSSEN, André (coord.). *Disgorgement of profits*: gain-based remedies throughout the world. Heidelberg: Springer, 2015.

ou ao longo do qual ela incidiu em certas condutas que a levaram a auferir lucros indevidos.

Assim, por exemplo, se o particular obteve vitória numa licitação em função de sua participação em um cartel, a contratação decorrente pode ter provocado não só danos patrimoniais diretos à Administração, mas também lucros ilícitos.

A relação do *disgorgement of profits* com condutas que podem levar à aplicação de um impedimento ou uma declaração de inidoneidade é evidente. Ao incidir em condutas reprováveis, o particular pode não apenas ser excluído do mercado de contratações públicas, mas também ser obrigado a indenizar a Administração Pública pelos danos provocados a ela. E é justamente nesse ponto que se insere a questão da restituição dos lucros indevidos. Caso se considere que os lucros indevidamente obtidos pelo particular devem integrar a indenização devida à Administração, essa restituição seria necessária para a reabilitação do particular, na forma do inciso I do art. 163 da Lei 14.133/2021.

A resposta a essa questão passa pela compreensão de dois aspectos centrais: se a remoção dos lucros ilícitos é funcionalmente compatível com a responsabilidade civil e quais os limites da previsão contida no inciso I do art. 163 da Lei 14.133/2021.

5.2.10.2 A incompatibilidade funcional da responsabilidade civil com a remoção dos lucros ilícitos

Em relação às funções da responsabilidade civil no ordenamento jurídico brasileiro, pode-se dizer que há duas correntes doutrinárias.

A primeira corrente entende, com base no *caput* do art. 944 do Código Civil, que há uma limitação funcional da responsabilidade civil que é vinculada apenas a uma função reparatória. Ou seja, a função da responsabilidade civil é reparar o dano sofrido pelo ofendido e, portanto, a indenização devida deve ter apenas essa função reparatória. A remoção ou restituição de ganhos ilícitos se daria por meio do enriquecimento sem causa ou outros institutos similares (como o enriquecimento por intromissão ou o enriquecimento por intervenção ou lucro da intervenção), os quais teriam fundamento no art. 884 do Código Civil.[261]

---

[261] Alinhados a essa corrente, estão, por exemplo, Aline de Miranda Valverde Terra e Gisela Sampaio da Cruz Guedes (TERRA, Aline de Miranda Valverde; GUEDES, Gisela Sampaio

Já a segunda corrente compreende a remoção e a restituição de ganhos ilícitos como conteúdo da responsabilidade civil. Essa corrente parte do pressuposto de que a responsabilidade civil é multifuncional e, portanto, atuará com diferentes ferramentas para atacar os efeitos derivados do ilícito, passando a assumir funções diversas da simples reparatória.[262]

O enquadramento dogmático da remoção ou restituição de lucros ilícitos pode parecer uma questão de pouca relevância prática, mas não é. Ela tem efeitos, por exemplo, sobre o prazo prescricional. O prazo prescricional na responsabilidade civil contratual é de dez anos; já no enriquecimento sem causa é de três anos.

Parece-nos que há uma incompatibilidade funcional da responsabilidade civil com a remoção dos lucros ilícitos.

Apesar de haver uma diversidade de danos indenizáveis, o que é uma decorrência da própria complexidade das relações jurídicas e da variedade de situações lesivas, isso não autoriza se falar que existiria uma nova categoria de danos, ao lado das duas categorias tradicionais: os *danos morais* (que abarcam todos os *danos extrapatrimoniais*, relacionados à dignidade da pessoa humana) e os *danos patrimoniais* (que se dividem em *danos emergentes* – os quais se relacionam à diminuição do ativo ou acréscimo do passivo – e *lucros cessantes* – que é o não aumento do ativo ou a não diminuição do passivo).

Não há uma terceira categoria de danos. Ou a lesão ocorre à dignidade da pessoa humana (e gera um dano moral), ou ao seu patrimônio (dando ensejo a um dano patrimonial). Não há no ordenamento brasileiro uma terceira categoria autônoma de dano, que poderia ser uma espécie de "dano decorrente de lucros ilegítimos".

O *disgorgement of profits* não é um dano patrimonial, uma vez que o dano patrimonial ocorre por uma diminuição do patrimônio da

---

da Cruz. Revisitando o lucro da intervenção: novas reflexões para antigos problemas. *Revista Brasileira de Direito Civil – RBDCivil*, Belo Horizonte: v. 29, p. 281-305, jul./set. 2021).

[262] Enquadra-se nessa segunda corrente o pensamento de Nelson Rosenvald, para quem a vertente instrumentalista da responsabilidade civil se enriquece quando se vira o foco do dano para o ilícito e se associam a ele os remédios aplicáveis (ROSENVALD, Nelson. *A responsabilidade civil pelo ilícito lucrativo*: o *disgorgement* e a indenização restitutória. 2. ed. São Paulo: JusPodivm, 2021, p. 560). No mesmo sentido: PAVAN, Vitor Ottoboni. *Responsabilidade civil e ganhos ilícitos*: a quebra do paradigma reparatório. Rio de Janeiro: Lumen Juris, 2020. Talvez a obra mais representativa dessa corrente seja de Peter Birks, para quem é a responsabilidade civil que atua para remover o ganho ilícito, dado que ninguém pode lucrar a partir de um ilícito (BIRKS, Peter. *Unjust enrichment*. 2. ed. Oxford: Oxford University Press, 2005).

vítima ou por um não incremento por ato do ofensor. A existência de um ganho ilícito pode ocorrer sem que haja propriamente um dano patrimonial à vítima. Logo, a ocorrência de ganhos ilícitos não pode nem mesmo ser critério de quantificação da indenização devida à vítima, sob pena de ofensa ao art. 402 do Código Civil, que estabelece que a indenização, salvo exceções expressamente previstas em lei, deverão abranger o que a vítima perdeu (danos emergentes) e o que deixou razoavelmente de lucrar (lucros cessantes). As repercussões do ato ilícito sobre o patrimônio do ofensor não são critérios legais para a quantificação da indenização devida à vítima.[263]

O *disgorgement of profits* tampouco pode ser qualificado como dano moral. O dano moral não guarda relação com aspectos patrimoniais. Muito menos com as repercussões do dano sobre a esfera patrimonial do ofensor. A indenização por danos morais tem por objetivo compensar a vítima pelos danos sofridos, o que não guarda relação com o eventual aumento patrimonial obtido pelo ofensor.[264-265]

Isso não quer dizer que o ordenamento jurídico dê guarida aos lucros ilícitos ou não disponha de instrumentos para combater a sua ocorrência. Esse instrumento, entretanto, não será a responsabilidade civil, mas o enriquecimento sem causa.

A responsabilidade civil busca a reparação do dano sofrido pela vítima. Já o enriquecimento sem causa se situa "no âmbito da reprovabilidade perante os princípios do sistema, e sua função ontológica

---

[263] Suponha-se a situação de uma pessoa que utilizou o trator do vizinho sem o seu consentimento para arar a sua propriedade e depois devolveu o bem ao vizinho, intacto e com a reposição do combustível utilizado. Nesse caso, apesar de ter havido um ato ilícito (e um enriquecimento sem causa por parte do ofensor), não houve um dano patrimonial propriamente dito ao vizinho. Ainda que se repute ter havido um dano patrimonial (pelo desgaste do equipamento, por exemplo), a quantificação desse dano não decorre do eventual enriquecimento ilícito obtido pelo infrator, uma vez que a quantificação do dano patrimonial deve levar em conta os danos emergentes e os lucros cessantes, e não as repercussões do ato ilícito sobre o patrimônio do ofensor.

[264] Retorne-se ao exemplo do trator constante da nota de rodapé anterior. Suponha-se que o ilícito praticado tenha causado um dano moral ao proprietário do equipamento. Esse dano moral corresponde ao prejuízo sofrido pela vítima, sem relação com o ganho indevido obtido pelo ofensor.

[265] Não se ignora aqui a previsão do art. 210 da Lei de Propriedade Industrial (Lei 9.279/1996), que, no inciso II, prevê que a fixação dos lucros cessantes poderá ter por critério "os benefícios que foram auferidos pelo autor da violação do direito". Entretanto, essa norma, além de sofrer críticas (GUEDES, Gisela Sampaio da Cruz. *Lucros cessantes*: do bom-senso ao postulado normativo da razoabilidade. São Paulo: RT, 2011, p. 223) é uma exceção, expressamente admitida pelo art. 402 do Código Civil. Sua aplicação se restringe a questões de propriedade industrial, dadas as peculiaridades atinentes a essa seara.

é remover o enriquecimento do patrimônio do enriquecido".²⁶⁶ No enriquecimento sem causa, não importa o impacto do ilícito sobre o patrimônio da vítima, e sim o incremento do patrimônio do ofensor.

Para a configuração do enriquecimento sem causa, é necessário e haja um acréscimo patrimonial em favor do ofensor, e que esse enriquecimento se dê às custas de outrem. Mas o fato de ser "às custas de outrem" não significa que haverá necessariamente um empobrecimento da vítima. Significa apenas que há a necessidade de um locupletamento com bens jurídicos pertencentes a pessoa diversa.²⁶⁷

É importante esclarecer que, ao se concluir que a remoção dos lucros ilícitos não se enquadra na responsabilidade civil, isso não quer dizer que o ordenamento jurídico reconheça a juridicidade dos ganhos indevidos. É evidente que o ordenamento jurídico brasileiro repele a obtenção de lucros ilícitos e, portanto, consagra a remoção dos lucros indevidos. Mas o instrumento para o seu enfrentamento será o enriquecimento sem causa, e não a responsabilidade civil.

É a conclusão a que se chega a partir da conjunção do art. 884 com o *caput* e o §1º do art. 944 do Código Civil. O art. 884 prevê que aquele que se enriqueceu sem justa causa à custa de outrem deve restituir o indevidamente auferido. Mas a indenização será medida pela extensão do dano (art. 944, *caput*). Apenas como "alternativa à reparação de danos patrimoniais" é que a indenização compreenderá uma soma razoável correspondente à violação de um direito e, "quando necessário, a remoção dos lucros ou vantagens auferidas pelo lesante e em conexão com a prática do ilícito" (art. 944, §1º).

5.2.10.3 A abrangência do inciso I do art. 163 da Lei 14.133/2021

Demonstrado que a remoção dos lucros ilícitos não se enquadra funcionalmente na responsabilidade civil, resta examinar a abrangência do comando previsto no inciso I do art. 163 da Lei 14.133/2021.

---

²⁶⁶ TERRA, Aline de Miranda Valverde; GUEDES, Gisela Sampaio da Cruz. Revisitando o lucro da intervenção: novas reflexões para antigos problemas. *Revista Brasileira de Direito Civil – RBDCivil*, Belo Horizonte: v. 29, jul./set. 2021, p. 287.

²⁶⁷ COSTA, Mário Júlio de Almeida. *Direito das obrigações*. 8. ed. Coimbra: Almedina, 2000, p. 446.

A regra prevê que um dos requisitos para a reabilitação do particular é a "reparação integral do dano causado à Administração Pública". Ao dispor sobre *reparação do dano*, a norma está claramente tratando da responsabilidade civil do ofensor. Busca-se a compensação dos danos impingidos à Administração em função dos atos ilícitos praticados pelo particular e que resultaram no seu impedimento ou na declaração da sua inidoneidade.

O dano é a ofensa sofrida pela Administração. Abrange as repercussões causadas ao patrimônio da Administração. Portanto, não tem relação com as repercussões do ilícito sobre o patrimônio do ofensor.

Nesse sentido, é interessante notar que a Portaria Normativa 155.2024 da CGU, que trata de termos de compromisso, compreendeu muito bem a diferença entre reparação de danos e perda de ganhos indevidos ao estabelecer como requisitos *distintos* do termo de compromisso a reparação integral do dano causado, de um lado, e a perda em favor do ente lesado dos valores correspondentes ao acréscimo patrimonial indevido ou ao enriquecimento ilícito direta ou indiretamente obtido da infração, de outro lado (art. 2º, inciso III, alíneas *a* e *b*).

Nem se diga que, ao mencionar que a reparação seja "integral", o art. 163 da Lei 14.133/2021 estaria exigindo que se levasse em conta também os lucros indevidamente obtidos pelo ofensor. Isso porque a reparação será integral se ela colocar o lesado na situação em que estaria se o contrato tivesse sido cumprido (interesse positivo) ou na situação em que estaria se não houvesse confiado na perfeita execução do contrato (interesse negativo).[268] Nenhum desses interesses tem relação com eventuais acréscimos patrimoniais ocorridos em favor do ofensor. Trata-se apenas dos reflexos sobre o patrimônio da Administração que foi vítima do ilícito.

Isso não quer dizer que a Administração não possa buscar a remoção dos danos ilícitos obtidos pelo ofensor. Poderá fazê-lo dentro do prazo prescricional e inclusive por ação própria se for o caso, baseando-se na configuração dos elementos que são requisitos para a existência de enriquecimento sem causa: acréscimo patrimonial em favor do particular e que ele se deu às custas da Administração. Entretanto, a Lei 14.133/2021 não condiciona a reabilitação do particular à remoção dos lucros ilícitos eventualmente obtidos por ele.

---

[268] Conforme tratado acima, ao se examinar a abrangência do dano a ser indenizado.

A rigor, a previsão normativa poderia ser diferente. Poderia se ter previsto como requisito legal de reabilitação que o interessado deveria perder o acréscimo patrimonial obtido ilicitamente. Entretanto, não foi essa a opção da Lei 14.133/2021.[269]

5.2.10.4 O entendimento do TCU a respeito do *disgorgement of profits*

É importante levar em consideração que o TCU evoluiu seu entendimento para aceitar a viabilidade jurídica de o Tribunal exigir da Administração Pública a aplicação do *disgorgement of profits*.

Isso se deu no Acórdão 1.842/2022-Plenário, relatado pelo Ministro Antonio Anastasia, de 10.8.2022.

Até então, o TCU tinha dois precedentes sobre o tema. Num deles, havia aplicado a teoria do *disgorgement* por reputar que o lucro ilícito compunha o valor do dano a ser ressarcimento à Administração Pública.[270] No outro, recusou a aplicação da teoria sob dois argumentos: (i) o lucro ilícito não integraria o dano ao erário e (ii) a exigência de restituição do lucro ilícito equivaleria à pena de perdimento de bens e, portanto, o TCU somente poderia exigi-la se houvesse previsão expressa em sua Lei Orgânica.[271]

No Acórdão 1.842.2022-Plenário, o TCU entendeu que o ordenamento jurídico brasileiro repele a obtenção de lucros ilícitos. Assim, por reputar que o *disgorgement of profits* não tem natureza de sanção, e sim de obrigação civil, o TCU entendeu ser competente para exigir que, nos casos de contratos nulos decorrentes de fraude praticada pelo contratado, a Administração não pague os lucros ilegítimos ou adote as providências necessárias para obter a sua restituição quando já tiverem sido pagos.

No que interessa aos objetivos desta obra, duas premissas que serviram de fundamento para o acórdão do TCU são fundamentais.

---

[269] Outra questão, a ser tratada mais à frente, é se a remoção dos lucros ilícitos pode ser uma condição para a reabilitação estabelecida em cada caso concreto, com base no inciso IV do art. 163 da Lei 14.133/2021, que condiciona a reabilitação ao "cumprimento das condições de reabilitação definidas no ato punitivo". Entretanto, parece-nos evidenciado que a remoção dos lucros ilícitos obtidos pelo particular não é requisito *de natureza legal* para a reabilitação, justamente por não se enquadrar no inciso I do art. 163 da Lei.

[270] Acórdão 1.306/2017-Plenário, Rel. Min. José Múcio Monteiro, j. 21.6.2017.

[271] Acórdão 129/2020-Plenário, Rel. Min. Benjamin Zymler, j. 29.1.2020.

A primeira é a de que a restituição de lucros ilícitos é fundamentada no princípio da vedação do enriquecimento sem causa e na premissa de que ninguém pode se beneficiar de sua própria torpeza.

A segunda premissa é a de que o pagamento de lucros ilegítimos não configura, a rigor, um dano ao erário, uma vez que a Administração Pública terá recebido, em contrapartida, o bem ou serviço que foram prestados. A existência de um lucro ilícito em favor do ofensor não significa que houve diminuição patrimonial a ser recomposta em favor da Administração.

As duas premissas são condizentes com as conclusões expostas acima, no sentido de que (i) o enriquecimento sem causa (e não a responsabilidade civil) é o instituto funcionalmente apto a promover a exclusão do proveito econômico ilegítimo e de que (ii) o art. 163, inciso I, da Lei 14.133/2021 busca a reparação dos danos provocados à Administração Pública, e não a remoção dos lucros ilícitos eventualmente obtidos pelo particular.

Logo, o Acórdão 1.842/2022-Plenário do TCU, apesar de concluir pelo cabimento do *disgorgement of profits* no direito brasileiro, não conduz à conclusão de que tal medida seria um requisito legal à reabilitação de licitantes e contratados.

5.2.11 A questão da dação de bens para ressarcimento de danos

Uma possibilidade que se tem levantado diz respeito à substituição do pagamento em pecúnia (inclusive para reparação de danos provocados à Administração) por dação em bens, obras ou serviços.

Guilherme Corona Rodrigues Lima admite essa possibilidade. Segundo ele: "Alternativas nesse sentido, sem se descurar o pleno ressarcimento ao erário, são o parcelamento dos valores acordados ou a substituição do pagamento em pecúnia por bens, obras ou serviços a serem prestados pela empresa em favor da sociedade".[272]

De fato, não parece ser uma alternativa vedada pelo ordenamento. Mas ela precisa ser sopesada em cada caso concreto. Além disso, sua aceitação deverá ser acompanhada de cautelas a fim de verificar o

---

[272] LIMA, Guilherme Corona Rodrigues. *O papel do direito administrativo sancionador no combate à corrupção e a necessária preservação da atividade empresarial*: uma análise à luz do princípio da função social da empresa. Tese (Doutorado em Direito) – Pontifícia Universidade Católica de São Paulo. São Paulo, 2021, p. 148.

efetivo valor da prestação que está sendo assumida pelo interessado, de modo que se tenha certeza de que houve realmente o cumprimento da multa ou da obrigação de ressarcimento dos danos causados à Administração Pública.

5.3 Pagamento da multa

O segundo requisito para a reabilitação do licitante ou contratado é que ele pague a multa aplicada em função de sua conduta reprovável.

Este requisito também merece algumas digressões para sua melhor compreensão.

5.3.1 Necessidade de que a multa seja resultado de um procedimento sancionador válido

É imprescindível que a multa em questão tenha sido aplicada em decorrência de um procedimento sancionador válido, ou seja, que tenha observado as garantias constitucionais e legais aplicáveis, dentre elas o contraditório e a ampla defesa, com todos os meios e recursos – inclusive probatórios – que lhes são inerentes.

Não é admissível que o particular interessado em se reabilitar seja surpreendido com a cobrança de uma multa que não foi objeto de um procedimento administrativo sancionador prévio. Havendo uma multa aplicada de modo irregular, ela não poderá constituir óbice para a reabilitação do interessado.

Tampouco se admite que a Administração Pública aplique multas com intuito meramente arrecadatório, valendo-se da oportunidade gerada pelo interesse do particular em obter a sua reabilitação. Eventual pretensão nesse sentido seria abusiva. A reabilitação de um licitante não pode ser vista como uma oportunidade de arrecadação de valores.

5.3.2 A exigibilidade da multa e os procedimentos sancionatórios em curso

O requisito previsto no inciso II do art. 163 da Lei 14.133/2021 somente se aplica a multas efetivamente exigíveis, ou seja, cujos procedimentos administrativos prévios à decisão pela sua aplicação já tenham sido encerrados por decisão final aplicando a penalidade em questão.

A eventual existência de procedimentos sancionatórios em curso, ainda não decididos, que podem (ou não) resultar em tese na aplicação de multa, é irrelevante para a reabilitação do interessado. Se o procedimento ainda não tiver sido encerrado, não há multa definitivamente aplicada e, consequentemente, o seu recolhimento não pode ser exigido do interessado para fins de reabilitação. Entendimento em sentido contrário seria incompatível com o princípio da presunção de inocência.[273]

O mesmo raciocínio se aplica em relação a procedimentos sancionatórios que estejam em fase recursal. Havendo recurso interposto e dotado de efeito suspensivo, como estabelece o art. 168 da Lei 14.133/2021,[274] o recolhimento da multa aplicada pela decisão recorrida não poderá ser exigido como requisito para a reabilitação, sob pena de ofensa ao princípio da presunção de inocência.

5.3.3 Relação da multa com os fatos que levaram ao impedimento ou declaração de inidoneidade

O inciso II do art. 163 da Lei 14.133/2021 deve ser lido como fazendo referência à multa que foi aplicada *em relação às circunstâncias fáticas que levaram à aplicação do impedimento ou declaração de inidoneidade*, nos termos do §7º do art. 156 da Lei 14.133/2021.[275] Não se trata de outras multas, que não tenham nenhuma relação com a conduta que deu ensejo à declaração de inidoneidade ou ao impedimento de licitar e contratar com a Administração Pública.

Se o interessado tiver outras multas aplicadas contra si, sem qualquer relação com os mesmos fatos que resultaram no seu impedimento ou inidoneidade, isso será irrelevante para efeitos de reabilitação. Essas outras multas deverão ser resolvidas no seu âmbito específico

---

[273] Embora não haja unanimidade sobre o assunto, boa parte da doutrina e da jurisprudência reconhece a aplicabilidade do princípio da presunção de inocência aos processos administrativos que podem gerar restrições ou até mesmo perda de direitos. Sobre o assunto: BRILHANTE, Tércio Aragão. Presunção de Inocência do Processo Administrativo Disciplinar. *Revista Síntese de direito administrativo*, v. 5, n. 60, p. 34-42, dez., 2010.

[274] Art. 168 da Lei 14.133/2021: "O recurso e o pedido de reconsideração terão efeito suspensivo do ato ou da decisão recorrida até que sobrevenha decisão final da autoridade competente".

[275] O §7º do art. 156 da Lei 14.133/2021 estabelece que as sanções de advertência, impedimento de licitar e declaração de inidoneidade poderão ser aplicadas cumulativamente com a sanção de multa. Logo, uma mesma infração pode resultar na aplicação de multa e, cumulativamente, em impedimento de licitar ou declaração de inidoneidade.

(inclusive em eventual cobrança judicial ou ação desconstitutiva se for o caso). Não constituirão motivo válido para se negar ao particular o direito à sua reabilitação.

Caso eventuais multas sem qualquer relação com os fatos que levaram ao impedimento ou à declaração de inidoneidade constituíssem óbice efetivo ao reconhecimento da reabilitação do interessado, haveria, sob um certo ângulo, um efeito similar ao do *bis in idem*. O impedimento ou a declaração de inidoneidade teriam os seus efeitos estendidos a fatos que não tinham a mesma gravidade e que eventualmente nem se enquadram nas hipóteses legais que em tese dão ensejo à aplicação dessas penalidades. Quando a Administração Pública, em razão do contexto fático examinado, decidiu pela aplicação de uma penalidade mais branda (multa), isso significa que ela concluiu que a gravidade do ato não é tão extrema a ponto de justificar a exclusão do particular do mercado de contratações públicas.[276] Se é assim, não faz sentido exigir o pagamento daquela outra multa como condição para a reabilitação do interessado.

5.3.4 Possibilidade de parcelamento da multa

Uma questão relevante diz respeito ao possível parcelamento do valor da multa. Poderia se entender que o inciso II do art. 163 da Lei 14.133/2021 estaria exigindo a quitação da multa aplicável, não sendo suficiente a existência de um parcelamento em curso, ainda que o interessado esteja em dia com as parcelas do recolhimento.

Entretanto, deve-se reputar que a existência de um parcelamento em dia é suficiente para o cumprimento do requisito previsto no inciso II do art. 163. Isso porque o parcelamento de um débito gera a suspensão da exigibilidade desse débito, para todos os efeitos. Se o particular estiver em dia com o compromisso assumido, o requisito do inciso II do art. 163 deve ser reputado como cumprido.

---

[276] Mais precisamente, a Administração Pública, ao decidir pela aplicação de uma penalidade, deve ponderar cinco fatores (nos termos do art. 156, §1º, da Lei 14.133/2021): (i) natureza e gravidade da infração cometida; (ii) peculiaridades do caso concreto; (iii) circunstâncias agravantes ou atenuantes; (iv) danos que provierem da infração para a Administração Pública; e (v) implantação ou aperfeiçoamento de programa de integridade, conforme normas e orientações dos órgãos de controle. Sobre o assunto, confira-se: LEFÈVRE, Mônica Bandeira de Mello. Sanções administrativas – impedimento de licitar e contratar e declaração de inidoneidade: inovações da Lei 14.133/2021. In: NIEBUHR, Karlin Olbertz; POMBO, Rodrigo Goulart de Freitas (org.). Novas questões em licitações e contratos (Lei 14.133/2021). São Paulo: Lumen Juris, 2023, p. 459-489.

Note-se que é comum o parcelamento de débitos de multas, o que pode ser feito com ou sem um acordo substitutivo de sanção. O art. 3º da Instrução Normativa SEGES/ME 26/2022, da Secretaria Especial de Desburocratização, Gestão e Governo Digital do Ministério da Economia permite de modo geral o parcelamento de multas aplicadas em decorrência da Lei 14.133/2021.

A questão é que, em conjunto com os demais requisitos aplicáveis, a existência de um parcelamento da multa aplicada é suficiente para que se atenda o disposto no inciso II do art. 163 da Lei 14.133/2021 – desde que, obviamente, o particular esteja em dia com o recolhimento das parcelas. A sua situação de adimplência reflete a efetiva disposição do interessado para obter a sua reabilitação. Trata-se do mesmo raciocínio que leva à aceitação, por exemplo, de certidões positivas com efeito de negativa para habilitação em licitações. O que se deve demonstrar é a situação de adimplência, e não necessariamente a inexistência de débitos. A aceitação de um parcelamento inclusive tem por objetivo buscar a continuidade da atividade empresarial.[277]

Um possível óbice a esse entendimento seria o fato de que o parcelamento demanda uma conduta continuada por parte do interessado. A potencialidade de que ele venha a descumprir o cronograma de pagamentos seria uma justificativa para não aceitar o parcelamento como suficiente para cumprir o requisito do inciso II do art. 163.

Entretanto, tal entendimento seria equivocado. O simples fato de o parcelamento da multa demandar uma conduta continuada do interessado não é óbice para a reabilitação. Diversos deveres necessários à reabilitação também demandam providências constantes e continuadas por parte do interessado, e nem por isso se considera que essa característica seja um óbice à reabilitação.

Um exemplo pode esclarecer o que se afirma aqui. Suponha-se que o interessado tenha assumido o compromisso de implementação ou aperfeiçoamento de um programa de integridade. Para o adimplemento desse compromisso, basta que ele tenha adotado as providências necessárias para essa implementação ou aperfeiçoamento, e que essas providências sejam reconhecidas como suficientes. É evidente que, depois da implantação ou aperfeiçoamento do programa de integridade,

---

[277] LIMA, Guilherme Corona Rodrigues. *O papel do direito administrativo sancionador no combate à corrupção e a necessária preservação da atividade empresarial*: uma análise à luz do princípio da função social da empresa. Tese (Doutorado em Direito) – Pontifícia Universidade Católica de São Paulo. São Paulo, 2021, p. 153.

o interessado deverá adotar uma série de providências contínuas, em cumprimento ao próprio programa implantado ou aperfeiçoado (por exemplo, treinamentos constantes de seus funcionários, manutenção de canais de denúncia, entre outros). Afinal, não se exige a implantação do programa de integridade apenas como uma formalidade burocrática. Se o programa foi implementado ou aperfeiçoado, é evidente que deverá permanecer em funcionamento indefinidamente. Assim, a simples existência de um conjunto constante de providências por parte do interessado, que se estende no tempo sem uma limitação temporal definida, não é motivo para que se recuse a sua reabilitação – ainda que haja o risco de o particular deixar de cumprir o programa de integridade implantado.

O mesmo raciocínio se aplica às situações de parcelamento de multas. O simples risco em tese de o particular descumprir o compromisso de pagamento das parcelas não conduz necessariamente à impossibilidade de sua reabilitação. A questão é que deverá haver um monitoramento do cumprimento das condições de reabilitação. Em caso de descumprimento dos requisitos, eventualmente a reabilitação poderá ser revista.

A verdade é que a reabilitação de um licitante pode envolver medidas de acompanhamento contínuo. Assim, é muito mais razoável que o particular seja considerado reabilitado quando os requisitos exigidos foram cumpridos e que se promova a partir daí um acompanhamento da sua evolução. Trata-se precisamente do *Regime de Recuperação Habilitatória* aqui defendido e que é compatível com o ordenamento jurídico brasileiro.

5.3.5 Possibilidade de compensação da multa com créditos do interessado

Admite-se que haja a compensação total ou parcial da multa com créditos devidos pela Administração ao interessado, decorrentes do mesmo ou de outros contratos administrativos que o contratado possua com o mesmo órgão ou entidade sancionadora.

A possibilidade de compensação de multa com créditos do interessado é expressamente admitida pela Instrução Normativa SEGES/ME 26/2022, da Secretaria Especial de Desburocratização, Gestão e Governo Digital do Ministério da Economia, e não parece haver motivos para excluir essa possibilidade em um processo de reabilitação.

5.4 Transcurso de prazos mínimos

O inciso III do art. 163 da Lei 14.133/2021 estabelece que, para haver a reabilitação do particular, deverá ter havido o transcurso do prazo mínimo de um ano de aplicação do impedimento de licitar e contratar, ou de três anos no caso da declaração de inidoneidade.

5.4.1 A opção legislativa de se estabelecer um prazo mínimo de afastamento

A Lei 14.133/2021 adotou a sistemática de estabelecimento de prazos mínimos para que ocorra a reabilitação. Isso significa que o particular sancionado deve sofrer os efeitos das sanções de impedimento ou declaração de inidoneidade por um determinado período mínimo, ainda que adote, em menos tempo, todas as providências necessárias para o atendimento dos requisitos necessários à sua reabilitação.[278]

Sob um certo ângulo, a definição de prazos mínimos de incidência dos efeitos da penalidade de afastamento representa um desincentivo aos particulares apenados. Em tese, se o particular conseguisse cumprir todos os requisitos para a sua reabilitação antes de um ou três anos de aplicação efetiva dos efeitos das penalidades, poderia se admitir a sua reabilitação. Isso seria inclusive um incentivo maior à instituição de práticas de transparência e probidade nas relações do Estado com a iniciativa privada. A Administração seria beneficiada com o reingresso do particular ao mercado de contratações públicas e com o próprio cumprimento pelo particular dos requisitos estabelecidos – inclusive o recolhimento da multa aplicada, possivelmente sem a necessidade de levar a discussão ao Judiciário.

Entretanto, a solução legal estabeleceu um prazo mínimo de efeitos da penalidade aplicada, seja para o impedimento, seja para a declaração de inidoneidade.

Apesar do efeito negativo apontado acima, a solução adotada pela Lei 14.133/2021 tem razão de ser. Isso porque a aplicação das penalidades tem um efeito perante o mercado, consistente em passar a mensagem de que, diante de condutas graves, qualquer particular sofrerá efetivamente as consequências cabíveis, ainda que elas possam

---

[278] Para a reabilitação perante empresas estatais, não serão aplicáveis esses prazos mínimos. Isso porque a Lei 13.303/2016 admite a reabilitação a qualquer tempo, conforme será tratado no Capítulo 8.

ser abreviadas em caso de reabilitação. A fixação de um tempo mínimo de vigência da proibição de participar de licitações e contratações públicas, portanto, é justificável e tem um efeito positivo – e de certa forma didático.

Contudo, o ideal seria estabelecer prazos mínimos proporcionais ao tempo de impedimento ou declaração de inidoneidade que tiverem sido aplicados. Da forma como está redigido o inciso III do art. 163 da Lei 14.133/2021, o particular apenado com um impedimento de um ano ou uma declaração de inidoneidade por três anos, por exemplo, fica impossibilitado de obter a sua reabilitação. Isso porque qualquer procedimento de aferição dos requisitos de reabilitação levará tempo. Até que todos os aspectos pertinentes tenham sido examinados, o prazo das penalidades muito provavelmente já terá acabado.

5.4.2 A questão da reabilitação para impedimentos com prazo inferior a um ano

Especificamente em relação ao impedimento de licitar e contratar, que não tem prazo mínimo de vigência,[279] a fixação do prazo mínimo de um ano para que possa ocorrer a reabilitação acaba gerando uma distorção. Caso se considere que é necessário sempre o decurso de um ano no mínimo, será admissível a reabilitação de licitantes que incorreram em condutas mais graves – que geraram impedimentos por mais de um ano –, mas não será possível a reabilitação de licitantes que praticaram condutas menos graves – penalizadas pelo impedimento por até um ano. Trata-se de uma incongruência, uma vez que não parece fazer sentido a admissão de reabilitação de um licitante que incorreu numa conduta mais grave e não admitir a mesma possibilidade a outro que praticou conduta menos grave.

Para essa situação (de impedimento aplicado por prazo inferior a um ano), há pelo menos duas interpretações possíveis. A primeira delas seria considerar que é impossível a reabilitação nos casos de impedimento de licitar e contratar aplicado por prazo inferior a um ano. A segunda seria a de reputar possível a reabilitação de empresas

---

[279] O §4º do art. 156 da Lei 14.133/2021 estabelece que o impedimento de licitar e contratar tem o prazo máximo de três anos, mas não estabelece um prazo mínimo de vigência da medida. A situação é diferente da declaração de inidoneidade, que, além de prazo máximo de vigência (seis anos), possui também um prazo mínimo (de três anos), de acordo com o §5º do art. 156 da Lei.

impedidas de licitar e contratar por menos de um ano, considerando que a regra que estipula o prazo mínimo de um ano não se aplica a impedimentos aplicados por prazo inferior.

Parece-nos que a segunda interpretação deve prevalecer por ser a mais coerente com o sistema.

Primeiro, porque admitir a reabilitação de empresas impedidas de participar de licitações e de celebrar contratos administrativos por prazo de até um ano é a mais alinhada aos objetivos buscados pelo sistema com a reabilitação, que dizem respeito à instituição de novas práticas no mercado de contratações públicas.

Segundo, porque, seria contraditório permitir a reabilitação de licitantes que praticaram condutas mais graves (penalizadas com o impedimento por mais de um ano) e não permitir a mesma possibilidade a particulares que tiveram condutas de menor gravidade. Essa contradição seria ofensiva inclusive ao princípio da isonomia.

Terceiro, porque mesmo prazos de impedimento inferiores a um ano podem afetar gravemente a própria continuidade da empresa. Um impedimento por onze meses, por exemplo, pode ser desastroso à sobrevivência de uma empresa que tenha como foco de atuação o mercado de contratações públicas.

Por esses fatores, deve-se entender que, no caso de impedimentos de licitar e contratar aplicados por prazo inferior a um ano, será possível que o particular busque a sua reabilitação, não se aplicando, portanto, o requisito do inciso III do art. 163 da Lei 14.133/2021 – cuja aplicabilidade fica restrita, por conseguinte, aos casos em que o impedimento foi aplicado por pelo menos um ano.

5.4.3 O prazo mínimo em impedimentos aplicados com prazo inferior a um ano

A questão que se coloca, no entanto, diz respeito à possível existência de um prazo mínimo para se obter a reabilitação quando o impedimento é aplicado por menos de um ano. Nesses casos, qual seria o prazo mínimo de geração dos efeitos da penalidade para que o particular possa obter a sua reabilitação?

Deve-se entender que, quando o impedimento de licitar e contratar é aplicado com prazo inferior a um ano, não haverá um prazo mínimo de vigência estabelecido *a priori* para que o interessado obtenha a sua reabilitação. Cumpridos os requisitos pertinentes, o particular poderá obter a sua reabilitação.

A decisão que tiver aplicado o impedimento por menos de um ano, entretanto, poderá estabelecer um prazo mínimo de vigência da penalidade para que o interessado possa obter a sua reabilitação. O estabelecimento desse prazo mínimo se daria com fundamento no inciso IV do art. 163 da Lei 14.133/2021, que prevê a possibilidade de o próprio ato punitivo estabelecer condições de reabilitação que não estejam previamente estabelecidas em lei. Contudo, a previsão desse prazo mínimo de vigência pelo ato punitivo deverá observar os postulados da proporcionalidade e da razoabilidade, de modo a não impedir na prática a possibilidade de reabilitação nessas hipóteses.

Assim, por exemplo, não será razoável nem proporcional o ato punitivo que aplique um impedimento pelo prazo de 300 dias e preveja que a reabilitação só poderá ocorrer após 290 dias da aplicação da penalidade. Isso inviabilizaria na prática qualquer reabilitação, impedindo que os efeitos buscados com o instituto – e que interessam não só às empresas, mas também à própria Administração Pública – sejam alcançados.

5.4.4 Contagem do prazo para que possa haver a reabilitação

A contagem do prazo para que possa haver a reabilitação deve considerar o início dos efeitos da sanção aplicada. Ou seja, a partir do momento em que os efeitos da penalidade estiverem em vigor, estará em curso o prazo para a obtenção da reabilitação.

Em certos casos, a contagem do prazo para que possa haver a reabilitação deverá ser iniciada a partir do final do processo sancionador – inclusive porque os recursos contra a aplicação de impedimento ou declaração de inidoneidade têm efeito suspensivo como regra (art. 168 da Lei 14.133/2021).[280]

No entanto, haverá casos em que a contagem do decurso do prazo de vigência deverá ser iniciada antes. É o que ocorrerá, por exemplo, se a Administração Pública aplicar certas medidas cautelares que antecipem os efeitos de uma sanção. Nesse tipo de situação, como o particular começa a sofrer os efeitos concretos da sanção desde a sua aplicação cautelar, a partir dela é que se deverá contar o prazo para a

---

[280] Art. 168 da Lei 14.133/2021: "O recurso e o pedido de reconsideração terão efeito suspensivo do ato ou da decisão recorrida até que sobrevenha decisão final da autoridade competente".

reabilitação. O raciocínio aplicável é o da detração das penas, ou seja, deve-se computar como período de impedimento ou declaração de inidoneidade todo o tempo em que esteve em vigor uma aplicação cautelar de afastamento.

Portanto, o prazo para se obter a reabilitação deve ser contado a partir do momento em que o particular começa a sofrer os efeitos do impedimento ou da declaração de inidoneidade, sob pena de haver na prática um tempo maior para obtenção da reabilitação do que aquele que a lei estabelece. Em regra, os efeitos da penalidade aplicada começarão a ser sentidos já quando da edição do ato punitivo (ao final do procedimento sancionador), mas haverá situações em que esses efeitos serão sentidos antes – como ocorre na aplicação de medidas cautelares, por exemplo.

Quando os efeitos do sancionamento estiverem sendo experimentados pelo particular em função de penalidade aplicada por outro órgão da Administração por conta dos mesmos fatos, o prazo mínimo para a reabilitação deverá considerar essa penalidade. Esse entendimento foi consolidado pelo TCU no Acórdão 977/2023-Plenário, em que, alterando o seu entendimento até então, o Tribunal reconheceu a necessidade de considerar a declaração de inidoneidade aplicada pela CGU com base na lei de licitações para o cômputo da inidoneidade imposta pelo próprio TCU (desde que referente aos mesmos fatos). O fundamento da decisão foi, dentre outros, o art. 22, §3º, da LINDB, segundo o qual as sanções aplicadas devem considerar as "demais sanções de mesma natureza e relativas ao mesmo fato".[281]

5.4.5 Possibilidade de requerer a reabilitação antes do decurso do prazo mínimo de aplicação da penalidade

É importante observar que os prazos mínimos de um e três anos são para a obtenção da reabilitação. Não significa que o interessado

---

[281] Nos termos do acórdão do TCU: "embora os fundamentos legais para as sanções aplicadas por CGU e TCU sejam distintos, entende-se que o art. 22, §3º, da LINDB é aplicável, uma vez que os fatos apurados são os mesmos e as sanções têm mesma natureza (administrativa) e, a rigor, possuem efeito similar (impedimento para participar de licitações promovidas pela Administração Pública Federal)" (TCU – Acórdão 977/2023-Plenário, Rel. Min. Benjamin Zymler, j. 17.5.2023). O correto entendimento do TCU já era defendido por Yasser Gabriel em excelente obra sobre a harmonização de decisões nas diferentes esferas administrativas (GABRIEL, Yasser. *Sanções do direito administrativo*. São Paulo: Almedina, 2023, p. 236-241).

deva esperar um ou três anos para, somente então, apresentar um requerimento de reabilitação que dará início a um procedimento administrativo específico. A essa questão se retornará no Capítulo 6, que trata das questões procedimentais relativas à reabilitação.

5.5 Cumprimento das obrigações definidas no ato punitivo

O inciso IV do art. 163 da Lei 14.133/2021 estabelece como requisito adicional para obter a reabilitação o cumprimento das obrigações de reabilitação definidas no ato punitivo, ou seja, na decisão que aplicou o impedimento ou a declaração de inidoneidade para licitar e contratar com a Administração Pública.

5.5.1 A existência de relativa liberdade para a definição dos requisitos para reabilitação do licitante ou contratado

Extrai-se do inciso IV do art. 163 da Lei 14.133/2021 que há relativa margem de liberdade para o estabelecimento de requisitos não previstos expressamente em lei para a reabilitação do licitante ou contratado apenado.

A sistemática de estabelecimento de requisitos para reabilitação pela autoridade competente, com relativa discricionariedade, encontra paralelo no direito norte-americano. Como visto no Capítulo 2, a FAR 9.406-4(c) estabelece que o prazo de *debarment* pode ser abreviado em função de "outros motivos que o oficial responsável pela proibição considere apropriados". Portanto, naquele sistema, atribui-se ampla discricionariedade para que a autoridade competente avalie a questão de acordo com o que ela entenda apropriado.

Já no direito brasileiro, embora exista certa discricionariedade para o estabelecimento de requisitos para a reabilitação, ela é exercida de acordo com uma sistemática diferente. O ato punitivo é que estabelecerá os requisitos, e não a autoridade responsável pela avaliação do pedido de reabilitação. Pretende-se que haja maior segurança jurídica no exercício da discricionariedade. A autoridade que aplicou a sanção já deverá prever desde logo os requisitos que o apenado deverá cumprir caso queira buscar a sua reabilitação. Dessa forma, a partir do momento em que sofreu a aplicação da penalidade, o particular poderá dar início às medidas necessárias para atender os requisitos para a sua reabilitação. A ideia é que o particular não poderá ser surpreendido com a formulação de requisitos de modo intempestivo, que, no limite, poderão simplesmente tornar impossível a sua reabilitação, por mais eficientes que forem os esforços do interessado.

5.5.2 Proporcionalidade e efetividade na fixação de requisitos pelo ato punitivo

O fato de a Lei 14.133/2021 não ter previsto uma lista nem mesmo exemplificativa de requisitos de reabilitação que podem ser estabelecidos pelo ato punitivo não significa que haverá liberdade total na sua fixação. Na ausência de parâmetros mais concretos, será importante que as condições previstas atendam a pelo menos dois requisitos: proporcionalidade e efetividade.[282]

Em termos de proporcionalidade, as condições de reabilitação definidas no ato punitivo deverão ser razoáveis, ou seja, não podem ser excessivas a ponto de inviabilizar a reabilitação dos particulares, nem insuficientes de modo a permitir a reabilitação mesmo quando o particular não esteja comprometido com a instituição de novas práticas – muito embora, além dos requisitos estabelecidos no ato punitivo, sempre terão de ser observados os requisitos legais do art. 163 da Lei 14.133/2021.

Quanto à efetividade, é imprescindível que as condições estabelecidas para a reabilitação tenham por objetivo a superação dos motivos determinantes da punição. Não faz sentido exigir do particular a execução de medidas que não tenham nenhuma relação com a superação dos motivos que levaram ao seu afastamento do mercado de contratações públicas. A reabilitação consiste no reconhecimento de que o particular apenado voltou a gozar da confiabilidade necessária. Por decorrência, qualquer exigência feita ao particular deverá ter relação com a superação dos motivos que levaram à aplicação da penalidade.

---

[282] Como defende Sarah Schoenmaeckers à luz do direito comunitário europeu, mas em lição plenamente aplicável ao sistema brasileiro, o estabelecimento das medidas necessárias dependerá notadamente da natureza da razão de exclusão do licitante, da duração e gravidade dos danos causados (SCHOENMAEKERS, Sarah. Self-cleaning and leniency: Comparable objectives but different levels of success? *European Procurement & Public Private Partnership Law Review*, n. 13, 2018, p. 7).

Nesse sentido, o inciso III do art. 2º da Portaria 1.214 de 8 de junho de 2020 da CGU,[283] que trata da reabilitação de empresas no âmbito da CGU, estabelece que um dos requisitos para a reabilitação consiste na adoção de medidas *"que demonstrem a superação dos motivos determinantes da punição*, o que inclui a implementação e a aplicação de programa de integridade", instituído de acordo com os parâmetros do art. 57 do Decreto 11.129/2022, que regulamenta a Lei Anticorrupção.

Ainda que a Portaria se restrinja ao âmbito da CGU, a exigência de que os requisitos realmente demonstrem a superação dos motivos que levaram à aplicação das sanções parece-nos essencial. Não só as medidas exigidas devem demonstrar a superação dos motivos que levaram à aplicação da penalidade, como é imprescindível que elas tenham relação com a superação dos motivos determinantes da punição aplicada. Medidas sem qualquer relação com a restauração da confiabilidade do particular não serão cabíveis.

Evidentemente, não há como se estabelecer em tese quais medidas concretas demonstrarão a superação das razões que levaram à aplicação da penalidade. Será necessário avaliar as circunstâncias concretas de cada ato reputado indevido e compreender as circunstâncias que propiciaram a sua ocorrência de modo a se definir as medidas necessárias para que situações similares não voltem a ocorrer.

5.5.3 Exemplos de medidas que podem ser estabelecidas pelo ato punitivo

Apenas como exemplos, podem ser apontadas possíveis medidas que são previstas no art. 57 da Diretiva 24/2014 da União Europeia – que, como já visto no Capítulo 2, trata do *self-cleaning* de licitantes afastados de contratações públicas.

São exemplos: (i) o ressarcimento dos danos causados (que o art. 163, inciso II, da Lei 14.133/2021 já prevê, mas que o ato de aplicação da penalidade poderá estabelecer desde logo quantos e quais são); (ii) o esclarecimento dos fatos e das circunstâncias ocorridas por meio de uma

---

[283] Art. 2º, inciso III, da Portaria 1.214, de 8 de junho de 2020, da CGU, com a redação conferida pela Portaria Normativa 54, de 14 de fevereiro de 2023, da CGU: "Art. 2º. São requisitos cumulativos para a concessão da reabilitação: (...)III – a adoção de medidas que demonstrem a superação dos motivos determinantes da punição, o que inclui a implementação e a aplicação de programa de integridade, instituído de acordo com os parâmetros estabelecidos pelo art. 57 do Decreto nº 11.129, de 11 de julho de 2022".

colaboração ativa com as autoridades responsáveis pelas investigações; (iii) a adoção de medidas concretas, técnicas, organizativas e de pessoal adequadas para evitar que situações similares aconteçam (por exemplo, demissão das pessoas envolvidas com a prática apenada, reorganização da estrutura da empresa para permitir maiores controles internos que sejam capazes de evitar situações como a ocorrida, dentre outras).

Outro exemplo possível consiste no estabelecimento, pelo ato punitivo, da obrigação de implantação ou aperfeiçoamento de programa de integridade pelo interessado. O parágrafo único do art. 163 da Lei 14.133/2021 estabelece que essas medidas são obrigatórias para a reabilitação de licitantes que incorreram nas condutas de apresentação de declaração ou documentação falsa em licitação ou durante a execução de contrato (art. 155, VIII) e de prática de ato lesivo previsto no art. 5º da Lei Anticorrupção (art. 155, XII). Entretanto, nada impede que o ato punitivo estabeleça essas medidas como requisitos à reabilitação para outras situações que não necessariamente aquelas indicadas nos incisos VIII e XII do art. 155 da Lei 14.133/2021, caso repute que tais providências sejam relevantes para o caso concreto. O fato de a Lei 14.133/2021 exigir a implantação ou aperfeiçoamento de programa de integridade para duas situações específicas não impede que elas sejam exigidas pelo ato punitivo para a reabilitação decorrente de outras condutas.

A restituição de lucros ilícitos (*disgorgement of profits*) também pode em tese ser uma medida estabelecida no ato de punição. Apesar de não constituir uma obrigação legal, uma vez que não deve ser compreendida como reparação de danos à Administração Pública conforme exposto acima, a restituição de lucros ilicitamente obtidos é condizente com a lógica do restabelecimento da confiabilidade do interessado.[284] Entretanto, deverá se ter cautela com esse requisito para que ele não se transforme num mero óbice à aplicação da reabilitação (situação qualificável como de "consensualidade abusiva").[285] Se a Administração

---

[284] A medida é inclusive prevista na Portaria Normativa 155/2024 da CGU, que trata dos termos de compromisso relativos a atos enquadrados na Lei Anticorrupção. Um dos requisitos para a celebração do termo de compromisso é o seguinte: "perder, em favor do ente lesado ou da União, conforme o caso, os valores correspondentes ao acréscimo patrimonial indevido ou ao enriquecimento ilícito direta ou indiretamente obtido da infração, nos termos e nos montantes definidos na negociação" (art. 2º, inciso III, alínea *b*).

[285] Sobre o tema da consensualidade abusiva, confira-se o excelente artigo de André Cyrino e Felipe Salathé: CYRINO, André; SALATHÉ, Felipe: A consensualidade abusiva no direito administrativo: notas iniciais de teorização. *Revista Estudos Institucionais*, v. 10, n. 2, p. 634-660, mai./ago. 2024.

Pública entende que houve lucros ilícitos, deverá quantificá-los com base em elementos concretos e de modo razoável. A mera alegação de existência de lucros ilícitos sem uma demonstração consistente e objetiva acabará apenas por impedir a aplicação do instituto da reabilitação, frustrando os objetivos do art. 163 da Lei 14.133/2021.

Todos esses exemplos se relacionam diretamente com os motivos determinantes da punição. Destinam-se a evitar que haja novas irregularidades. Por isso, reputa-se que são pertinentes e compatíveis com o instituto da reabilitação.[286]

5.5.4 Possibilidade de estabelecimento de requisitos de modo consensual

É possível que a empresa sancionada e a Administração Pública estabeleçam os requisitos de reabilitação para o caso concreto de modo consensual. Nada impede que haja uma negociação entre as partes nesse sentido. O racional de consensualidade aplicável é o mesmo que informa acordos de suspensão de procedimentos e acordos de leniência.

A definição consensual de requisitos de reabilitação pode ocorrer ao longo do processo administrativo sancionador, bem como em eventual acordo ou termo de compromisso celebrado concomitantemente à aplicação da penalidade ou depois dessa aplicação.

Na realidade, em muitos casos será até mesmo recomendável que haja o estabelecimento consensual de requisitos de reabilitação. Isso permite que se evitem possíveis dúvidas que acabam dificultando processos de reabilitação (como a definição do montante dos danos

---

[286] O art. 226, inciso IV, do Decreto 10.086/2022 do Estado do Paraná, que regulamenta a Lei 14.133/2021 no âmbito da Administração Pública estadual, estabeleceu alguns exemplos de condições de reabilitação que podem ser estabelecidas no ato punitivo. O interessante é que todas elas têm relação com a situação do interessado (existência ou não de outras condenações). Confira-se: "Art. 226. É admitida a reabilitação do condenado perante a própria autoridade que aplicou a penalidade, exigidos, cumulativamente: [...] IV - cumprimento das condições de reabilitação definidas no ato punitivo, dentre elas que o reabilitando não: a) esteja cumprindo pena por outra condenação; b) tenha sido definitivamente condenado, durante o período previsto no inciso III desse artigo, a quaisquer das penas previstas no art. 156 da Lei Federal nº 14.133, de 2021, imposta pela Administração Pública Direta ou Indireta do Estado do Paraná; c) tenha sido definitivamente condenado, durante o período previsto no inciso III desse artigo, por ato praticado após a sanção que busca reabilitar, a pena prevista no inciso IV do art. 156 da Lei Federal nº 14.133, de 2021, imposta pela Administração Pública Direta ou Indireta dos demais Entes Federativos".

causados à Administração, por exemplo). Além disso, as partes (Administração Pública e licitante apenado) são os maiores interessados em definir os requisitos de modo concreto, líquido e suficientemente claro, de modo a evitar possíveis discussões judiciais que costumam ser negativas para todos os envolvidos.

Especialmente se houver a previsão de requisitos de reabilitação que demandem definições concretas mais detalhadas (como prestações de fazer assumidas pelo interessado, pagamentos parcelados de multas, concessões de garantias etc.), o estabelecimento consensual dessas definições será recomendável. Pode-se inclusive estabelecer um acompanhamento contínuo de cumprimento dos requisitos, num autêntico *Regime de Recuperação Habilitatória*.

Logicamente, haverá limites ao estabelecimento consensual dos requisitos de reabilitação. Os requisitos previstos em lei deverão ser observados. Além disso, deverá haver um cuidado com a isonomia no estabelecimento desses requisitos. A governança dos acordos com esse conteúdo deverá ser adequada.

5.5.5 O silêncio do ato punitivo quanto à fixação de requisitos

Se o ato punitivo não estabelecer as condições de reabilitação para a empresa apenada, o particular poderá solicitar que elas sejam estabelecidas de forma clara. É do seu interesse que, se for o caso de o ato punitivo estabelecer requisitos, deverá fazê-lo mediante o estabelecimento de requisitos claros, precisos e pertinentes em relação ao ato considerado irregular.

Para evitar dúvidas sobre as condições de reabilitação, o ideal é que a autoridade competente, ao aplicar as sanções de impedimento ou de declaração de inidoneidade, estabeleça claramente as condições de reabilitação.

De todo modo, no silêncio do ato punitivo, e sem que haja provocações sobre o assunto, deve-se concluir que o ato não estabeleceu requisitos adicionais para a reabilitação. Assim, para obter a sua reabilitação, o particular deverá cumprir os requisitos previstos no art. 163 da Lei 14.133/2021.

Até se poderia dizer que o particular precisaria provocar a autoridade para que ela estabelecesse os requisitos de reabilitação. No entanto, embora o particular possa provocar a Administração Pública, ele não tem a obrigação de fazer isso. Na ausência de requisitos adicionais para a reabilitação no ato punitivo, caberá ao particular apenas o cumprimento das demais exigências constantes do art. 163 da Lei 14.133/2021.

5.6 Implantação ou aperfeiçoamento de programa de integridade

Um dos requisitos para a reabilitação de licitantes e contratados pode consistir na implantação ou aperfeiçoamento de programa de integridade.

5.6.1 Âmbito de aplicação do requisito

Diferentemente do que ocorre com os demais requisitos legais para a reabilitação, o art. 163, parágrafo único, da Lei 14.133/2021 exige a implantação ou aperfeiçoamento de programa de integridade apenas de licitantes ou contratados que incorreram em uma das seguintes condutas: (i) apresentação de declaração ou documentação falsa exigida para o certame ou prestação de declaração falsa durante a licitação ou a execução do contrato (art. 155, VIII), e (ii) prática de ato lesivo previsto no art. 5º da Lei 12.846/2013 (Lei Anticorrupção).

O art. 5º da Lei Anticorrupção contempla diversas condutas consistentes em atos lesivos à Administração Pública por atentarem contra o patrimônio público, os princípios da Administração Pública e os compromissos internacionais assumidos pelo Brasil. São elas: (i) prometer, oferecer ou dar, direta ou indiretamente, vantagem indevida a agente público, ou a terceira pessoa a ele relacionada; (ii) comprovadamente, financiar, custear, patrocinar ou de qualquer modo subvencionar a prática dos atos ilícitos previstos na Lei Anticorrupção; (iii) comprovadamente, utilizar-se de interposta pessoa física ou jurídica para ocultar ou dissimular seus reais interesses ou a identidade dos beneficiários dos atos praticados; (iv) dificultar atividade de investigação ou fiscalização de órgãos, entidades ou agentes públicos, ou intervir em sua atuação, inclusive no âmbito das agências reguladoras e dos órgãos de fiscalização do sistema financeiro nacional; e (v) especificamente no tocante a licitações e contratos: (v.a) frustrar ou fraudar, mediante ajuste, combinação ou qualquer outro expediente, o caráter competitivo de procedimento licitatório público; (v.b) impedir, perturbar ou fraudar a realização de qualquer ato de procedimento licitatório público; (v.c) afastar ou procurar afastar licitante, por meio de fraude ou oferecimento de vantagem de qualquer tipo; (v.d) fraudar licitação pública ou contrato dela decorrente; (v.e) criar, de modo fraudulento ou irregular, pessoa jurídica para participar de licitação pública ou celebrar contrato administrativo; (v.f) obter vantagem ou benefício indevido, de modo fraudulento, de modificações ou prorrogações de contratos celebrados com a administração pública, sem autorização em lei, no ato convocatório da licitação pública ou nos respectivos instrumentos contratuais; ou (v.g) manipular ou fraudar o equilíbrio econômico-financeiro dos contratos celebrados com a administração pública.

Portanto, as condutas que levam à exigência de criação ou aperfeiçoamento de programa de integridade para fins de reabilitação são muito graves. Denotam uma má-fé qualificada, que resultou no cometimento de atos que buscaram fraudar a licitação ou o contrato. Atacam, portanto, o núcleo essencial da sistemática das licitações e contratos, que é embasada na concorrência livre e aberta como instrumento para a obtenção de condições mais vantajosas à Administração Pública.

Devido à gravidade dessas condutas, parte-se do pressuposto de que o licitante ou o contratado que as praticou deve alterar radicalmente as suas práticas. Um dos instrumentos que denotam essa alteração consiste na criação ou aperfeiçoamento do programa de integridade.

Para a empresa que não dispõe de um programa de integridade, pressupõe-se que a criação desse instrumento, desde que feita com seriedade e resulte no efetivo envolvimento de todos os integrantes da empresa, será condição *sine qua non* para o seu retorno antecipado ao mercado de contratações públicas.

Já para a empresa que dispunha de um programa de integridade e mesmo assim incorreu nas graves condutas a que faz referência o parágrafo único do art. 163 da Lei 14.133.2021, pressupõe-se que o programa de integridade então existente falhou. Portanto, é necessário aperfeiçoá-lo por meio de medidas efetivas a fim de que as mesmas práticas não se repitam no futuro.[287]

---

[287] Justamente por isso, o parágrafo único do art. 4º do Decreto 12.304/2024 estabelece o seguinte: "Para fins do disposto no inciso III do *caput*, se a pessoa jurídica possuía programa de integridade implantado quando da aplicação da sanção em relação a qual objetiva se reabilitar, deverá comprovar o seu aperfeiçoamento".

5.6.2 Possibilidade de haver exigência pelo ato punitivo

A Lei 14.133/2021 exige a implementação ou aperfeiçoamento de programa de integridade para reabilitação de licitantes que incorreram apenas nas condutas descritas nos incisos VIII e XII do art. 155. Portanto, a lei não exige a criação nem o aperfeiçoamento de programas de integridade para outras situações de reabilitação.[288]

Isso não quer dizer, entretanto, que o ato punitivo não possa exigir a criação e o aperfeiçoamento de programa de integridade em casos concretos que não envolveram as condutas especificadas pelos incisos VIII e XII do art. 155 da Lei 14.133/2021. Isso porque o parágrafo único do art. 163 apenas estabeleceu os casos em que a exigência em questão é obrigatória por lei. Não vedou a possibilidade de sua exigência para outros casos. Assim, é plenamente possível que o ato punitivo, fazendo uso da faculdade prevista no inciso IV do art. 163, exija do interessado na sua reabilitação a criação ou aperfeiçoamento de um programa de integridade. O fato de essa exigência ser obrigatória por lei para algumas situações não impede que ela seja feita em outros casos, por atos infralegais.

A existência de um programa de integridade efetivo é plenamente compatível com o que se espera de qualquer licitante interessado em sua reabilitação. Trata-se de providência inegavelmente salutar, que denota um compromisso firme da empresa na instituição de novas práticas no seu relacionamento com a Administração Pública. Por isso, tal providência pode em tese ser compatível com a generalidade das situações que levaram à aplicação das medidas de impedimento ou declaração de inidoneidade.

Entretanto, deve-se ter cautela para que a exigência pelo ato punitivo de criação ou aperfeiçoamento de um programa de integridade não se transforme num instrumento de restrição à competitividade. Isso porque há certas condutas que claramente não têm nenhuma relação com programas de integridade, ou seja, não seriam evitadas caso

---

[288] A afirmação não significa que a legislação não exija a implantação de programas de integridade para outras situações, não relacionadas à reabilitação de licitantes. Nesse sentido, o art. 25, §4º, da Lei 14.133/2021 estabelece a obrigatoriedade de implantação de programa de integridade em certas hipóteses, nos seguintes termos: "§4º Nas contratações de obras, serviços e fornecimentos de grande vulto, o edital deverá prever a obrigatoriedade de implantação de programa de integridade pelo licitante vencedor, no prazo de 6 (seis) meses, contado da celebração do contrato, conforme regulamento que disporá sobre as medidas a serem adotadas, a forma de comprovação e as penalidades pelo seu descumprimento". O dispositivo é regulamentado pelo Decreto 12.304/2024.

houvesse um programa de integridade. Se o objetivo fosse prever sempre um programa de integridade como requisito para a reabilitação, isso já estaria expresso na Lei 14.133/2021. Entretanto, a Lei apenas exigiu essa providência para situações bastante específicas. Eventual extensão desmedida da exigência para situações em que ela não é efetivamente relevante acaba depondo contra a própria sistemática legal de somente fazer a exigência para casos específicos.

Isso é evidente em relação, por exemplo, à conduta de "dar causa à inexecução parcial do contrato" (art. 155, inciso I). Tal conduta é passível de aplicação, em princípio, de penalidade de advertência, a não ser que comporte, pela gravidade da inexecução, uma penalidade mais grave (art. 156, §2º). Portanto, em princípio a penalidade aplicável já é mais leve. A aplicação de um impedimento ou uma declaração de inidoneidade será excepcional. Além disso, a inexecução parcial de um contrato não denota necessariamente uma má-fé do contratado, muito menos uma tentativa de fraudar o caráter competitivo de uma licitação. Assim, se a inexecução parcial de um contrato somente de forma excepcional pode resultar num impedimento ou declaração de inidoneidade, e se ela nada tem a ver com a temática de um programa de integridade, não parece haver justificativa para se exigir a criação ou aperfeiçoamento desse tipo de programa como condição para a reabilitação.

O mesmo raciocínio se aplica às condutas descritas nos incisos II a VII do art. 155 da Lei 14.133/2021. Trata-se de atos que não denotam necessariamente uma má-fé grave por parte da empresa apenada, muito menos uma tentativa de burlar a sistemática das licitações e contratações públicas. Logo, a obrigatoriedade de se instituir ou aperfeiçoar um programa de integridade para a sua reabilitação não parece fazer sentido em muitas situações dessas situações; fará sentido apenas excepcionalmente, dependendo das circunstâncias do caso concreto.

Como se vê, a exigência de um programa de integridade como requisito para reabilitação não pode ser vulgarizada. Somente poderá ser exigido quando efetivamente fizer sentido à luz das circunstâncias concretas. O fundamental é que a exigência de implementação ou aperfeiçoamento de um programa de integridade possa efetivamente contribuir de forma relevante para que os mesmos atos não voltem a ser praticados. Caberá ao ato punitivo fundamentar adequadamente a exigência estabelecida e como ela efetivamente contribui para a reabilitação da empresa naquela situação concreta.

Por conseguinte, o licitante ou contratado que discordar da exigência em questão poderá interpor recurso em face dela – oportunidade em que deverá demonstrar a impertinência da criação ou aperfeiçoamento de programa de integridade como requisito para reabilitação.

5.6.3 O conceito de programa de integridade

A Lei 14.133/2021, embora faça referências a programas de integridade em alguns dispositivos, em nenhum momento define o que seria efetivamente um programa de integridade.

Na ausência de caracterização de programas de integridade pela Lei 14.133/2021, entende-se possível adotar a concepção prevista no art. 56 do Decreto 11.129/2022, que é o regulamento da Lei Anticorrupção – ao menos no tocante aos requisitos para reabilitação, uma vez que a conduta prevista no art. 155, inciso XII expressamente se reporta àquelas do art. 5º da Lei Anticorrupção.

Assim, para efeitos de verificação do cumprimento do parágrafo único do art. 163 da Lei 14.133/2021, deve-se compreender programa de integridade como o conjunto de mecanismos e procedimentos internos de integridade, auditoria e incentivo à denúncia de irregularidades e na aplicação efetiva de códigos de ética e de conduta, políticas e diretrizes, com dois objetivos centrais: (i) prevenir, detectar e sanar desvios, fraudes, irregularidades e atos ilícitos praticados contra a Administração Pública, e (ii) fomentar e manter uma cultura de integridade no ambiente organizacional.[289]

Esses são os elementos centrais que caracterizam um programa de integridade. Sendo assim, para que obtenham sua reabilitação caso tenham incorrido nas condutas previstas no art. 155, incisos VIII e XII, as empresas deverão demonstrar que criaram ou aperfeiçoaram um efetivo programa de integridade, relacionando cada característica do programa criado ou aperfeiçoado com os requisitos do art. 56 do Decreto 11.129/2022.

---

[289] Para Rafael Carvalho Rezende Oliveira: "A exigência de programa de integridade para reabilitação do licitante nos casos indicados pelo legislador representa importante incentivo para o autossaneamento (self-cleaning) das empresas punidas que deverão adotar medidas corretivas e preventivas, que reduzam o risco de prática de ilícitos, para recuperarem a sua condição de potencial contratante do Poder Público" (OLIVEIRA, Rafael Carvalho Rezende. *Nova lei de licitações e contratos administrativos*: comparada e comentada. Rio de Janeiro: Forense, 2021, p. 368).

5.6.4 A plasticidade na fixação de requisitos para os programas de integridade

Apesar de haver previsões claras no art. 56 do Decreto 11.129/2022 acerca de características gerais dos programas de integridade, não existe "fórmula pronta" a ser seguida em todo e qualquer caso. Os programas de integridade deverão sempre levar em conta o tipo de atividade desempenhada pelo interessado e os riscos envolvidos, na forma do parágrafo único do art. 56 do Decreto 11.129/2022.[290]

5.7 Comentários finais sobre os requisitos de reabilitação

A Lei 14.133/2021 adotou a sistemática de prever requisitos obrigatórios de reabilitação, deixando para o ato punitivo a possibilidade de estabelecimento de requisitos adicionais.

Toda definição de requisitos de reabilitação envolverá sempre uma avaliação de dois vetores: necessidade e utilidade. Basicamente, projetam-se para o futuro os efeitos dos requisitos estabelecidos, de modo a se fazer um exercício acerca de sua eficácia para o restabelecimento da confiabilidade do particular que foi apenado, de modo que ele deixe de representar um risco intolerável à Administração Pública.[291]

Será importante que haja uma preocupação com a razoabilidade e a suficiência dos requisitos de reabilitação.

No mais, é plenamente possível que o ato punitivo estabeleça requisitos que conduzam a um *Regime de Recuperação Habilitatória*, com o estabelecimento de prazos e a previsão de monitoramentos. A Lei 14.133/2021 não veda essa possibilidade.

---

[290] O parágrafo único do art. 56 do Decreto 11.129/2022 estabelece o seguinte: "O programa de integridade deve ser estruturado, aplicado e atualizado de acordo com as características e os riscos atuais das atividades de cada pessoa jurídica, a qual, por sua vez, deve garantir o constante aprimoramento e a adaptação do referido programa, visando garantir sua efetividade".

[291] FRITON, Pascal; ZÖLL, Janis. Exclusion grounds. In: CARANTA, Roberto; SANCHEZ-GRAELLS, Albert (org.). *European Public Procurement*: commentary on Directive 2014/24/EU. Cheltenham-Northampton: Edward Elgar, 2021, p. 629.

CAPÍTULO 6

QUESTÕES PROCEDIMENTAIS NA REABILITAÇÃO

6.1 Introdução

Examinados em detalhes os requisitos para a reabilitação de licitantes e contratados, passa-se neste capítulo a tratar das questões procedimentais envolvidas na reabilitação dos interessados.

É fundamental compreender a dinâmica procedimental da reabilitação (a "reabilitação em movimento"). Isso porque, sob um certo ângulo, a reabilitação de um interessado é o resultado das definições e análises realizadas em um procedimento administrativo. Em alguns casos, esse procedimento será mais complexo e demorado do que em outros, a depender das questões envolvidas e dos requisitos aplicáveis. De todo modo, ainda que se trate de uma questão relativamente simples, algum exame em ambiente procedimental será realizado. Por isso, é importante compreender como se dão os processos de reabilitação em termos procedimentais.

Esclareça-se que o objetivo da exposição reside em tratar de questões procedimentais que tendem a surgir em processos de reabilitação. Não se pretende descrever em detalhes como se deve desenvolver um procedimento de reabilitação por dois motivos: primeiro, porque os processos de reabilitação podem variar significativamente de acordo com cada situação, não havendo uma regra geral absoluta que estabeleça como eles devem ocorrer em termos procedimentais; segundo, porque cada Administração Pública pode prever normativamente um procedimento-base de reabilitação, o qual pode variar bastante em cada seara.

6.2 O estabelecimento dos requisitos de reabilitação na decisão de aplicação da penalidade

As definições de como será o procedimento de reabilitação iniciam-se como as condições estabelecidas no ato punitivo.

O inciso IV do art. 163 da Lei 14.133/2021 estabelece como requisito de reabilitação que o interessado cumpra as condições de reabilitação "definidas no ato punitivo". O requisito em si já foi examinado no Capítulo 5. Aqui, serão tratadas as questões procedimentais.

6.2.1 Requisitos de reabilitação não estabelecidos em lei

É fundamental que o ato punitivo trate dos requisitos de reabilitação. Caso a autoridade competente para tanto entenda que será necessário o cumprimento de certos requisitos que não foram previstos em lei, será imprescindível que o ato punitivo os estabeleça com clareza.

6.2.2 Requisitos de reabilitação estabelecidos em lei

Mesmo em relação aos requisitos de reabilitação estabelecidos em lei, é conveniente que o ato punitivo trate deles. Isso porque os requisitos legais, de modo geral, são bastante genéricos e poderão não ser cumpridos pelo interessado na ausência de um maior detalhamento acerca do seu conteúdo no caso concreto.

A "reparação integral do dano causado" (art. 163, I), por exemplo, não pode ser cumprida pelo interessado na sua reabilitação se ele não souber exatamente qual o entendimento da Administração Pública acerca do dano causado.

O mesmo se aplica às situações em que a reabilitação é condicionada à "implantação ou aperfeiçoamento de programa de integridade" (art. 163, parágrafo único). O ato punitivo deverá estabelecer ao menos os requisitos gerais que precisam ser cumpridos para que se considere que um programa de integridade foi efetivamente implantado ou aperfeiçoado, ou pelo menos se reporte a alguma norma aplicável sobre o tema.

6.2.3 Necessidade de estabelecimento de requisitos precisos e claros

É importante que os requisitos de reabilitação estabelecidos pelo ato punitivo sejam precisos e claros a respeito do seu conteúdo. Isso se aplica não somente aos requisitos não previstos em lei, mas também ao detalhamento dos requisitos previstos em lei. Deve haver clareza em relação ao conteúdo das medidas de reabilitação, ao prazo do seu cumprimento, e em relação a tudo o que for necessário para que o interessado possa cumpri-los adequadamente.

A clareza na definição dos requisitos de reabilitação não é uma mera benevolência da Administração Pública em favor do particular. Trata-se de uma medida necessária para a execução da reabilitação como instituto relevante para o direito administrativo sancionador e para o aprimoramento das relações público-privadas. Seria contraditório prever a figura da reabilitação no ordenamento jurídico e não propiciar condições materiais para a sua concreta aplicação.

6.2.4 Direito do interessado em exigir o estabelecimento dos requisitos

O particular apenado tem o direito de exigir que o ato punitivo estabeleça com clareza os requisitos de reabilitação e todo o detalhamento necessário para que eles possam ser cumpridos.

De um lado, isso permitirá que o interessado em sua reabilitação cumpra os requisitos estabelecidos. Se não fosse assim, a aplicação concreta da reabilitação simplesmente ficaria impossibilitada, o que frustra os objetivos do art. 163 da Lei 14.133/2021.

De outro lado, o estabelecimento dos requisitos de reabilitação no ato punitivo permite que haja controle a respeito do seu conteúdo – ou seja, sobre sua pertinência e suficiência para a reabilitação do interessado.

Um dos requisitos de mais complexa definição no ato punitivo será a definição do valor do ressarcimento de danos à Administração Pública. Isso passa necessariamente por uma análise que muitas vezes nem mesmo a Administração Pública fez ainda quando decide pela necessidade de aplicação de uma penalidade ao particular.

A dificuldade de definição do valor da reparação de danos será ainda maior quando se considera que a indenização poderá abranger também o interesse positivo da Administração, conforme exposto no Capítulo 5. Normalmente, o cálculo de indenização de um interesse positivo será de difícil liquidação. A própria conversão de um cumprimento *in natura* em termos pecuniários não configura mero cálculo aritmético e sua aplicação por vezes não se limita a considerar o dano decorrente da resolução contratual.

De todo modo, todos esses aspectos já deverão ser previstos no ato punitivo. Quando menos, deve-se exigir que o ato de aplicação da penalidade estabeleça a dinâmica de apuração do dano para que haja o ressarcimento, e que essa apuração ocorra com celeridade, de modo a não comprometer o tempo necessário para a adoção das providências necessárias à reabilitação. De todo modo, a rigor, tudo isso já deveria estar previsto no ato punitivo.

6.2.5 Cabimento da definição consensual dos requisitos

É cabível que a definição dos requisitos de reabilitação ocorra de forma consensual entre a Administração Pública e o particular interessado. Havendo convergência entre as partes, pode-se celebrar um termo de compromisso (ou outro instrumento consensual, independente da denominação que lhe seja atribuída) prevendo os requisitos aplicáveis e o seu detalhamento (valores envolvidos, prazos que deverão ser cumpridos etc.). Nada impede, inclusive, que se estabeleça de comum acordo que haja um monitoramento da implementação e desenvolvimento dos requisitos, num autêntico *Regime de Recuperação Habilitatória*.

Essa definição consensual dos requisitos de reabilitação poderá ocorrer antes da aplicação da penalidade, ocasião em que será possível suspender o procedimento sancionador e, ao final, deixar de aplicar o impedimento ou declaração de inidoneidade caso os requisitos tenham sido devidamente cumpridos. Mas a definição poderá acontecer também de modo concomitante ao ato punitivo, ou mesmo posteriormente – inclusive para se suprir lacunas deixadas pelo ato de aplicação da penalidade ou para revisar e atualizar as condições eventualmente estabelecidas.

6.3 A questão das alterações subsequentes dos requisitos de reabilitação

Uma questão que se coloca diz respeito à possibilidade de haver alterações subsequentes nos requisitos de reabilitação definidos no ato punitivo.

6.3.1 Impossibilidade de surpresa ao interessado

Não é admissível que a empresa sancionada seja surpreendida com alterações nos requisitos de reabilitação. Ainda que a autoridade competente, depois do ato punitivo, altere o seu entendimento e repute que seria necessário o cumprimento de requisitos adicionais, não será possível modificar os requisitos de reabilitação de modo unilateral.

6.3.2 Possibilidade de alteração mediante consenso

Entretanto, é possível que as condições de reabilitação sejam modificadas mediante consenso entre a Administração Pública e o interessado. Os requisitos legais devem ser observados de toda forma, mas é cabível que as condições sejam modificadas se houver a concordância de ambas as partes.

Note-se que o mesmo acontece com relação a qualquer decisão de aplicação de penalidade administrativa. Depois de aplicada uma sanção, não é possível que a Administração resolva agravá-la. Nem mesmo em procedimento de revisão da penalidade, conforme estabelece o parágrafo único do art. 65 da Lei 9.874/1999.[292]

Não se diga que dessa forma o interessado não terá recuperado sua confiabilidade. A preclusão para o estabelecimento unilateral de requisitos de reabilitação terá ocorrido. E a preclusão é um instituto necessário para que se assegure a segurança jurídica. No conflito entre princípios, é mais razoável o entendimento de que a modificação unilateral dos requisitos de reabilitação não poderá ocorrer.

6.3.3 Possibilidade de revisão a pedido do interessado

É possível também que haja a revisão dos requisitos de reabilitação a pedido do interessado quando houver fatos ou circunstâncias novas ou não conhecidas antes que justifiquem a modificação pretendida.

De fato, poderá haver certas perturbações na execução dos requisitos por diversos fatores, como uma impossibilidade material superveniente de cumprimento cuja ocorrência não é atribuível ao interessado, uma modificação fática ou uma alteração normativa, que mudam o cenário que se tinha anteriormente.

Nesse contexto, inserem-se inclusive as situações de anulação de provas por decisões judiciais, que podem comprometer certas premissas levadas em conta no estabelecimento dos requisitos de reabilitação.

---

[292] O parágrafo único do art. 65 da Lei 9.784/1999 estabelece o seguinte: "Da revisão do processo não poderá resultar agravamento da sanção".

As modificações que podem conduzir à necessidade de revisão dos requisitos de reabilitação são diversas. Podem decorrer de diversos fatores e, portanto, não é possível enumerá-las de forma completa. O fato é que, havendo uma justificativa para o requerimento de revisão, seu embasamento normativo será a previsão do art. 65 da Lei 9.784/1999, que permite a revisão dos processos administrativos que resultaram na aplicação de sanções.

A revisão não seria necessariamente da sanção, mas das condições de reabilitação estabelecidas pelo ato punitivo. Como o dispositivo legal menciona a possibilidade de revisão dos "processos administrativos de que resultem sanções", entende-se que a fórmula é razoavelmente abrangente para abarcar a revisão das condições de reabilitação.

6.4 A "admissão" da reabilitação e a questão da discricionariedade administrativa

O art. 163 da Lei 14.133/2021 estabelece que é "admitida" a reabilitação quando forem cumpridos os requisitos estabelecidos pela lei e eventualmente pelo ato punitivo para tanto.

6.4.1 O direito à reabilitação

A expressão utilizada pelo dispositivo ("é admitida") pode passar a impressão de que o acolhimento ou não do requerimento de reabilitação estaria sujeito a uma definição discricionária por parte da autoridade que aplicou a penalidade. Ou seja, mesmo diante do cumprimento inequívoco dos requisitos de reabilitação estabelecidos, caberia à autoridade definir se admitiria ou não a reabilitação no caso concreto.

Entretanto, não é esta a melhor interpretação. Nas hipóteses em que o interessado cumprir os requisitos de reabilitação estabelecidos para o caso concreto, terá o direito de que seja reconhecida a sua reabilitação.

Pode haver alguma margem de interpretação a respeito do cumprimento ou não dos requisitos. Entretanto, não haverá discricionariedade por parte da autoridade competente para definir se haverá ou não direito à reabilitação.[293] O direito à reabilitação é líquido e certo em

---

[293] No mesmo sentido: PEDRA, Anderson; TORRES. Ronny Charles Lopes de. O regime sancionatório na nova lei de licitações (Lei nº 14.133/2021). In: CARVALHO, Mateus; BELÉM, Bruno; TORRES, Ronny Charles Lopes de (coord). *Temas controversos da nova lei de licitações e contratos*. São Paulo: JusPodivm, 2021, p. 255.

favor do interessado que cumprir os requisitos aplicáveis. Ele não pode ser surpreendido com convicções pessoais subjetivas da autoridade.

6.4.2 O direito a uma decisão em prazo razoável

Uma das maiores omissões da Lei 14.133/2021 a propósito da reabilitação de licitantes e contratados diz respeito à ausência de prazo para uma decisão sobre o cumprimento dos requisitos aplicáveis. Entretanto, apesar de não haver previsão legal, é direito do interessado que haja uma decisão a respeito do requerimento de reabilitação em prazo razoável. A razoável duração do processo é um direito constitucional.[294]

Eventual demora excessiva na decisão do requerimento de reabilitação acaba por frustrar a aplicação concreta do instituto, o que serve de desincentivo para medidas como essa nas contratações públicas em geral.

Não se ignora o fato de que o reconhecimento do cumprimento de certos requisitos pode demandar certo tempo, mas isso não justifica demoras excessivas. Ademais, essa questão reforça a necessidade de que os requisitos de reabilitação sejam fixados com clareza, o que contribui para uma maior celeridade na decisão dos pedidos de reabilitação.

6.5 Autoridade competente para decidir o pedido de reabilitação

O *caput* do art. 163 da Lei 14.133/2021 estabelece que a reabilitação deve ocorrer perante a própria autoridade que aplicou a penalidade de impedimento ou declaração de inidoneidade.

Trata-se de uma questão de paralelismo. Se uma autoridade tem competência para a aplicação de uma sanção, deve caber a ela a decisão sobre o pedido de reabilitação, que tem por efeito justamente o abreviamento do prazo de incidência da medida. Do contrário, haveria um potencial comprometimento da competência da autoridade, dado que os efeitos da sua decisão poderiam ser alterados por autoridades sem a mesma competência.

Por "autoridade que aplicou a penalidade", deve-se considerar o cargo, e não a pessoa. O requerimento de reabilitação, portanto, deverá

---

[294] O inciso LXXVIII do art. 5º da Constituição Federal estabelece que "no âmbito judicial e administrativo, são assegurados a razoável duração do processo e os meios que garantam a celeridade de sua tramitação".

ser apreciado pela pessoa que ocupa o cargo com competência para a aplicação da sanção, ainda que não seja a mesma pessoa que aplicou a penalidade no caso concreto.

Caso o cargo tenha sido extinto, a decisão sobre o pedido de reabilitação caberá ao ocupante do cargo para o qual foi estabelecida a competência para a aplicação da sanção.

6.6 Possibilidade de controle judicial da decisão

Ainda que a decisão de reabilitação caiba à autoridade administrativa competente, não se pode afastar a possibilidade de controle judicial da decisão. Isso porque a margem de interpretação a respeito do cumprimento dos requisitos de reabilitação é relativamente restrita. Não se trata de substituir a discricionariedade do administrador público pela discricionariedade do Judiciário, mas de discutir a legalidade da decisão que foi tomada.

Em relação ao direito comunitário europeu, a Corte de Justiça da União Europeia, no caso *Vert Maritime*, reconheceu que as autoridades judiciais podem ser chamadas a analisar se os requisitos para o *self-cleaning* foram devidamente cumpridos. Os motivos para a decisão foram a ampla margem de liberdade que os Estados-membros têm para internalizar as normas da Diretiva 2014/24/EU e a possibilidade de o Judiciário conduzir procedimentos objetivos e independentes de verificação do cumprimento dos requisitos.[295]

No sistema brasileiro, a decisão cabe à autoridade administrativa que aplicou a penalidade, mas o Poder Judiciário pode ser chamado para resolver dois tipos de questões: decidir sobre a legalidade da decisão tomada e determinar providências para que haja uma decisão em tempo razoável (seja fixando prazo para tanto, seja substituindo-se à omissão da autoridade).

6.7 A questão do decurso do prazo mínimo de incidência da penalidade

O inciso III do art. 163 da Lei 14.133/2021 estabelece como um dos requisitos para a reabilitação o transcurso do prazo mínimo de um

---

[295] FRITON, Pascal; ZÖLL, Janis. Exclusion grounds. In: CARANTA, Roberto; SANCHEZ-GRAELLS, Albert (org.). *European Public Procurement*: commentary on Directive 2014/24/EU. Cheltenham-Northampton: Edward Elgar, 2021, p. 628.

ano da aplicação do impedimento de licitar e contratar ou de três anos da aplicação da declaração de inidoneidade.

Os prazos mínimos de um e três anos são para a *incidência concreta* da penalidade que tiver sido aplicada. Não significa que o interessado deva esperar o decurso de um ou três anos para, somente então, apresentar um requerimento de reabilitação que dará início a um procedimento administrativo específico. A rigor, não há nada que impeça o interessado de apresentar seu requerimento de reabilitação antes do decurso do prazo mínimo de aplicação da penalidade – mesmo porque a análise da presença dos requisitos poderá tomar certo tempo.

Essa parece ser a melhor interpretação a partir da previsão do art. 163 da Lei 14.133/2021, que estabelece que é "admitida a reabilitação" quando forem cumpridas as exigências para tanto de modo cumulativo. O dispositivo não estabelece que o particular só poderá apresentar um requerimento de reabilitação depois de decorridos os prazos mínimos.

Assim, é plenamente possível que o particular solicite a sua reabilitação ainda no curso do prazo mínimo previsto no inciso III do art. 163 da Lei 14.133/2021, demonstrando o cumprimento de todos os requisitos que lhe foram impostos.[296] Caso se reconheça o cumprimento dos requisitos, haverá decisão atestando essa circunstância, sendo que a eficácia de tal decisão começará a gerar efeitos a partir do transcurso do prazo mínimo que deve ser observado. Já se o cumprimento dos requisitos não for reconhecido, o interessado poderá adotar as providências ainda necessárias para cumpri-los.

Na vigência da Lei 8.666/1993, o prazo mínimo, que era de dois anos e existia apenas em relação à declaração de inidoneidade, tinha de decorrer integralmente para que somente então o particular pudesse requerer a sua reabilitação. Era o que se depreendia do §3º do art. 87 da Lei 8.666/1993, o qual estabelecia que "a reabilitação [poderá] ser requerida após 2 (dois) anos de sua aplicação".

Entretanto, o art. 163 da Lei 14.133/2021 utiliza uma dicção diferente. Estabelece que "é admitida a reabilitação" caso cumpridos cumulativamente os requisitos exigidos, dentre eles o transcurso de

---

[296] No mesmo sentido: "Entendemos, contudo, que o particular não precisa esperar o prazo mínimo para requerer a reabilitação, pois o processo administrativo de reabilitação tem um tempo de tramitação que poderia ampliar, desnecessariamente, o prazo mínimo exigido pelo art. 163, inciso III" (MEDEIROS, Fábio Mauro; ANTINARELLI, Mônica. *In:* SARAI, Leandro (organizador). *Tratado da Nova Lei de Licitações e Contratos Administrativos*: Lei 14.133/21 comentada por advogados públicos. São Paulo: JusPodivm, 2021, p. 1395).

determinados prazos mínimos. Como o transcurso desses prazos é um requisito para se obter a reabilitação, e não mais para que a medida possa simplesmente ser requerida, deve-se entender que é possível apresentar o pedido de reabilitação quando os demais requisitos tiverem sido atendidos, podendo a decisão de reabilitação ter sua eficácia condicionada ao atingimento do prazo aplicável ao caso concreto.

6.8 Ônus da prova do cumprimento (ou descumprimento) dos requisitos

Em princípio, o ônus da prova do cumprimento dos requisitos de reabilitação caberá ao interessado. É dele o ônus de demonstrar que todas as medidas fixadas foram devidamente cumpridas.

Caso a autoridade competente entenda que os requisitos aplicáveis não foram atendidos, caberá a ela a prova de tal questão. Não basta simplesmente afirmar a suposta insuficiência das providências adotadas. É necessário fundamentar os motivos da decisão, sob pena de sua invalidade.

6.9 A possibilidade de prestação de garantias pelo interessado

Uma questão que pode surgir em relação ao cumprimento dos requisitos de reabilitação diz respeito à prestação de garantias pelo interessado.

Em determinados casos, o cumprimento de certos requisitos de reabilitação não será atingido de modo imediato. Envolverá a adoção de providências ao longo do tempo. Para essas situações, pode-se reputar que o oferecimento de uma garantia por parte do interessado será suficiente para a sua reabilitação.

É o que pode acontecer, por exemplo, em relação ao pagamento de uma multa eventualmente aplicada. Como exposto no Capítulo 5, em tese é admissível que a multa seja paga de forma parcelada. Com isso, o particular restabelece sua situação de regularidade. Nessas situações, é possível que o interessado ofereça uma garantia idônea (por exemplo, emitida por instituição financeira ou seguradora). Em casos assim, haverá o monitoramento do cumprimento das obrigações pelo interessado, no que se pode denominar de um *Regime de Recuperação Habilitatória*.

6.10 Análise jurídica prévia com posicionamento conclusivo

O inciso V do art. 163 da Lei 14.133/2021 exige que haja a análise jurídica prévia, com posicionamento conclusivo quanto ao cumprimento dos requisitos definidos para a reabilitação.

6.10.1 A relevância da análise jurídica do cumprimento dos requisitos para reabilitação

De um lado, a exigência de análise jurídica prévia destina-se a proporcionar uma análise tecnicamente mais adequada do pedido de reabilitação, conferindo maior segurança jurídica à autoridade que for decidir o requerimento. Por haver questões de direito envolvidas, faz sentido que se exija uma análise de natureza jurídica.

O fato de se proporcionar maior segurança jurídica à autoridade competente para a tomada de decisão é altamente positivo, uma vez que, diante de uma situação de incerteza, a tendência normal seria não analisar adequadamente o requerimento de reabilitação ou simplesmente rejeitá-lo – o que frustraria um dos objetivos buscados pela Lei 14.133/2021 com a reabilitação, consistente no estabelecimento de melhores práticas nas relações público-privadas.

De outro lado, a existência de uma análise jurídica é um fator positivo ao interessado na sua reabilitação, uma vez que garante um exame criterioso e isento acerca do cumprimento dos requisitos estabelecidos pela lei e pelo ato punitivo.[297]

É interessante notar que a Lei 14.133/2021 estabelece a obrigatoriedade de análise jurídica em poucas situações. Além da verificação do cumprimento dos requisitos para reabilitação, as análises jurídicas são exigidas apenas nas seguintes hipóteses: (i) ao final da fase preparatória da licitação (art. 53, *caput*);[298] (ii) antes da

---

[297] Para Juliano Heinen, a exigência de análise jurídica conclusiva "visa a aumentar e a qualificar o controle do ato administrativo que declara a reabilitação, já que o referido ato passa a contar com a análise jurídica prévia" (HEINEN, Juliano. *Comentário à lei de licitações e contratos administrativos*. Salvador: Editora JusPudivm, 2021, p. 781).

[298] O §5º do art. 53 da Lei 14.133/2021 dispensa a análise jurídica ao final da fase preparatória nas hipóteses previamente definidas em ato da autoridade jurídica máxima competente, que deverá considerar o baixo valor, a baixa complexidade da contratação, a entrega imediata do bem ou a utilização de minutas de editais e instrumentos de contrato, convênio ou outros ajustes previamente padronizados pelo órgão de assessoramento jurídico.

aplicação de declaração de inidoneidade (art. 156, §6º); e (iii) antes da desconsideração da personalidade jurídica quando ela é utilizada com abuso do direito para facilitar, encobrir ou dissimular a prática de atos ilícitos previstos na Lei 14.133/2021 ou para provocar confusão patrimonial, para efeitos de aplicação de sanções (art. 160).

É claro que a Lei 14.133/2021 prevê diversas situações em que o assessoramento jurídico servirá de apoio a vários atos. De todo modo, são poucas as hipóteses de análise jurídica obrigatória. A previsão de análise jurídica no procedimento de reabilitação de licitantes e contratados demonstra a importância da decisão e a relevância que a Lei 14.133/2021 confere ao instituto da reabilitação.

6.10.2 Requisitos de validade da análise jurídica

A análise jurídica deverá ser feita, evidentemente, por pessoas com formação em direito e que tenham efetiva autonomia para exprimir o seu entendimento acerca da questão examinada. Dada a relevância da análise jurídica para a reabilitação, é essencial que ela seja feita com isenção, independência e imparcialidade.

Por força do §2º do art. 7º da Lei 14.133/2021, serão aplicáveis os requisitos constantes dos incisos I a III do art. 7º, com as devidas adaptações. Assim, os profissionais que farão a análise jurídica do cumprimento dos requisitos de reabilitação (i) deverão ser preferencialmente servidores efetivos ou empregados públicos dos quadros permanentes da Administração Pública; (ii) precisarão ter formação em direito; e (iii) não poderão ser cônjuge ou companheiro do interessado na reabilitação ou de licitantes ou contratados habituais da Administração, nem poderão ter com eles vínculo de parentesco, colateral ou por afinidade, até o terceiro grau, ou de natureza técnica, comercial, econômica, financeira, trabalhista ou civil.

Todos esses requisitos são essenciais para a garantia da independência, isenção e imparcialidade da análise jurídica prévia à verificação do atendimento dos requisitos de reabilitação. Caso não sejam atendidos, poderão comprometer a própria validade da análise jurídica.

6.10.3 O caráter conclusivo da análise jurídica

O inciso V do art. 163 da Lei 14.133/2021 exige que a análise jurídica adote um "posicionamento conclusivo" quanto ao cumprimento dos requisitos de reabilitação.

Por posicionamento conclusivo, deve-se compreender que a análise jurídica seja assertiva quanto ao cumprimento ou não dos requisitos de reabilitação, explicando os motivos pelos quais chegou às conclusões adotadas. Não será válida uma análise jurídica inconclusiva, isto é, que não chegue a uma conclusão concreta acerca do cumprimento ou não dos requisitos de reabilitação.

É evidente que a análise jurídica poderá demandar elementos e informações adicionais, que não estejam bem caracterizados, para se chegar a certas conclusões. Seria indevido exigir que ela chegasse a um posicionamento conclusivo mesmo na ausência de informações pertinentes. Neste caso, deverão ser feitas diligências para se solucionar as dúvidas levantadas e, em seguida, deverá haver uma análise jurídica efetivamente conclusiva.

Aplicam-se à análise jurídica da reabilitação os mesmos requisitos previstos no art. 53, §1º, inciso II, da Lei 14.133/2021. A análise deverá, tanto quanto possível, ser redigida em linguagem simples e compreensível e de forma clara e objetiva, com apreciação de todos os elementos indispensáveis à análise dos requisitos para a reabilitação e com a exposição dos pressupostos de fato e de direito levados em consideração.

6.10.4 O caráter não vinculativo da análise jurídica

O parecer jurídico acerca dos requisitos para a reabilitação não será vinculante, ou seja, a autoridade competente pela análise do requerimento de reabilitação poderá discordar motivadamente do parecer caso tenha elementos de convicção para tanto.[299] Evidentemente, a discordância em relação ao parecer demandará um ônus argumentativo maior. Entretanto, será possível uma vez que a Lei 14.133/2021, embora dê relevância à análise jurídica dos requisitos de reabilitação, em nenhum momento estabelece que essa análise será vinculante.

6.11 Fundamentação da decisão

A decisão acerca do requerimento de reabilitação deverá ser devidamente fundamentada, especialmente sobre a suficiência das medidas adotadas para o cumprimento dos requisitos que foram estabelecidos. Não se admite a emissão de decisões sem motivação adequada.

---

[299] No mesmo sentido: TORRES, Ronny Charles Lopes de. *Leis de licitações públicas comentadas*. 12. ed. São Paulo: Juspodivm, 2021, p. 782.

Na prática, a fundamentação da decisão constará essencialmente do parecer jurídico conclusivo. Entretanto, como o parecer jurídico não é vinculante, caso a decisão final discorde dele, deverá fundamentar adequadamente os motivos para tanto.

6.12 A questão do questionamento dos valores cobrados pela Administração

Uma dúvida que surge diz respeito à possibilidade de o interessado pleitear a sua reabilitação e, simultaneamente, questionar o valor cobrado pela Administração (a título de ressarcimento de danos, de multa ou qualquer outro título que tenha sido estabelecido no ato punitivo).

Suponha-se situação em que o particular discorde do valor cobrado como ressarcimento de danos por entender que é mais elevado do que os danos efetivamente causados à Administração. Ou discorde do valor da multa aplicada por ter sido quantificada de maneira equivocada. Nesses casos, o particular deve cumprir as obrigações previstas no ato punitivo ou pode obter sua reabilitação por meio do pagamento apenas dos valores incontroversos?

Em situações como a da hipótese cogitada, o particular poderá buscar tutela judicial reconhecendo que os valores corretos são os apontados por ele, e não os definidos no ato punitivo. Caso obtenha tutela em seu favor, poderá obter sua reabilitação, a qual, entretanto, poderá ser excluída caso a decisão judicial seja suspensa ou reformada.

Uma alternativa seria o particular efetuar o pagamento da integralidade dos valores cobrados pela Administração e, assim, obter a sua reabilitação (caso os demais requisitos sejam também devidamente cumpridos). Nesse caso, entretanto, o particular poderá prosseguir com seu questionamento acerca dos valores e, caso logre sucesso, terá direito a ser restituído pelo que pagou a mais do que o montante ao final definido. A Administração não poderá condicionar a reabilitação à desistência de tais questionamentos.

Uma terceira possibilidade seria a apresentação de uma garantia idônea em favor da Administração. Seu cabimento tende a ser mais polêmico, mas em certos casos poderia ser aceito – notadamente diante de soluções consensuais.

6.13 Efeitos da decisão do pedido de reabilitação

Caso o requerimento de reabilitação seja acolhido, a decisão terá efeitos imediatos. O interessado terá restabelecida sua capacidade de participar de procedimentos de contratação pública, devendo ser excluídos dos registros nos cadastros de empresas inidôneas e suspensas.[300]

Se a decisão rejeitar o pedido de reconsideração, o interessado poderá recorrer administrativamente ou questioná-la em juízo. Mas poderá também adotar as providências necessárias para atender os requisitos de reabilitação reputados pela decisão como não suficientemente cumpridos. Não será necessário dar início a um novo procedimento. Isso poderá ocorrer no mesmo processo, por meio de simples requerimento complementar comprovando a adoção de providências adicionais e pedindo que elas sejam examinadas pela mesma autoridade.

6.14 Observações finais sobre as questões procedimentais da reabilitação

Como ficou claro ao longo deste capítulo, diversas questões processuais podem surgir ao longo de um procedimento de reabilitação.

O aspecto processual é um ponto bastante sensível para a efetividade do instituto. A ausência de definição objetiva de requisitos de reabilitação e as demoras procedimentais excessivas podem impossibilitar a aplicação da reabilitação, frustrando os objetivos buscados pela lei. Será necessário observar as garantias processuais do interessado, notadamente a da razoável duração do processo, de modo que a reabilitação possa ser uma realidade.

---

[300] Nesse sentido, por exemplo, o art. 227 do Decreto 10.086/2022 do Estado do Paraná, que regulamenta a Lei 14.133/2021 no âmbito da Administração Pública do Estado do Paraná, estabelece o seguinte: "Art. 227. A reabilitação alcança quaisquer penas aplicadas em decisão definitiva, assegurando ao licitante o sigilo dos registros sobre o seu processo e condenação. Parágrafo único. Reabilitado o licitante, a Administração Pública solicitará sua exclusão do Cadastro Nacional de Empresas Inidôneas e Suspensas (Ceis) e do Cadastro Nacional de Empresas Punidas (Cnep), instituídos no âmbito do Poder Executivo federal e no Sistema Gestão de Materiais e Serviços – GMS".

CAPÍTULO 7

REABILITAÇÕES ANÔMALAS

7.1 Introdução

Neste capítulo, serão examinadas as reabilitações anômalas.

Por reabilitações anômalas refere-se aqui às hipóteses em que os interessados podem ser reabilitados sem necessariamente atender aos requisitos do art. 163 da Lei 14.133/2021.

Como se verá, pode haver determinadas situações em que as penalidades de impedimento de licitar e contratar e de declaração de inidoneidade ficam superadas e, com isso, o contratado que foi penalizado pode voltar a participar de procedimentos de contratação pública. Obviamente, não se trata de nenhum tipo de fraude ao cumprimento dos requisitos legais para a reabilitação, mas do reconhecimento de que há certos casos em que o impedimento ou a declaração de inidoneidade tornam-se suplantados – do que decorre logicamente a desnecessidade de cumprimento dos requisitos previstos no art. 163 da Lei 14.133/2021.

Esclareça-se que o termo "reabilitação anômala" não é utilizado pela legislação. De todo modo, o ordenamento dá guarida a certos casos em que as penalidades de impedimento e declaração de inidoneidade ficam superadas e, portanto, ocorrem os efeitos típicos de uma reabilitação – sendo o principal deles a possibilidade de voltar a participar de procedimentos de contratação administrativa.

7.2 Alteração de controle societário da empresa penalizada

A primeira hipótese de reabilitação anômala é a da alteração de controle societário da empresa penalizada com o impedimento ou declaração de inidoneidade.

Evidentemente, não é toda alteração de controle que pode levar à reabilitação de uma empresa. Entretanto, em determinados casos, quando há uma alteração de controle acionário dotada de boa-fé e que não constitua um subterfúgio para a aplicação das penalidades em questão, será possível considerar que o impedimento e a declaração de inidoneidade deixaram de ser necessários. Nesses casos, pode-se reconhecer que há uma reabilitação anômala.

A hipótese demanda algumas explicações.

7.2.1 Alteração do controle societário e comprometimento da pertinência e necessidade da penalidade aplicada

Normalmente, no âmbito do direito administrativo sancionador, questões sobre alteração do controle societário de empresas estão mais relacionadas a preocupações com a efetividade das sanções aplicadas. Trata-se dos casos em que se admite, sob um certo ângulo, uma desconsideração da personalidade jurídica[301] de modo a se atingir os acionistas, administradores e sucessoras de uma empresa quando se percebe que a ausência de uma medida dessa natureza tornará a penalidade inócua.[302-303]

---

[301] Há diversas previsões na legislação permitindo a desconsideração da personalidade jurídica no âmbito de penalidades administrativas, tais como: art. 4º da Lei n 9.605/1998 (que dispõe sobre as sanções penais e administrativas derivadas de condutas lesivas ao meio ambiente); art. 34 da Lei 12.529/2011 (que estrutura o Sistema Brasileiro de Defesa da Concorrência); art. 14 da Lei 12.846/2013 (Lei Anticorrupção); e art. 160 e na atual Lei 14.133/2021 (lei de licitações e contratações administrativas).

[302] O art. 160 da Lei 14.133/2021 prevê o seguinte: "A personalidade jurídica poderá ser desconsiderada sempre que utilizada com abuso do direito para facilitar, encobrir ou dissimular a prática dos atos ilícitos previstos nesta Lei ou para provocar confusão patrimonial, e, nesse caso, todos os efeitos das sanções aplicadas à pessoa jurídica serão estendidos aos seus administradores e sócios com poderes de administração, a pessoa jurídica sucessora ou a empresa do mesmo ramo com relação de coligação ou controle, de fato ou de direito, com o sancionado, observados, em todos os casos, o contraditório, a ampla defesa e a obrigatoriedade de análise jurídica prévia". Segundo Marçal Justen Filho: "A Lei Anticorrupção admitiu a desconsideração da personalidade jurídica para

No caso da reabilitação anômala aqui examinada, trata-se do contrário. Busca-se considerar o conteúdo da empresa de modo a se verificar se a aplicação do impedimento ou da declaração de inidoneidade são realmente medidas necessárias e pertinentes. A ideia é que, em certos casos, alterações societárias podem tornar desnecessária a aplicação de um impedimento ou declaração de inidoneidade.

Um exemplo pode ilustrar bem essa afirmação. Suponha-se que uma determinada empresa tenha sido declarada inidônea por ter praticado fraude grave em uma licitação. Entretanto, antes de sequer existir uma investigação sobre os fatos que levaram à aplicação da penalidade, o controle dessa empresa foi alienado a outro grupo societário, sem nenhuma relação com o controlador anterior. Suponha-se ainda que o novo controlador tenha adotado todas as cautelas típicas de uma *due diligence* para a aquisição de controle societário e mesmo assim não tenha constatado nenhuma questão relacionada a possível fraude em licitação, mesmo porque não havia à época nem sequer uma investigação sobre a questão. Considere-se ainda que o novo controlador, além de não ter nenhuma relação com o anterior, realmente adquiriu o controle da empresa dotado de absoluta e inquestionável boa-fé.

Em uma situação como a do exemplo aqui proposto, que envolve uma alteração de controle societário de boa-fé, sem nenhum intuito de fraude, e prévia a qualquer investigação dos fatos que depois levaram à aplicação da penalidade de impedimento ou declaração de inidoneidade, pode-se dizer que a empresa penalizada teve o seu "conteúdo"

---

estender o sancionamento aos administradores e sócios com poderes de administração. O art. 160 (da Lei de Licitações e Contratos) previu que a desconsideração poderia compreender também a pessoa jurídica sucessora e a empresa do mesmo ramo, com quem fosse mantida relação de coligação ou de controle, "de fato ou de direito" (JUSTEN FILHO. Marçal. *Comentários à Lei de Licitações e Contratações Administrativas*. São Paulo: RT, 2021, p. 1656. Joel de Menezes Niebuhr destaca que a desconsideração para esses fins é excepcional (NIEBUHR, Joel de Menezes. *Licitação Pública e Contrato Administrativo*. 5. ed. Belo Horizonte: Fórum, 2022, p. 1234).

[303] O TCU possui vários precedentes estabelecendo requisitos para a desconsideração da personalidade jurídica. Um acórdão sempre citado é o seguinte (que reconheceu a possibilidade de estender a declaração de inidoneidade a empresa sucessora daquela que sofreu a aplicação da penalidade: "O abuso da personalidade jurídica evidenciado a partir de fatos como (i) a completa identidade dos sócios-proprietários de empresa sucedida e sucessora, (ii) a atuação no mesmo ramo de atividades e (iii) a transferência integral do acervo técnico e humano de empresa sucedida para a sucessora permitem a desconsideração da personalidade jurídica desta última para estender a ela os efeitos da declaração de inidoneidade aplicada à primeira, já que evidenciado o propósito de dar continuidade às atividades da empresa inidônea, sob nova denominação" (TCU – Acórdão 1831/2014-Plenário, Rel. Min. José Múcio Monteiro, j. 9.7.2014).

alterado substancialmente em virtude da troca de controle. Ainda que permaneça sendo formalmente a mesma pessoa jurídica que sofreu a penalidade, é possível concluir que a empresa, em sua nova configuração, não representa um risco intolerável para o Estado. Considerando que as penalidades de impedimento de licitar e contratar e de declaração de inidoneidade têm por função primordial a proteção da Administração Pública, de modo que ela não celebre contratos com empresas que representam um risco intolerável para o Estado, é possível considerar que essas penalidades, caso tenham sido aplicadas, deixaram de ser necessárias e pertinentes. Em casos como esse, portanto, a alteração do controle societário resulta numa reabilitação anômala da empresa. Apesar de ela não ter passado por um processo de reabilitação em que os requisitos do art. 163 da Lei 14.133/2021 devem ser cumpridos, é possível que a penalidade eventualmente aplicada tenha deixado de ter pertinência. Ou ainda: é possível que a aplicação da penalidade seja revista e retirada justamente por se considerar que, diante da alteração do controle societário, tornou-se desnecessária.

Note-se que o exemplo mencionado acima já foi examinado pelo TCU no Acórdão 1.257/2023-Plenário (j. 21.6.2023, Rel. Min. Benjamin Zymler), conforme tratado em detalhes no Capítulo 3.

No caso em questão, o TCU havia aplicado a declaração de inidoneidade a uma empresa acusada de fraude em licitações, com base no art. 46 da Lei Orgânica do TCU. Fez o mesmo em relação a outra empresa e diversas pessoas físicas. Entretanto, em sede recursal, o TCU examinou uma questão que não havia sido considerada no ato de aplicação da penalidade, consistente no fato de que a empresa declarada inidônea havia sofrido uma alteração no seu controle societário antes de qualquer investigação sobre os fatos. Reconheceu-se que o novo controlador, sem qualquer relação societária com o anterior, não tinha conhecimento dos fatos investigados, uma vez que nem sequer havia investigação no momento da alteração do controle. Considerou-se também que o novo controlador havia feito uma *due diligence* cuidadosa, a qual não constatara o problema que levou à subsequente declaração de inidoneidade.

No caso, o Plenário do TCU, por unanimidade de votos, decidiu afastar a penalidade aplicada. Considerou que ela não era necessária porque o conteúdo da empresa passou a ser outro. Ou seja, passou a ser uma "nova empresa", ainda que sendo formalmente a mesma pessoa jurídica.

É importante observar que o acórdão do TCU diferenciou o caso de outras situações em que o controle societário é transferido justamente com a pretensão de escapar da penalidade aplicada – situações essas em que o TCU corretamente entende que a alteração de controle não afasta a sanção imposta.

Na prática, cada caso deverá ser avaliado e valorado de acordo com as suas peculiaridades. O importante aqui é destacar que, em certas situações, a alteração do controle societário de uma empresa pode fazer com que a penalidade de impedimento ou declaração de inidoneidade aplicada deixe de ser necessária e pertinente. Isso porque, em determinados casos, a alteração do controle faz com que a sociedade penalizada seja substancialmente uma nova empresa, ainda que mantendo-se formalmente como a mesma pessoa jurídica que sofreu a aplicação da penalidade. Nesse caso, terá ocorrido uma reabilitação anômala. Caso já tenha sofrido a aplicação de penalidade, a empresa terá restaurado o seu direito de participar de procedimentos de contratação administrativa (reabilitação anômala). Já se a penalidade ainda não tiver sido aplicada, a autoridade competente deverá avaliar se a sua aplicação ainda faz sentido no novo contexto de controle societário. Caso repute ter havido boa-fé, dentre outros fatores, é possível que a sanção em tese aplicável deixe de ser imposta ao interessado. Afinal, o impedimento de licitar e contratar e a declaração de inidoneidade só fazem sentido quando necessários para a proteção da Administração Pública. No contexto de um novo controle acionário, a empresa pode deixar de representar um risco intolerável para o Estado.

Portanto, a hipótese aqui aventada é bastante restrita. Obviamente, não é qualquer alteração de controle societário que provocará uma reabilitação anômala da empresa. As peculiaridades de cada caso deverão ser analisadas com rigor.

7.2.2 O reconhecimento de efeitos jurídicos à alteração do controle societário nos regimes de recuperação regulatória (RRR)

É importante observar que a alteração de controle societário por vezes é um dado relevante a ser considerado em situações de ativos estressados. Justamente por significar uma alteração no "conteúdo" da pessoa jurídica contratada pela Administração Pública, a alteração do controle societário pode ser uma solução que propicia a resolução de situações específicas.

As previsões contidas na Resolução 1.077/2023 da ANEEL são um claro exemplo disso. A norma criou um procedimento de transferência de controle societário como meio para evitar a aplicação da penalidade de extinção de concessões e permissões no setor elétrico.[304]

Em síntese, a Resolução 1.077/2023 da ANEEL estabelece que o concessionário, permissionário ou autorizatário de serviços e instalações de geração e transmissão de energia elétrica, cujo empreendimento esteja em implantação ou em processo de ampliação, poderá apresentar um "plano de transferência de controle societário" como alternativa à extinção da outorga. A apresentação do plano de transferência pode ser feita a qualquer momento entre a data de emissão do Termo de Intimação do processo sancionador e a primeira decisão da Diretoria Colegiada da ANEEL no respectivo processo administrativo punitivo (art. 20, §1º).

O plano de transferência do controle societário deverá apresentar alguns requisitos, como (i) a demonstração da viabilidade da troca do controle e o benefício dessa medida para a prestação adequada do serviço (art. 20-B); (ii) a promoção da retirada integral dos sócios da concessionária, permissionária ou autorizada (art. 20-D); e (iii) uma proposta firme para quitação ou parcelamento das obrigações intrassetoriais da outorga (art. 20-F). Além disso, alguns requisitos deverão ser analisados pela agência reguladora. Aquele que pretende ser o novo controlador não pode ter sido penalizado com revogação de autorização ou caducidade de concessão ou permissão, não sujeita a recurso administrativo, nos três anos anteriores, não pode ter sido sócio controlador de titular de outorga penalizada com essas medidas, não pode estar inscrito no CADIN nem pode constituir parte relacionada do atual controlador (art. 20-G).

Fora isso, os interessados na transferência do controle acionário deverão cumprir uma série de requisitos para demonstrar sua qualificação técnica e econômico-financeira para colocar o empreendimento em operação adequada. A ANEEL poderá inclusive estabelecer requisitos específicos em cada caso concreto, de acordo com as necessidades identificadas. Após a aprovação da medida pela agência, as partes terão um prazo para a conclusão da operação, e haverá um acompanhamento dos seus desdobramentos pela ANEEL.

---

[304] A Resolução 1.077/2023 da ANEEL criou um novo Capítulo na Resolução 846/2019, denominado de "Da Transferência do Controle Societário como Alternativa à Extinção da Concessão ou Permissão", com a inclusão dos arts. 20-A a 20-L.

Muito embora a ANEEL não tenha utilizado o termo "Regime de Recuperação Regulatória",[305] a ideia central em sua norma é basicamente a mesma: recuperar a regularidade de uma determinada situação, o que envolverá certas medidas – dentre elas a transferência do controle societário da concessionária, permissionária ou autorizatária.

Outro exemplo bastante pertinente sobre o assunto é do Regime de Recuperação Regulatória (RRR) no setor de transportes terrestres.

No âmbito da ANTT, o tema foi submetido a discussão no âmbito do Regulamento das Concessões Rodoviárias 3 (RCR3). A ideia era criar um Regime de Recuperação Regulatória (RRR) no qual certas concessionárias poderiam ingressar para, em um prazo determinado, restabelecer a prestação do serviço adequado. Dentre as providências que a concessionária deveria adotar, estava justamente a transferência do controle societário.[306] Essa transferência, segundo a proposta de Resolução do RCR3, envolveria inclusive uma espécie de chamamento público, em que empresas interessadas na aquisição do controle da concessionária poderiam fazer sugestões acerca de como recuperar a situação concreta. É interessante notar que, de acordo com a proposta de norma, a alteração do controle societário somente seria aceita mediante a observação de determinadas premissas destinadas a garantir a idoneidade da transferência e sua boa-fé. Basicamente, o controlador anterior e o seu grupo societário não poderiam integrar o quadro societário da concessionária após a operação; não poderiam manter qualquer relação com a concessão após a operação; e não receberiam qualquer valor ou vantagem em razão da operação societária enquanto houver débito não quitado decorrente de penalidade aplicada à concessionária.[307]

---

[305] O termo "Regime de Recuperação Regulatória" viria a ser utilizado posteriormente pela ANTT em norma submetida a audiência pública, conforme será mencionado abaixo.

[306] Conforme arts. 12 e 13 do RCR3, nos seguintes termos: "Art. 12. A concessionária de classe D poderá solicitar ingresso em regime de recuperação regulatória, por prazo determinado, para restabelecimento da prestação do serviço adequado. Art. 13. O regime de recuperação regulatória poderá abranger as seguintes medidas, entre outras necessárias à viabilização da concessão: I – reprogramação de obrigações vencidas e vincendas; II – antecipação ou diferimento de incidência de débitos e créditos acumulados; III – antecipação de receitas tarifárias; IV – suspensão dos atos de cobrança de multas aplicadas transitadas em julgado; V – suspensão da aplicação de novas penalidades pelo descumprimento de determinadas obrigações; VI – desconto de até 30% (trinta por cento) sobre o montante total de multas aplicadas; VII – prorrogação do prazo da concessão; VIII – *transferência de controle societário da concessionária*".

[307] Tudo na forma do art. 21 da proposta de Resolução do RCR3: "Art. 21. A transferência de controle societário da concessionária associada a regime de recuperação regulatória será implementada em observância à Resolução nº 5.927, de 2021, e ao disposto neste Capítulo. §1º A concessionária deverá apresentar, junto ao requerimento de ingresso no

O tema do Regime de Recuperação Regulatória foi o que recebeu o maior número de contribuições na audiência pública (48 de um total de 295 contribuições). Por esse motivo, a ANTT considerou que o tema precisava ser melhor analisado. Assim, a versão final da norma (Resolução 6.032/2023 da ANTT) não tratou do assunto, que ficou para ser discutido em outra oportunidade.[308] Na prática, a ANTT instituiu uma comissão de "Sandbox"[309] para testar o processo competitivo a ser realizado não só no Regime de Recuperação Regulatória, mas também nos processos de otimização e readaptação dos contratos de concessão conduzidos no TCU.[310]

Posteriormente, o RCR4 da ANTT, que resultou na Resolução 6.053, de 31.10.2024, instituiu o Regime de Recuperação Regulatória – RRR (arts. 117 a 128). Ainda que sem fazer menção expressa à troca de controle da concessionária, tal providência continua sendo possível no âmbito de um RRR.

Há ainda diversas outras hipóteses previstas no ordenamento em que alterações de controle societário são consideradas pela Administração Pública para diversos fins.

---

regime de recuperação regulatória, as informações que julga relevantes a respeito da concessão e que possam ser divulgadas ao público. §2º A Superintendência competente convocará reunião participativa aberta, dando publicidade às informações de que trata o §1º e à proposta de termo aditivo, para que qualquer interessado na aquisição do controle societário da concessionária possa apresentar de sugestões de medidas a serem adotadas no regime de recuperação regulatória. §3º Sem prejuízo da apresentação de contribuições orais públicas, as contribuições por escrito de cada interessado terão caráter sigiloso, assegurado o acesso à concessionária, sem prejuízo da atuação de órgãos de controle. §4º Encerrada a reunião participativa aberta, a Superintendência competente e a concessionária empreenderão as tratativas necessárias para adequação do termo aditivo a ser submetido à Diretoria, considerando as contribuições apresentadas. §5º Apenas os interessados inscritos na reunião participativa aberta poderão negociar a transferência de controle societário, vedada a celebração de cláusula de exclusividade para negociação. §6º O termo aditivo estabelecerá prazo determinado para implementação da transferência de controle societário como condição para entrada em vigor do regime de recuperação regulatório. *§7º A adoção de transferência de controle societário está condicionada à comprovação de que o acionista controlador anterior e o respectivo grupo societário: I – não integrarão o quadro societário da concessionária após a operação, direta ou indiretamente; II – não manterão qualquer relação com a concessão após a operação; III – não receberão qualquer valor ou vantagem em razão da operação societária enquanto houver débito não quitado decorrente de penalidade aplicada à concessionária".*

[308] O relatório final da audiência pública, com as justificativas da retirada do RRR do RCR3, está disponível em <https://participantt.antt.gov.br/Site/AudienciaPublica/VisualizarAvisoAudienciaPublica.aspx?CodigoAudiencia=528>. Acesso em: 28 out. 2024.

[309] Na forma da Resolução 5.999, de 3.11.2022, da ANTT, que dispõe sobre as regras para constituição e funcionamento de ambiente regulatório experimental ("Sandbox Regulatório").

[310] Conforme Portaria DG Nº 245, de 16.9.2024, do Diretor-Geral da ANTT.

7.2.3 A identificação de um "Regime de Recuperação Habilitatória"

Os exemplos tratados demonstram que, em situações de ativos estressados, um conjunto de providências que normalmente contemplam alterações de controle societário são bem recebidas pela Administração e podem promover a recuperação regulatória do contrato em questão.

Em situações de impedimento de licitar e contratar ou de declarações de inidoneidade, pode haver uma solução similar: tratar-se-ia de um *"Regime de Recuperação Habilitatória"*. O licitante ou contratado que tiver sido objeto de alteração do seu controle societário poderá recuperar sua capacidade de participar de procedimentos de licitação pública – isto é, será considerado reabilitado – caso a operação realizada seja efetiva, tenha sido realizada de boa-fé e, ao final, passe a não mais ser considerado um risco intolerável para a Administração Pública.[311]

Há inclusive projeto de lei contemplando possibilidade similar no âmbito da Lei Anticorrupção. De fato, o PL 3.444/2019 da Câmara dos Deputados prevê a introdução de um art. 7º-A à Lei 12.846/2013 estabelecendo a possibilidade de substituir a sanção de declaração de inidoneidade por "determinação de alienação do controle acionário" nos casos em que houver "razões de excepcional interesse público ou social".[312]

O dispositivo proposto no projeto de lei, na realidade, cria uma previsão de iniciativa da Administração Pública. De todo modo, a possibilidade de transferência de controle acionário como mecanismo de recuperação habilitatória pode ser uma realidade por iniciativa do interessado e mesmo sem previsão legal. Com isso, mantém-se viva a pessoa jurídica, com vantagens para a competitividade nas licitações e a manutenção de seus acervos, com todas as decorrências positivas, inclusive em termos sociais. Pode-se cogitar inclusive de um acompanhamento da evolução da transferência de controle por um tempo

---

[311] Note-se que a alteração de boa-fé no controle ou no gerenciamento da empresa é uma das hipóteses admitidas expressamente pelo sistema norte-americano para abreviar o período de aplicação do *debarment* – FAR 9.406-4(c) – conforme tratado no Capítulo 2.

[312] O PL 3.444/2019 propõe a seguinte redação para um novo dispositivo da Lei 12.846/2013: "Art. 7º-A. Em casos de fraude à licitação (art. 5º, inciso IV) comprovada em regular processo, tendo em vista razões de excepcional interesse público ou social, a sanção de declaração de inidoneidade do licitante fraudador pode ser substituída pela determinação de alienação do controle acionário".

pré-fixado, de modo a se avaliar se o novo controlador saneou as práticas internas da empresa e se a transferência do controle foi efetiva.

7.2.4 Ressalva quanto às alterações de controle societário com intuito de fraude

É importante ressaltar que o reconhecimento de alterações de controle societário como hipóteses de reabilitação de empresas não deve ser visto como uma abertura para transferências fraudulentas. Trata-se apenas de uma possível solução, já admitida pelo TCU, para a reabilitação de empresas. De todo modo, sendo acompanhada das devidas cautelas, será uma solução adequada e proporcional tendo em vista os objetivos e as consequências das penalidades de impedimento de licitar e contratar e de declaração de inidoneidade.

7.3 Revisão das penalidades de impedimento de licitar e contratar e de declaração de inidoneidade

Outra forma de reabilitação anômala consiste na revisão da penalidade aplicada. Trata-se de um meio de reabilitação que não está previsto expressamente na Lei 14.133/2021, mas que é contemplado pela legislação.

7.3.1 Revisão de penalidade e reabilitação

Todos os processos administrativos que resultem na aplicação de sanções podem ser revistos a qualquer tempo, tanto a pedido do apenado quanto de ofício pela Administração. A revisão pode ocorrer sempre que surgirem fatos novos ou circunstâncias relevantes que possam conduzir à inadequação da sanção aplicada.

Essa possibilidade, portanto, pode ocorrer diante de decisões que apliquem o impedimento de licitar e contratar com a Administração ou uma declaração de inidoneidade. Surgindo fatos novos (ou anteriores, mas que não chegaram ao conhecimento das autoridades competentes), ou ainda circunstâncias adicionais relevantes, poderá se dar início a um procedimento de revisão da penalidade aplicada. Se os fatos e circunstâncias realmente tiverem o condão de demonstrar que a penalidade aplicada não mais se justifica, é possível que a sanção aplicada seja afastada totalmente ou pelo menos atenuada.

Conforme tratado em detalhes no Capítulo 3, as sanções de impedimento e declaração de inidoneidade se justificam diante de fatos graves que comprometem a confiabilidade do particular. Quando esses fatos são tão graves a ponto de fazer com que o particular represente um risco inaceitável para a Administração Pública, ele é afastado do mercado de contratações públicas como uma forma de proteção do Estado.

Pode ocorrer, entretanto, que, depois da aplicação da penalidade, cheguem ao conhecimento da Administração fatos e circunstâncias até então desconhecidas, que podem demonstrar a total ausência de culpa do particular ou, quando menos, atenuar a gravidade dos fatos ocorridos, levando-se à conclusão de que o sancionado não representa de fato um risco intolerável. Nessas situações, a Administração Pública deve promover a revisão da penalidade, seja afastando-a completamente, seja atenuando-a (por exemplo, mediante redução do prazo da penalidade ou aplicação de uma sanção mais branda, como uma multa).[313]

A revisão das penalidades é uma espécie de reabilitação anômala. Evidentemente, nos casos em que o impedimento ou a declaração de inidoneidade forem afastados por um procedimento de revisão da sanção, o particular que foi sancionado não precisará cumprir os requisitos estabelecidos pelos incisos do art. 163 da Lei 14.133/2021. Isso porque a revisão da penalidade de modo a afastá-la contempla o reconhecimento de que o particular, diante dos fatos e circunstâncias relevantes consideradas, deixou de representar (ou nunca representou, dependendo do caso) um risco intolerável para a Administração Pública. O particular estará reabilitado para todos os efeitos.

O mesmo acontece se a revisão da penalidade de impedimento ou declaração de inidoneidade reduziu o prazo para um período inferior ao que já foi cumprido pelo particular. Nesse caso, o particular também estará reabilitado. A situação será equivalente à do decurso do prazo (agora reduzido) da penalidade.

---

[313] A hipótese é expressamente contemplada pelo direito norte-americano, que admite a superação da exclusão dos procedimentos de contratação pública em função da eliminação das causas em função das quais o *debarment* foi aplicado – FAR 9.406-4(c).

7.3.2 Base legal da reabilitação pela revisão da penalidade

A base legal da reabilitação do interessado por meio da revisão da penalidade é o art. 65 da Lei 9.784/1999. O dispositivo estabelece o seguinte: "Os processos administrativos de que resultem sanções poderão ser revistos, a qualquer tempo, a pedido ou de ofício, quando surgirem fatos novos ou circunstâncias relevantes suscetíveis de justificar a inadequação da sanção aplicada".

Apesar de não falar propriamente em reabilitação, o art. 65 da Lei 9.784/1999 contempla a possibilidade de revisão de uma penalidade administrativa. Portanto, aplica-se também às sanções de impedimento de licitar e contratar e de declaração de inidoneidade. Como a revisão da penalidade pode resultar no seu afastamento ou no seu abrandamento, é logicamente possível que, ao final do processo, a penalidade aplicada tenha ficado superada (em alguns casos, pelo entendimento de que sua aplicação inclusive foi inadequada). Nessas situações, o particular deverá ser considerado como reabilitado, uma vez que a decorrência será o seu retorno ao mercado de contratações públicas. A penalidade não poderá mais surtir nenhum efeito.

Outro fundamento para a revisão das penalidades é a LINDB, que admite a revisão geral de atos e processos no art. 24 (ainda que com algumas limitações) e estabelece que todo ato deve ser motivado quanto à necessidade e adequação da medida imposta. Quando surgem fatos ou circunstâncias relevantes, a penalidade pode ser revista por deixar de ser adequada à luz justamente dessas circunstâncias.

7.3.3 Desnecessidade de previsão expressa na Lei 14.133/2021

A rigor, a Lei 14.133/2021 poderia ter previsto expressamente a possibilidade de revisão das penalidades de impedimento e declaração de inidoneidade. Poderia tê-lo feito inclusive no próprio art. 163, que trata da reabilitação.[314] Entretanto, a ausência de previsão expressa dessa possibilidade na Lei 14.133/2021 é irrelevante, uma vez que o art. 65 da Lei 9.784/1999 já permite a revisão da aplicação de sanções e,

---

[314] É a sistemática do direito norte-americano, inclusive. A FAR 9.406-4(c) prevê como uma das hipóteses de afastamento ou redução do período de *debarment* o surgimento superveniente de novas provas.

por decorrência lógica, certas revisões poderão resultar na superação da penalidade e na consequente reabilitação do interessado.

No máximo, a previsão na Lei 14.133/2021 traria maior segurança jurídica para a Administração Pública estadual e municipal, uma vez que se discute a respeito da aplicabilidade da Lei 9.784/1999 aos entes não nacionais.[315] Entretanto, a revisão de processos que resultaram na aplicação de sanções é uma possibilidade que deriva do regime jurídico administrativo em geral, inclusive por aplicação da LINDB. Portanto, ainda que se entenda que a Lei 9.784/1999 só se aplica aos entes federais, ainda assim será cabível a revisão de penalidades de impedimento e declaração de inidoneidade.

7.3.4 Impossibilidade de agravamento da sanção

Da revisão do processo que resultou na aplicação de impedimento ou declaração de inidoneidade não poderá resultar o agravamento da sanção. Trata-se de aplicação direta do parágrafo único do art. 65 da Lei 9.784/1999.

7.4 Anulação ou revisão judicial da decisão de aplicação da penalidade

A terceira forma de reabilitação anômala consiste na anulação ou revisão judicial da decisão que resultou no afastamento do particular do mercado de contratações públicas. Nesses casos, sendo revista ou anulada a decisão pelo Judiciário, a penalidade deixa de existir e, portanto, o particular sancionado pode voltar a participar de procedimentos de contratação pública.

7.4.1 Anulação ou revisão judicial de decisão administrativa

Poderá ocorrer a reabilitação do particular quando a decisão administrativa de aplicação do impedimento ou declaração de

---

[315] A Súmula 633 do STJ admite a aplicação da Lei Federal de Processos Administrativos a Estados e Municípios, mas trata apenas do prazo decadencial para revisão de atos administrativos. A redação da súmula é a seguinte: "A Lei n. 9.784/1999, especialmente no que diz respeito ao prazo decadencial para a revisão de atos administrativos no âmbito da Administração Pública federal, pode ser aplicada, de forma subsidiária, aos estados e municípios, se inexistente norma local e específica que regule a matéria".

inidoneidade for anulada ou revista pelo Poder Judiciário. Nesse caso, a decisão que excluiu o apenado do mercado de contratações públicas deixa de existir. Sendo assim, ocorre a reabilitação do interessado, que pode voltar a participar de procedimentos de contratação administrativa.

A revisão ou anulação pode ser tanto da decisão administrativa de aplicação da penalidade quanto de outro ato administrativo ou prova na qual se baseie a decisão de aplicação da sanção. Se a anulação ou revisão judicial atingir a validade de uma premissa que foi considerada relevante ou essencial para a aplicação da penalidade, a sanção igualmente será invalidada. Nesse caso, o particular também passa a ser reabilitado para participar de procedimentos de contratação pública.

7.4.2 Anulação ou revisão judicial de decisão judicial na qual se baseia a penalidade administrativa

Poderá ocorrer também a anulação ou revisão judicial de uma decisão proferida anteriormente pelo próprio Poder Judiciário e que foi considerada como embasamento pela Administração Pública para a aplicação da sanção de impedimento ou declaração de inidoneidade.[316]

Nesse caso, não se anula diretamente o ato administrativo de aplicação da sanção, mas uma premissa (decisão judicial) na qual a decisão administrativa se embasou. Caso isso aconteça, a sanção de impedimento ou declaração de inidoneidade perderá eficácia e o particular será considerado como reabilitado, a não ser que outras circunstâncias também levadas em conta na aplicação da penalidade, por si sós, sejam suficientes para a sua manutenção.

7.5 A questão do decurso do prazo de aplicação da penalidade

Convém ainda tratar da hipótese consistente no decurso do prazo de vigência da penalidade que foi aplicada.

---

[316] Como visto no Capítulo 2, o direito norte-americano expressamente considera a extinção antecipada do *debarment* quando houver reforma da condenação civil ou criminal na qual a aplicação da medida estiver embasada – FAR 9.406-4(c).

7.5.1 O atingimento do prazo de afastamento fixado para o caso concreto

A Lei 14.133/2021 estabelece que os impedimentos de licitar e contratar podem ficar em vigor por até três anos e as declarações de inidoneidade pelo prazo de no mínimo três e no máximo seis anos (art. 156, §§4º e 5º). Quando se atinge o prazo da penalidade que foi aplicada no caso concreto, o particular pode voltar a participar de procedimentos de contratação pública, com a correspondente baixa nos cadastros de empresas inidôneas e suspensas em que tenha sido inscrita.

7.5.2 Aplicação às penalidades aplicadas com base na Lei 8.666/1993

A Lei 8.666/1993 não estabelecia propriamente um prazo máximo para a declaração de inidoneidade. Havia apenas um prazo máximo de até dois anos para a sanção de suspensão temporária de participação em licitação e impedimento de contratar com a Administração (art. 87, inciso III). Para a declaração de inidoneidade, previa-se apenas que ela deveria prevalecer enquanto perdurassem os motivos determinantes da punição ou até que fosse promovida a reabilitação do interessado, o que poderia ser requerido depois de dois anos da aplicação da sanção (art. 87, inciso IV e §3º).

Em vista disso, discutia-se muito sobre qual seria o prazo máximo de vigência da declaração de inidoneidade.[317] Afinal, eventual entendimento de que a sanção poderia ser perpétua caso não houvesse a reabilitação do particular seria incompatível com a Constituição, que afasta qualquer possibilidade de penas eternas.

Com a edição da Lei 14.133/2021, estabeleceu-se claramente um prazo máximo de até seis anos para as declarações de inidoneidade. Diante disso, deve-se reputar que esse prazo é aplicável às declarações de inidoneidade aplicadas com base na Lei 8.666/1993. Assim, caso uma empresa tenha sido declarada inidônea com base na Lei 8.666/1993 e essa medida esteja em vigência por mais de seis anos, deve-se reconhecer

---

[317] A propósito da declaração de inidoneidade na Lei 8.666/1993 e das dúvidas interpretativas sobre o prazo de sua extinção, confira-se: SCHWIND, Rafael Wallbach. Reabilitação de empresas declaradas inidôneas pela Administração Pública. In: WALD, Arnoldo; JUSTEN FILHO, Marçal; PEREIRA, Cesar Augusto Guimarães (coord.). *O direito administrativo na atualidade*: estudos em homenagem ao centenário de Hely Lopes Meirelles (1917-2017). São Paulo: Malheiros, 2017, p. 974-992.

que a penalidade já está extinta por decurso do prazo máximo previsto na nova legislação.[318]

7.5.3 Necessidade de observar eventuais períodos de suspensão

Deve-se observar, entretanto, a existência de eventuais períodos de suspensão da penalidade.

Caso tenha havido alguma decisão administrativa ou judicial suspendendo a aplicação do impedimento ou da declaração de inidoneidade, o tempo de suspensão deverá ser descontado do cômputo do prazo.

7.5.4 Manutenção do dever de reparação dos danos causados à Administração Pública

O decurso do prazo de aplicação das sanções de impedimento e de declaração de inidoneidade não torna superado o dever do particular de reparar integralmente os danos causados à Administração Pública. Entretanto, a existência de eventual pendência acerca da quantificação desses danos ou do seu pagamento caso já totalmente quantificados não será motivo para o afastamento do particular do mercado de contratações públicas.

Em tese, a Lei 14.133/2021 poderia ter adotado solução diversa, eventualmente estabelecendo que a ausência de reparação dos danos causados seria um óbice à participação do particular em procedimentos de contratação pública. Para a reabilitação penal, por exemplo, conforme mencionado no Capítulo 4, o interessado deverá cumprir diversos requisitos, dentre eles ter ressarcido o dano causado pelo crime ou demonstrado a absoluta impossibilidade de o fazer, ou ainda comprovado a renúncia da vítima ou novação da dívida. E, ainda assim, somente poderá requerer a sua reabilitação depois de dois anos do dia da extinção da pena ou término da sua execução.[319]

---

[318] Esse entendimento já foi adotado pela CGU, como se pode verificar, por exemplo, no Parecer 00242/2023/CONJUR-CGU/CGU/AGU proferido no Processo 00190.110259/2021-19. Disponível em: <https://repositorio.cgu.gov.br/bitstream/1/77077/2/PARECER_002422023_CONJUR_CGU_CGU_AGU_IESA.pdf>. Acesso em: 28 out. 2024.

[319] Arts. 93 a 95 do Código Penal.

Entretanto, não foi essa a solução adotada pela Lei 14.133/2021. Privilegiou-se o decurso do prazo de aplicação da penalidade como um requisito objetivo que, se atingido, tornará superada a penalidade para efeitos de participação em licitações e contratações administrativas.

7.5.5 Não caracterização de reabilitação

Uma questão que se coloca diz respeito à caracterização da extinção da penalidade pelo decurso de prazo como uma verdadeira reabilitação.

Por um lado, é inequívoco que, com a extinção do prazo da penalidade, o particular apenado pode voltar a participar de procedimentos de contratação pública. A Lei 14.133/2021 não estabeleceu outros requisitos aplicáveis, diferentemente do que ocorre, por exemplo, com a reabilitação penal.

Por outro lado, o particular não necessariamente terá adotado as providências que o ordenamento considera necessárias para a recuperação de sua confiabilidade – ainda que, reitere-se, seja seu direito voltar a participar de procedimentos de contratação administrativa.

Sendo assim, parece-nos que a extinção do impedimento ou da declaração de inidoneidade não é propriamente uma reabilitação, nem mesmo anômala. A extinção dos efeitos da penalidade é inquestionável, mas não se tratará propriamente de reabilitação.

7.6 Comentários finais

Como ficou evidenciado, há diversas situações em que o contratado recupera a possibilidade de participar de procedimentos de contratação pública mesmo sem o cumprimento dos requisitos previstos nos incisos do art. 163 da Lei 14.133/2021.

É imprescindível que essas hipóteses sejam bem compreendidas de modo a não se estender indevidamente as penalidades aplicadas. Entretanto, deve-se aplicar essas hipóteses de forma adequada para que não esvaziem o instituto da reabilitação.

De todas elas, a mais complexa é a reabilitação anômala por alteração do controle societário do particular que foi apenado. Caberia desenvolver melhor no plano normativo a figura aqui proposta do "Regime de Recuperação Habilitatória". De todo modo, ainda que o ideal fosse um aprimoramento legislativo de modo a tornar sua aplicação mais clara, o fato é que essa possibilidade existe e já foi reconhecida pelo TCU.

CAPÍTULO 8

REABILITAÇÃO PERANTE EMPRESAS ESTATAIS

8.1 Introdução

A reabilitação de licitantes e contratados perante empresas estatais apresenta algumas peculiaridades em relação ao que acontece perante a Administração Pública em geral.

O fato de as empresas estatais atuarem em ambiente empresarial[320] por si só já provoca algumas nuances diferenciadas. Cada eventual exclusão de um licitante pode ter efeitos sobre a própria competitividade da estatal. Ou seja, não se trata apenas de reduzir as chances de contratações mais vantajosas – o que pode acontecer com a Administração Pública em geral. A exclusão de potenciais contratados (que podem inclusive ser parceiros comerciais) pode gerar externalidades negativas de ordem concorrencial para as empresas estatais. Se é óbvio que isso não é motivo *per se* para simplesmente deixar de haver preocupações com a moralidade nas contratações pelas empresas estatais, também é evidente que se trata de um fator a mais a ser ponderado na exclusão de potenciais contratados.

Outro fator relevante é que as empresas estatais possuem regras diferenciadas na Lei 13.303/2016 a respeito da aplicação de penalidades.

---

[320] O autor já defendeu em outra oportunidade a existência de uma "Administração Pública empresarial", composta pelas empresas estatais, em contraposição com a "Administração Pública não empresarial". Isso porque a atuação da Administração Pública em ambiente empresarial imprime uma lógica peculiar, que deve ser necessariamente voltada a uma atuação mais eficiente do ponto de vista empresarial. Sobre o assunto: SCHWIND, Rafael Wallbach. *O Estado acionista*. São Paulo: Almedina, 2017, p. 81-85.

Empresas estatais não podem aplicar declarações de inidoneidade, mas apenas suspensões temporárias de participação em licitação e impedimentos de contratar com a estatal por prazo não superior a dois anos. Além disso, os requisitos para reabilitação de licitantes e contratados previstos na Lei 13.303/2016 (art. 37, §2º) são mais genéricos do que os da Lei 14.133/2021.[321]

Ademais, as empresas estatais têm liberdade para estabelecer regulamentos de licitações e contratos, desde que compatíveis com a Lei 13.303/2016. Esses regulamentos devem tratar inclusive da aplicação de penalidades[322] e, portanto, podem também estabelecer regras específicas sobre a reabilitação de licitantes e contratados, que é um possível desdobramento da aplicação de sanções.

Assim, cabe fazer algumas digressões a respeito da reabilitação de licitantes e contratados perante empresas estatais.

8.2 As decorrências da adoção do modelo empresarial na aplicação de sanções por empresas estatais

É relevante fazer algumas considerações a respeito da adoção do modelo empresarial pelo Estado. Afinal, a aplicação de sanções não deve descuidar do fato de que se está em um ambiente empresarial, que apresenta certas peculiaridades.

8.2.1 A adoção do modelo empresarial como opção do Estado

A adoção do modelo empresarial pelo Estado não é um dado indiferente nem de menor importância.

---

[321] A rigor, o §2º do art. 37 da Lei 13.303/2016 nem sequer utiliza o termo "reabilitação", mas a regra contemplada consiste materialmente numa reabilitação de licitantes. O dispositivo tem a seguinte redação: "Art. 37. A empresa pública e a sociedade de economia mista deverão informar os dados relativos às sanções por elas aplicadas aos contratados, nos termos definidos no art. 83, de forma a manter atualizado o cadastro de empresas inidôneas de que trata o art. 23 da Lei nº 12.846, de 1º de agosto de 2013. §1º O fornecedor incluído no cadastro referido no *caput* não poderá disputar licitação ou participar, direta ou indiretamente, da execução de contrato. *§2º Serão excluídos do cadastro referido no caput, a qualquer tempo, fornecedores que demonstrarem a superação dos motivos que deram causa à restrição contra eles promovida*".

[322] Na forma do art. 40, inciso VIII, da Lei 13.303/2016: "Art. 40. As empresas públicas e as sociedades de economia mista deverão publicar e manter atualizado regulamento interno de licitações e contratos, compatível com o disposto nesta Lei, especialmente quanto a: [...] VIII – aplicação de penalidades".

Quando o Estado cria uma entidade, atribuindo a ela a qualificação de empresa, assume que o modelo empresarial corresponde à melhor forma de organização dos seus recursos para o cumprimento dos objetivos a que se propõe. A estruturação de uma atividade segundo preceitos empresariais deriva do reconhecimento de que o modelo empresarial é o mais apropriado para a consecução de certos objetivos.

O que caracteriza o modelo empresarial é precisamente o fato de se tratar de uma organização flexível dos fatores de produção, que tem a maleabilidade necessária e suficiente para responder às mutáveis exigências do seu entorno. Liberdade e agilidade são requisitos indispensáveis em um contexto altamente cambiável como o das atividades econômicas – em que se altera a configuração de mercado, mudam-se preços, desenvolvem-se novas tecnologias, novas demandas, entre outros fatores.

A adoção de um regime empresarial é justificada ante os fins atribuídos ao Estado. A libertação de certas constrições de direito público em favor das empresas estatais é um propósito legítimo. Não se trata de um "pecado tolerado" pelo ordenamento jurídico, mas resultado da diversidade e da complexidade crescentes do direito administrativo, que abarca também as empresas estatais.

Assim, pode-se dizer que o ordenamento jurídico reconhece a existência de uma "Administração Pública empresarial", que se vale da racionalidade típica das empresas para o desempenho das atividades que o próprio ordenamento as incumbiu de executar.

A forma empresarial permite a obtenção de algumas vantagens. Propicia maior celeridade justamente por não se submeter a determinados condicionamentos que são inerentes ao paradigma burocrático típico da Administração Pública direta e autárquica; confere maior autonomia às empresas estatais; compatibiliza-se com a sujeição às regras do mercado; e possibilita o ingresso de capitais privados em adição ao capital público no caso de se adotar a forma jurídica de sociedade de economia mista. Há uma lógica atrativa da racionalidade empresarial, que é a mais apropriada para a atuação no domínio econômico.

8.2.2 Os princípios da Administração Pública aplicados ao ambiente empresarial

Os princípios gerais da Administração Pública inegavelmente orientam a atuação das empresas estatais. Entretanto, fazem-no de modo diverso do que ocorre com a Administração Pública não empresarial.

A adoção da figura da empresa para que o Estado desempenhe certas atividades produz uma adaptação dos princípios gerais da Administração, que incidem de modo peculiar em comparação com o que ocorre no âmbito da Administração Pública não empresarial.

Isso fica muito claro em relação aos princípios da legalidade, impessoalidade e moralidade.

O princípio da legalidade não incide sobre as empresas estatais do mesmo modo que subordina a Administração Pública não empresarial. Por um lado, é inegável que os administradores de uma empresa estatal devem observar a lei, mas eles também se subordinam ao estatuto da empresa, que prevê regras dotadas de racionalidade econômica para a sua gestão. De outro lado, a atuação da empresa estatal evidentemente não se restringe à aplicação da lei, uma vez que a lei jamais poderá contemplar toda a complexidade que caracteriza a atuação empresarial – necessariamente maleável e mutante.

O princípio da impessoalidade também se aplica de modo peculiar em ambiente empresarial. Se é dado às empresas privadas a possibilidade de despender tratamentos diferenciados a terceiros, as empresas estatais que com elas compitam também devem dispor dessa possibilidade, ainda que com temperamentos por integrarem a estrutura estatal.

Igualmente, também o princípio da moralidade não se aplica da mesma forma às empresas estatais e à Administração Pública não empresarial. É evidente que não se deve admitir atuações imorais. Mas certas decisões que poderiam ser consideradas imorais em ambiente não empresarial não têm a mesma qualificação quando se trata de atuações informadas pela lógica econômica.[323]

8.2.3 A aplicação do impedimento e da suspensão de licitantes em ambiente empresarial

A aplicação das sanções de suspensão temporária de licitantes e de impedimento de contratar com as empresas estatais terá certas peculiaridades quando ocorrerem em ambiente empresarial.

---

[323] SCHWIND, Rafael Wallbach. *O Estado acionista*. São Paulo: Almedina, 2017, p. 80-85.

8.2.3.1 A análise das consequências da aplicação das sanções

Conforme já demonstrado, a aplicação de sanções que resultam na exclusão de licitantes do mercado de contratações públicas deve ser precedida de uma verificação da sua pertinência ao caso concreto e de uma análise das suas consequências práticas também (critérios finalista e consequencialista). A ponderação dos efeitos na decisão pela aplicação ou não das sanções deverá sempre acontecer, não por benevolência das autoridades competentes, mas porque o ordenamento jurídico assim determina. Trata-se de uma espécie de *"Análise de Impacto Sancionatório"*, conforme já tratado acima, em especial no Capítulo 3.

No âmbito das empresas estatais, a análise dos impactos de aplicação das sanções de suspensão e impedimento envolve complexidades adicionais.

Em grande parte dos casos, as empresas estatais concorrem com empresas privadas no mercado. Sendo assim, no limite, a exclusão de um potencial contratado pode inviabilizar certas parcerias comerciais e comprometer a competitividade da própria empresa estatal. Isso será especialmente relevante em mercados dotados de poucos competidores. Por vezes, a exclusão de um fornecedor acaba impossibilitando que a empresa estatal consiga uma alternativa viável e equivalente para suprir suas necessidades. Isso já é grave no âmbito da Administração Pública não empresarial, mas terá decorrências mais profundas para uma empresa estatal, a depender da relevância do fornecedor.

Portanto, ao decidir pela suspensão ou impedimento de um licitante, é razoável que a empresa estatal pondere os efeitos que a decisão terá para a sua própria competitividade no mercado e para a celebração de suas parcerias comerciais. Eventualmente, será mais razoável a aplicação de outras sanções do que a exclusão do interessado.

8.2.3.2 A configuração do risco intolerável para uma empresa estatal

As penalidades que resultam na exclusão de um interessado do mercado de contratações públicas têm como função primordial a proteção do Estado. Reputa-se que o risco de se estabelecer relações contratuais com uma pessoa que praticou faltas graves é intolerável. Logo, ele deve ficar excluído da possibilidade de firmar contratos com a Administração Pública por um prazo determinado ou até que adote providências que resultem na recuperação da sua confiabilidade.

No caso das empresas estatais, a configuração de um risco como intolerável apresenta certas peculiaridades. A empresa estatal muitas vezes já atua num mercado competitivo e que envolve riscos econômicos marcantes. De outro lado, os riscos reputacionais tendem a ser muito mais sensíveis em ambiente empresarial, notadamente em mercados competitivos. Aliar a imagem de uma empresa estatal a um parceiro econômico notadamente não confiável pode afetar a própria reputação da empresa estatal, com todos os possíveis danos decorrentes disso no mercado.

Logo, a configuração de um risco como intolerável terá certos matizes a depender de se estar em um ambiente empresarial ou não. Pode haver um apetite maior pela assunção de um risco se houver uma racionalidade econômica que faça sentido. Mas pode também haver uma cautela mais significativa em função de riscos reputacionais que tenham efeitos potencialmente negativos.

8.2.3.3 A existência de outros instrumentos de proteção da empresa estatal

Deve-se ponderar também se a empresa estatal possui outros instrumentos de proteção, que eventualmente podem tornar desnecessária a suspensão ou o impedimento de um potencial licitante.

Refere-se aqui aos mecanismos reativos não sancionatórios, como seguros e cláusulas de *hardship* (que contemplem mecanismos para se lidar com fatores imprevisíveis pelas partes). Como diversas contratações realizadas pelas empresas estatais são submetidas ao direito privado, há muito maior liberdade na definição de mecanismos contratuais de proteção. A adoção dessas ferramentas pode ser mais adequada e proporcional do que a suspensão ou o impedimento de um fornecedor, e certamente deve ser levada em conta na Análise de Impacto Sancionatório que precisa ser realizada.

8.2.3.4 Os interesses legítimos dos acionistas

Outro fator a ser ponderado é o dos interesses legítimos dos acionistas.

Notadamente quando a empresa estatal possui acionistas privados, que investem seus recursos na empresa, é legítima a preocupação com a entrega de resultados positivos a esses acionistas. Da mesma forma, a gestão da empresa também deve levar em conta os interesses legítimos dos acionistas minoritários.

A decisão pela eventual suspensão ou impedimento de um fornecedor deve levar em conta os reflexos disso para os acionistas. Por um lado, há uma preocupação legítima com os resultados da empresa. Um impedimento ou suspensão desnecessariamente aplicados podem comprometer resultados econômicos da empresa. Por outro lado, há questões relacionadas à governança da companhia. Assim, por exemplo, não se pode deixar de aplicar um impedimento ou suspensão a um fornecedor apenas para agradar politicamente o controlador da empresa estatal.

8.2.3.5 Cabimento de regras mais maleáveis de reabilitação

Em um ambiente empresarial, é natural que as regras de reabilitação de fornecedores perante empresas estatais sejam mais maleáveis. Primeiro, porque há maior liberdade de negociação. A consensualidade é mais acentuada e, portanto, é possível estabelecer previsões negociadas com o licitante excluído. Segundo, porque o ambiente empresarial é naturalmente mais dinâmico e, portanto, demanda soluções mais rápidas e menos burocráticas.

Nesse contexto, é natural, por exemplo, que não haja um prazo mínimo de aplicação da sanção antes que possa haver a reabilitação do interessado. Parece mais adequado que se admita a sua reabilitação a qualquer tempo, desde que, obviamente, cumpridos os requisitos necessários para a recuperação da sua confiabilidade.

Do mesmo modo, é natural que os requisitos de reabilitação estabelecidos pela empresa estatal sejam mais customizados a cada situação concreta. A existência de regras gerais muito rígidas reduz a complexidade das variadas situações que podem ocorrer nas relações empresariais.

8.2.3.6 Reafirmação da moralidade em ambiente empresarial

Os pontos expostos acima não devem ser reputados como uma diminuição da importância atribuível à moralidade nas relações comerciais. Trata-se apenas de reconhecer que as peculiaridades de um ambiente empresarial geram efeitos também perante as prerrogativas sancionatórias das empresas estatais e, consequentemente, sobre a reabilitação de interessados. Será natural haver maior consensualidade e regras gerais menos restritivas, tudo de modo compatível com a dinâmica das relações empresariais.

O fato é que todo o racional exposto nos capítulos anteriores a respeito da reabilitação de licitantes e contratados se aplica ao âmbito das licitações e contratações realizadas pelas empresas estatais.

As empresas estatais, tal como a Administração Pública em geral, têm interesse em incentivar e exigir a adoção de práticas de probidade e honestidade no âmbito de suas licitações e contratações. Assim, se um particular tiver condições de promover medidas que promovam o restabelecimento de sua confiabilidade, isso interessa diretamente à empresa estatal. Esse tipo de providência pode inclusive ser um mecanismo eficiente para a instituição de melhores práticas no relacionamento da iniciativa privada com as empresas estatais.

Portanto, a ideia de reabilitação de licitantes e contratados é naturalmente compatível com os interesses das empresas estatais. Os mesmos fundamentos que justificam a reabilitação de licitantes perante toda a Administração Pública se aplicam também à realidade das empresas estatais.

8.3 A reabilitação de licitantes na Lei das Estatais

A Lei 13.303/2016 contempla algumas regras sobre reabilitação de licitantes que são diferentes daquelas contidas na Lei 14.133/2021.

8.3.1 A possibilidade de aplicação de suspensões e impedimentos pelas empresas estatais

A Lei 13.303/2016 admite a possibilidade de aplicação de sanções pelas empresas estatais. A exclusão de fornecedores da possibilidade de travar relações comerciais com a empresa estatal é um dos instrumentos cabíveis.

Entretanto, a Lei 13.303/2016 não admite a aplicação de declarações de inidoneidade pelas empresas estatais, uma vez que essa sanção não está prevista no rol constante do art. 83. As únicas penalidades de afastamento aplicáveis pelas empresas estatais são a suspensão temporária de participação em licitação e o impedimento de contratar com a entidade sancionadora por prazo não superior a dois anos (art. 83, inciso III).

8.3.2 A previsão de reabilitação perante empresas estatais

A Lei 13.303/2016 contém uma previsão de reabilitação de licitantes e contratados frente às empresas estatais – ainda que sem utilizar expressamente o termo "reabilitação". Trata-se da previsão contida no §2º do art. 37.

O dispositivo estabelece que as empresas estatais que aplicarem sanções deverão informar sua aplicação no âmbito do cadastro de empresas inidôneas do art. 23 da Lei 12.846. No entanto, prevê-se que as empresas serão excluídas do cadastro, a qualquer tempo, quando demonstrarem a "superação dos motivos que deram causa à restrição contra eles promovida".

Ou seja, o art. 37, §2º, da Lei 13.303/2016, estabelece justamente a possibilidade de reabilitação de licitantes e contratados em face da empresa estatal ao prever que ela deverá excluir do cadastro de empresas suspensas aquelas que demonstrarem a superação dos motivos que deram causa à suspensão. Admite-se, portanto, que haja a reabilitação de licitantes e contratados perante a empresa estatal que aplicou a penalidade de suspensão caso os interessados demonstrem que superaram os motivos que deram causa à aplicação da sanção.

Até se poderia denominar essa possibilidade de "cancelamento" da suspensão ou impedimento. Entretanto, prefere-se utilizar a denominação "reabilitação" porque a sua ocorrência demanda o reconhecimento da superação dos motivos que levaram à aplicação da punição. Essa verificação em regra não será automática. Normalmente deverá ocorrer por meio de um procedimento específico.

Um exemplo muito pertinente de sistemática de reabilitação em empresas estatais é a "Cartilha de Autossaneamento" da Petrobras.[324] Ela estabelece como as empresas podem pedir o seu autossaneamento perante a Petrobras, como é o procedimento e o que exatamente a companhia irá avaliar em cada caso.

---

[324] Disponível em: <https://canalfornecedor.petrobras.com.br/documents/10591749/0/pdf%20autosaneamento%20PT%20v5.pdf/d3fe0272-6f22-4687-665a-5b4a2e4abcd5?version=1.0&t=1710773439000&download=false>. Acesso em 24 abr. 2025.

8.3.3 A possibilidade de reabilitação a qualquer tempo

Diferentemente do que ocorre na Lei 14.133/2021, a Lei 13.303/2016 não exige o transcurso de um prazo mínimo para a solicitação da reabilitação pelo interessado. Pelo contrário: o §2º do art. 37 da Lei 13.303/2016 admite expressamente que a reabilitação (por meio da exclusão do interessado do cadastro de empresas inidôneas) pode ocorrer "a qualquer tempo", desde que a empresa penalizada demonstre a superação dos motivos que deram causa à restrição contra eles promovida.

Portanto, nas reabilitações perante empresas estatais, não se aplica o prazo de um ano previsto no art. 163, inciso III, da Lei 14.133/2021. E, evidentemente, não se aplica o prazo de três anos previsto no mesmo dispositivo, uma vez que empresas estatais não podem aplicar declarações de inidoneidade, e a suspensão ou impedimento que podem aplicar terão prazo máximo de até dois anos.

Eventual estabelecimento de prazo mínimo pela empresa estatal para que o interessado possa requerer a sua reabilitação será ilegal, por ofensa direta ao §2º do art. 37 da Lei 13.303/2016. Ainda que a empresa estatal tenha liberdade para definir as condições de reabilitação, elas não poderão contrariar as previsões da Lei – que, no caso, estabeleceu que a recuperação da possibilidade de participar de licitações e contratos pode ocorrer a qualquer tempo, desde que superados os motivos determinantes da aplicação da sanção.

8.3.4 O requisito legal para reabilitação perante empresas estatais

O §2º do art. 37 da Lei 13.303/2016 estabelece apenas um requisito para que haja a reabilitação de licitantes e contratados perante a empresa estatal. Trata-se da demonstração da "superação dos motivos que deram causa à restrição".

A expressão "superação dos motivos que deram causa à restrição", utilizada pelo art. 37, §2º, da Lei 13.303/2016, é similar à que era utilizada pelo art. 87, inciso IV, da Lei 8.666/1993 ("enquanto perdurarem os motivos determinantes da punição"). A lógica é a mesma: tornar superada a sanção quando o interessado demonstrar que não há mais (ou nunca houve) motivos para que a sanção continue em vigor.

A Lei 13.303/2016 não foi além para detalhar o que significa a superação dos motivos que deram causa à restrição. Tampouco esclareceu o que se pode admitir como demonstração da superação dos motivos que deram causa à suspensão.

Diante disso, entende-se que haverá significativa margem de liberdade para que a empresa estatal avalie o que se pode compreender como superação dos motivos que levaram à suspensão ou ao impedimento. Entretanto, o exercício desse poder deverá ocorrer de modo compatível com os postulados da razoabilidade e da proporcionalidade. Não é qualquer atitude que poderá ser considerada como demonstração da superação dos motivos que levaram à aplicação da sanção. Por outro lado, certos atos inequivocamente serão uma demonstração segura de que a empresa sancionada voltou a ser confiável.

Um exemplo permite esclarecer o que se afirma aqui. Suponha-se que uma empresa teve suspenso o seu direito de participar de licitações perante uma empresa estatal porque se entendeu pelo seu envolvimento em alguma prática ilícita de pagamento de vantagens indevidas a um membro da estatal. Se essa empresa promover medidas como (i) a demissão de todos os envolvidos, (ii) a reestruturação de sua organização interna de modo a estabelecer maiores controles e maiores dificuldades para práticas similares e (iii) a criação de mecanismos internos de integridade que evitem a adoção de práticas semelhantes no futuro, com responsáveis definidos e canal de denúncias, é possível que a empresa estatal conclua que tais providências são suficientes naquele caso concreto para a recuperação de sua credibilidade. Nesse caso, o particular será considerado reabilitado e deixará de constar do cadastro de empresas inidôneas.[325]

Em tese, haverá situações em que o defeito de conduta será irremediável e não comportará uma correção efetiva para o futuro. No entanto, esse tipo de situação será excepcional. Normalmente, medidas de reabilitação bem construídas terão por efeito o restabelecimento da confiabilidade do particular.

---

[325] Novamente, recorre-se aqui ao exemplo da "Cartilha de Autossaneamento" da Petrobras, que esclarece nos seguintes termos quais são os critérios para o autossaneamento dos interessados: "O autossaneamento (*self cleaning*) preconiza a apuração da causa raiz do fato motivador da sanção e a implementação de ações corretivas que eliminem esta causa e demonstre que o fornecedor superou os fatos. As ações apresentadas devem ter sido implementadas e comprovadas a sua eficácia. Este pedido de autossaneamento (*self cleaning*) não prevê o acompanhamento por parte da Petrobras de plano de ação ainda em andamento por parte do fornecedor. Pode ser utilizado assessoria, auditorias ou laudos de terceira parte para atestar as ações tomadas, todos produzidos por iniciativa e custeio do fornecedor. Para avaliação por parte da Petrobras, poderá ser exigido, como critério para aprovação, a apresentação de auditoria de terceira parte sob responsabilidade do fornecedor".

8.3.5 Inaplicabilidade automática dos requisitos de reabilitação previstos na Lei 14.133/2021

Questiona-se se, diante da previsão genérica do §2º do art. 37 da Lei 13.303/2016, a empresa estatal deveria simplesmente aplicar os requisitos do art. 163 da Lei 14.133/2021 – por se tratar da Lei Geral de Licitações e contratações públicas. Entretanto, a resposta é negativa.

A Lei 14.133/2021 não deve simplesmente ser aplicada para suprir lacunas da Lei 13.303/2016. Muitas lacunas inclusive são intencionais e devem ser supridas pela instituição de regras no regulamento de licitações e contratações públicas de cada estatal.

Além disso, o §1º do art. 1º da Lei 14.133/2021 prevê que "Não são abrangidas por esta Lei as empresas públicas, as sociedades de economia e as suas subsidiárias, regidas pela Lei nº 13.303, de 30 de junho de 2016, ressalvado o disposto no art. 178 desta Lei".

Portanto, as regras sobre reabilitação previstas na Lei 14.133/2021 não são obrigatórias para as empresas estatais. É admissível que as empresas estatais incorporem aos seus regulamentos de licitações e contratações as mesmas regras da Lei 14.133/2021, ou ao menos algumas delas, mas isso não é uma obrigação.

Em outras palavras, as previsões estabelecidas pela Lei 13.303/2016 derrogam as normas gerais de licitação e contratação previstas na Lei 14.133/2021. A Lei das Estatais é a lei especial e isso impede que se obrigue a aplicação analógica da lei geral. O regulamento interno de licitações e contratações de uma empresa estatal pode até incorporar as regras da Lei 14.133/2021 sobre reabilitação – além, evidentemente, de todo o entendimento doutrinário e jurisprudencial existente –, mas é plenamente possível que se estabeleçam regras diversas.

Note-se que não há nenhuma ofensa à isonomia nisso. As empresas estatais atuam em ambiente empresarial, muitas vezes em regime de concorrência. Sua realidade é diferente daquela que caracteriza a Administração Pública não empresarial. Essa circunstância pode justificar soluções diversas, inclusive no estabelecimento de regras de reabilitação.

8.3.6 Inexistência de discricionariedade absoluta na decisão de reabilitação

A reabilitação perante a empresa estatal não é uma opção discricionária de sua parte. O §2º do art. 37 da Lei 13.303/2021 prevê que "serão" excluídos do cadastro de empresas penalizadas aquelas que demonstrem a qualquer tempo a superação dos motivos que levaram à aplicação da penalidade. A dicção do dispositivo, portanto, não deixa lugar para dúvidas. Havendo demonstração de que os motivos foram superados, o licitante penalizado *deverá* ser retirado do cadastro das empresas suspensas.

Note-se que a redação do art. 163 da Lei 14.133/2021 é diferente nesse ponto. O dispositivo estabelece que "é admitida" a reabilitação do licitante ou contratado que cumprir, cumulativamente, os requisitos previstos nos incisos do art. 163. A expressão "é admitida" pode passar a conotação de que, mesmo se forem cumpridos os requisitos, a reabilitação poderá ou não ocorrer. Entretanto, a melhor interpretação do art. 163 da Lei 14.133/2021 é a de que a reabilitação não é uma decisão discricionária da Administração Pública. De todo modo, em relação a isso, a Lei 13.303/2016 adotou uma expressão mais direta, que não deixa dúvidas quanto ao cabimento da reabilitação sempre que forem atendidos os critérios aplicáveis.

É claro que a aferição da superação dos motivos que levaram à aplicação da penalidade é complexa e comporta interpretações em cada situação concreta – tanto na aplicação da Lei 13.303/2016 quanto da Lei 14.133/2021. No entanto, é inadmissível que a empresa estatal reconheça a presença dos requisitos e mesmo assim decida não excluir o licitante do cadastro de empresas penalizadas. Isso seria uma ofensa ao princípio da objetividade que deve reger o direito administrativo sancionatório inclusive no âmbito das empresas estatais.

8.3.7 Margem de liberdade para o estabelecimento de regras específicas nos regulamentos de licitações e contratações das estatais

Conforme explicado acima, a Lei Geral de Licitações não abrange as empresas estatais regidas pela Lei 13.303/2016. Além disso, a Lei 13.303/2016 estabelece um único requisito para a reabilitação de particulares perante empresas estatais, que é a "superação dos motivos que deram causa à restrição".

Partindo-se dessas duas premissas, a única conclusão possível é que cada empresa estatal possui ampla margem de liberdade para a definição de requisitos de reabilitação em seus regulamentos internos.

Evidentemente, os requisitos de reabilitação que vierem a ser estabelecidos pelos regulamentos de licitações e contratações de cada empresa estatal não poderão contrariar a Lei 13.303/2016.

Os requisitos de reabilitação deverão ser relacionados sempre aos motivos que levaram à aplicação da suspensão. Por exemplo, se o particular foi suspenso por se ter reconhecido a ocorrência de um ilícito na relação com a empresa estatal, deverá ser exigido que esse particular crie mecanismos efetivos para evitar que situações similares venham a ocorrer no futuro. Esta seria, sem dúvida, uma exigência pertinente. Por outro lado, seria indevido exigir que o particular assumisse certas providências sem qualquer relação com o fato que levou à aplicação da penalidade.

Tampouco se pode admitir que o regulamento de licitações e contratações de uma empresa estatal estabeleça regra prevendo que, mesmo diante da demonstração dos requisitos necessários à reabilitação, o particular somente será considerado reabilitado se houver uma decisão absolutamente discricionária por parte da estatal nesse sentido. Eventual regra nesse sentido seria incompatível com o art. 37, §2º, da Lei 13.303/2021, que estabelece o dever de exclusão do cadastro de empresas inidôneas quando o particular tiver demonstrado a superação dos motivos que levaram à aplicação da sanção.

Da mesma forma, os regulamentos de licitações e contratações das empresas estatais não podem contrariar a previsão legal que permite a reabilitação "a qualquer tempo".

É impossível traçar limites mais detalhados sobre qual seria a margem de liberdade de cada empresa estatal em definir regras sobre reabilitação de licitantes e contratados. No entanto, em essência, pode-se afirmar que há três limites fundamentais: (i) os requisitos de reabilitação deverão ser diretamente relacionados aos motivos que levaram à aplicação da penalidade de suspensão; (ii) a reabilitação deverá ser reconhecida sempre que os requisitos estabelecidos forem devidamente cumpridos, sendo impossível haver decisões discricionárias quanto a isso; e (iii) a reabilitação deverá ocorrer a qualquer momento que o particular demonstrar a presença dos requisitos necessários, sendo descabida a fixação de um prazo mínimo de suspensão (dada a previsão do art. 37, §2º, da Lei 13.303).

Observados esses três limites fundamentais, a empresa estatal terá grande liberdade para a fixação de requisitos para reabilitação. Poderá, ou não, prever como requisito, por exemplo, a implantação ou aperfeiçoamento de um programa de integridade, ou ainda a reparação do dano ocorrido. Isso dependerá da previsão de cada regulamento específico.

8.3.8 Pagamento de multa como requisito para reabilitação perante a empresa estatal

Outra questão que se põe diz respeito a uma eventual impossibilidade de se prever o pagamento de multa como condição de reabilitação.

Em princípio, poderia se alegar que o pagamento de uma multa não seria um requisito admissível para a reabilitação de um licitante, uma vez que o art. 37, §2º da Lei 13.303/2021 estabelece como requisito apenas a demonstração da superação dos motivos que deram causa à penalidade aplicada. A multa seria outra penalidade, sem relação com a suspensão do direito de participar de licitações, e, portanto, sua exigência para a reabilitação do particular seria descabida. À empresa estatal restaria a possibilidade de continuar cobrando a multa eventualmente aplicada. Seu recolhimento não poderia ser um requisito para a reabilitação do particular.

Entretanto, parece-nos que pode ser cabível o pagamento de uma multa para que haja a reabilitação perante a empresa estatal.

Na realidade, é forçoso reconhecer que há uma lógica em se afirmar que o pagamento de uma multa não teria relação direta com a superação dos motivos que deram causa à penalidade de suspensão. A superação dos motivos parece estar muito mais relacionada a medidas prospectivas, para o futuro, do que para o passado, como o pagamento de uma multa.

Entretanto, o pagamento de uma multa pode também ter relação com a demonstração da superação dos motivos que impuseram a suspensão. Isso porque o art. 83, §2º, da Lei 13.303/2016 admite a possibilidade de se aplicar uma multa de modo cumulativo à penalidade de suspensão. Nesse contexto, parece razoável admitir que o pagamento da multa aplicada seja um requisito para a reabilitação. Seria até mesmo contraditório que o particular adotasse as providências necessárias para a reabilitação e não recolhesse a multa aplicada.

Já quando se trata de uma multa sem qualquer relação com o fato que ensejou a suspensão ou impedimento, o seu recolhimento não pode ser um requisito para a reabilitação.

8.3.9 Ausência de ofensa à isonomia

Como existe uma ampla liberdade para as empresas estatais definirem os requisitos de reabilitação para suas próprias realidades, poderia se levantar a questão de que a existência de requisitos diferentes seria ofensiva à isonomia. Ou seja, o estabelecimento de requisitos mais restritos por uma empresa estatal em comparação com as regras de outra estatal acabaria ofendendo a isonomia porque a preocupação com a probidade nas contratações deveria ser a mesma perante toda a Administração Pública.

Entretanto, não parece haver ofensa à isonomia nesse sentido. A Lei 13.303/2016 conferiu autonomia às empresas estatais. Definiu apenas um requisito genérico que deve ser observado. Cada empresa estatal poderá ter uma compreensão de quais medidas serão necessárias para a reabilitação de licitantes em sua própria realidade. Como as estatais têm realidades diferentes, inclusive por atuarem em mercados diversos, as formas de enfrentar o problema podem ser diversas, não havendo necessariamente nenhuma ofensa à isonomia.

8.4 As previsões sobre reabilitação nos regulamentos das empresas estatais

A fim de se verificar como as regras de reabilitação são estabelecidas pelas empresas estatais, fez-se uma análise de diversos regulamentos de licitações e contratações em vigor.[326]

8.4.1 Classificação dos regulamentos de acordo com a forma de tratamento da reabilitação

Da análise dos atos editados por essas empresas, é possível concluir que há quatro linhas básicas de previsões sobre reabilitação

---

[326] Foram examinados os regulamentos de licitações e contratações das seguintes empresas estatais: Caixa Econômica Federal, Banco do Brasil, Empresa Brasileira de Serviços Hospitalares (Ebserh), Companhia de Saneamento do Paraná – Sanepar, Companhia Energética de Minas Gerais – CEMIG, Companhia de Desenvolvimento dos Vales do São Francisco e do Parnaíba – CODEVASF, Companhia de Pesquisa de Recursos Minerais – CPRM, Petrobras, Petrobras Logística de Exploração e Produção – PB-LOG, Companhia Brasileira de Trens Urbanos – CBTU, Centrais de Abastecimento de Minas Gerais – CEASAMINAS, Companhia Docas da Bahia – CODEBA e Banco do Estado do Rio Grande do Sul – Banrisul. O objetivo foi abranger empresas estatais federais e estaduais de diferentes setores, que atuam ou não em regime concorrencial, de modo a se ter uma visão mais completa a respeito das regras concretas de reabilitação perante empresas estatais.

nos regulamentos de licitações e contratações de empresas estatais: (i) regulamentos omissos sobre o tema; (ii) regulamentos que simplesmente repetem o disposto na Lei 13.303; (iii) regulamentos que contêm regras apenas procedimentais sobre reabilitação; e (iv) regulamentos que dispõem acerca do tema da reabilitação tratando o assunto como forma de acordo com o particular.[327]

Os dois primeiros grupos de regulamentos não interessam ao presente estudo. Apenas confirmam que boa parte das empresas estatais não dá importância ao tema da reabilitação, o que dificulta marcantemente a aplicação concreta do instituto, ainda que conte com previsão legal expressa.

8.4.2 O tratamento com enfoque processual

Como exemplo de regulamento que enfrenta o tema da reabilitação de modo processual, pode ser citado o da Petrobras.

Tal regulamento estabelece no art. 229 que a reabilitação ocorrerá quando o particular demonstrar a superação dos motivos que deram causa à sanção. Os parágrafos do art. 229, então, preveem um procedimento.

Primeiro, o interessado deverá solicitar a revisão da penalidade por requerimento escrito, sendo indispensável a comprovação de fatos novos que demonstrem a superação dos motivos que deram causa à sanção de suspensão.

Segundo, esclarece-se que essa revisão não se confunde com a fase recursal dos processos de aplicação de sanções.

Terceiro, prevê-se que a revisão deverá ser autorizada, de forma compartilhada, pelo Gerente Geral da Unidade Organizacional Responsável pela Base de Fornecedores da Petrobras e o Gerente Geral da Unidade Organizacional onde aconteceu o fato gerador.

O regulamento da Petrobras, portanto, não estabelece requisitos para a reabilitação, mas prevê um procedimento básico para a análise dos pleitos de revisão da penalidade aplicada. Há ainda a "Cartilha de Autossaneamento" da Petrobras, que contempla orientações sobre o tema.

---

[327] Certos regulamentos inserem-se em mais de uma hipótese. Por exemplo, o regulamento de licitações e contratos da Petrobras estabelece regras procedimentais e também hipóteses objetivas de redução do prazo de suspensão.

8.4.3 Tratamento com foco na celebração de acordos com o particular apenado

Como exemplo de regulamento que permite acordos com o particular com o efeito concreto de reabilitação, pode ser citado o da CEMIG.

O art. 138 prevê que "A CEMIG poderá celebrar acordo substitutivo previsto no artigo 17, da Lei 12.846, de primeiro de agosto de 2013, com vistas à isenção ou atenuação das sanções administrativas estabelecidas neste Regulamento".

Essa regra pode permitir, portanto, a reabilitação de um licitante, uma vez que pode resultar na isenção ou abrandamento da suspensão. A celebração de um acordo pode inclusive ocorrer depois da aplicação da penalidade. A regra não exige que a celebração de um acordo ocorra necessariamente antes da aplicação da sanção.

8.5 Considerações finais

Como foi exposto, é possível a reabilitação perante empresas estatais, com fundamento no art. 37, §2º, da Lei 13.303/2016.

O único requisito legal é que o licitante ou contratado demonstre que houve a superação dos motivos que deram causa à restrição promovida contra ele. Os requisitos para reabilitação previstos no art. 163 da Lei 14.133 não serão obrigatórios para as empresas estatais, uma vez que a lei geral de licitações não se aplica subsidiariamente a elas, conforme disposto no §1º do art. 1º da Lei 14.133. Por decorrência, cada empresa estatal poderá estabelecer regras próprias sobre reabilitação em seus Regulamentos de Licitações e Contratações.

Ainda que o Regulamento de Licitações e Contratações de uma empresa estatal não preveja regras sobre reabilitação, é possível que ela ocorra perante empresas estatais. A ausência de regras no Regulamento acaba apenas dificultando a aplicação prática da reabilitação, mas o fato é que ela é possível. Sua aplicação não depende da existência de normas no Regulamento de Licitações e Contratações de cada empresa estatal.

Os regulamentos de licitações e contratações das empresas estatais, de modo geral, não aproveitam bem a margem de liberdade conferida pela legislação. Destacam-se os regulamentos que estabelecem regras procedimentais e que preveem a possibilidade de acordos.

CONCLUSÕES

Este estudo procurou analisar o autossaneamento e a reabilitação de licitantes e contratados. Partiu-se de uma análise de outros sistemas jurídicos para então se fazer uma verticalização do assunto no ordenamento brasileiro. Desenvolvida essa análise, agora podem ser sintetizadas as principais conclusões:

1) Apesar de não possuir um sistema de *debarment* propriamente dito, o direito comunitário europeu prevê a possibilidade de exclusão de licitantes dos procedimentos de contratação pública. Há exclusões mandatórias e exclusões discricionárias. Seu objetivo é proteger o poder público da contratação de empresas que não são confiáveis, uma vez que cometeram irregularidades graves. Reputa-se que esse mecanismo de proteção é relevante inclusive para uma concorrência saudável no âmbito da União Europeia.

2) Ao mesmo tempo, o direito comunitário europeu contempla a figura do *self-cleaning*. Trata-se da possibilidade de empresas adotarem medidas destinadas a restaurar a sua confiabilidade. O termo *self-cleaning* vem do alemão "*Selbstreinigung*" e transmite a ideia de que uma empresa que adotar providências concretas de restauração da sua confiabilidade poderá ser novamente admitida em processos de contratação pública.

3) O *self-cleaning*, apesar de ser *reconhecido* há muito tempo, tendo sido produto de uma criação doutrinária, foi positivado pelo art. 57º da Diretiva 2014/24/EU. A empresa que adotar diversas providências de autossaneamento e tiver reconhecido que tais medidas são suficientes para a restauração da sua confiabilidade poderão participar de contratações públicas.

4) Reputa-se que o *self-cleaning* é compatível com os objetivos buscados com as exclusões de licitantes, com a vantagem de permitir uma ampliação da concorrência nas contratações públicas, uma vez que a simples exclusão de interessados reduz as chances de se obter contratações vantajosas.

5) Entende-se no direito comunitário europeu que as autoridades adjudicantes não podem excluir de seus procedimentos os agentes econômicos que adotaram medidas adequadas de *self-cleaning*. A exclusão desses interessados quando as medidas de *self-cleaning* forem adequadas seria uma violação direta ao princípio da proporcionalidade. Além disso, entende-se que aqueles que demonstrarem maior integridade depois de serem sancionados não merecerão o mesmo tratamento que a Administração dará àquele que, mesmo condenado, simplesmente não adota nenhuma medida para assegurar sua integridade no futuro.

6) No direito norte-americano, quando um órgão do governo desenvolve um procedimento para a aquisição de bens ou serviços, deve verificar se os interessados são dotados de *"present responsability"*. É imprescindível que uma empresa seja reconhecida como "responsável" para que ela possa ser considerada pela Administração Pública em seus procedimentos de contratação. O procedimento de contratação pública representa um teste de aferição da *present responsability* dos interessados. Pretende-se saber se eles, *atualmente*, possuem os predicados necessários para sua consideração como responsáveis.

7) O *debarment* e a *suspension* são mecanismos estabelecidos pela *Federal Acquisition Regulation* – FAR para reduzir os riscos de contratação de uma empresa não responsável. O objetivo é afastar a possibilidade de a Administração Pública travar relações contratuais com uma empresa cuja gravidade dos fatos por ela praticados seja tamanha que comprometa a sua caracterização como uma empresa responsável.

8) O *debarment* e a *suspension* não têm propósito de punição dos particulares. O objetivo dessas medidas reside em proteger a Administração Pública para que ela não estabeleça relações contratuais com uma empresa que não preencha os requisitos necessários para sua caracterização como empresa responsável. A ausência de finalidade punitiva das medidas

de *debarment* e *suspension* está prevista expressamente na FAR 9.402(b). O objetivo não é retirar empresas do mercado para que essa exclusão lhes sirva de castigo. Existem outras formas de punição, como a aplicação de multas e penas judiciais, inclusive de natureza criminal, que endereçam as legítimas preocupações punitivas. O *debarment* e a *suspension* só podem ser aplicados quando houver um interesse público (*"public interest"*) relacionado com a proteção da Administração Pública.

9) A vigência das medidas de *debarment* ou *suspension* pode não afastar o interessado de uma licitação quando o chefe de uma agência governamental entender que há uma razão convincente para tanto. Além disso, pode-se tolerar a permanência de um contrato com uma empresa que sofreu a aplicação de *suspension* ou *debarment* quando houver razões para tanto.

10) Para parcela da doutrina, o *debarment* não seria suficientemente intimidador às grandes corporações e deveria ser aplicado com propósitos punitivos, o que supostamente seria mais efetivo para combater a corrupção do que a fixação de multas, uma vez que os valores das multas acabariam simplesmente entrando nos custos das grandes corporações (*"cost of doing business"*). Entretanto, a possibilidade de aplicação do *debarment* com objetivos meramente punitivos contraria expressamente a FAR 9.402(b). Além disso, a consideração dos efeitos colaterais de uma eventual aplicação do *debarment* por si só não é um problema, uma vez que corresponde à aplicação da própria FAR, que reconhece a gravidade das medidas em questão e, portanto, o dever de que os seus efeitos concretos sejam ponderados.

11) Há medidas que podem ser adotadas para evitar a aplicação do *debarment* e da *suspension* (fatores mitigadores), e existem providências que podem resultar na redução do prazo da aplicação das medidas de afastamento que já estejam em vigor (fatores remediadores). Nos dois grupos de medidas, o objetivo buscado é o mesmo: permitir que as empresas recuperem sua condição de empresas "responsáveis". Em última análise, trata-se, todas elas, de medidas de *self-cleaning*, em que o próprio particular adota mecanismos destinados a evitar que malfeitos similares voltem a ocorrer no futuro.

Entende-se que, a depender das medidas adotadas, ainda que a pessoa jurídica seja formalmente a mesma, o seu conteúdo pode ter sofrido uma alteração drástica, a ponto de não se justificar mais a permanência do *debarment* ou da *suspension*. Tais hipóteses demonstram que a regulação de licitações e contratos nos Estados Unidos não busca finalidades estritamente punitivistas. As preocupações centrais são (i) a criação e implementação de novas práticas de integridade que sejam realmente efetivas e contribuam para que as licitações tenham a participação de empresas *responsáveis* e (ii) a restrição das medidas de *debarment* e de *suspension* às situações em que sejam imprescindíveis para a proteção do Estado.

12) Em certas situações, como uma alternativa para a aplicação do *debarment* ou da *suspension*, o SDO pode concordar em celebrar um acordo administrativo com a empresa acusada, o qual pode envolver inclusive um monitoramento das medidas adotadas (similar a um Regime de Recuperação Habilitatória proposto nesta obra). Os acordos podem adotar duas formas básicas: *Deferred Prosecution Agreements* (DPA) ou *Non-Prosecution Agreements* (NPA). O DOJ inclusive tem o entendimento de que, quando são significativas as consequências colaterais de uma condenação da empresa, pode ser apropriado considerar um acordo NPA ou DPA, com previsões criadas para promover a adoção de medidas de compliance. Há, portanto, um juízo consequencialista no endereçamento das situações que em tese poderiam levar à exclusão dos licitantes.

13) No Brasil, os impedimentos e as declarações de inidoneidade, embora tenham suas hipóteses de cabimento definidas em lei, só devem ser aplicados quando forem *necessários* e *adequados*. Isso demanda das autoridades competentes um juízo não apenas quanto ao cabimento jurídico de tais medidas, mas também de sua necessidade e adequação.

14) Além disso, admite-se a celebração de acordos que podem resultar até mesmo na não aplicação dos impedimentos e declarações de inidoneidade, inclusive com a assunção de compromissos pelas empresas no sentido de promoverem o seu autossaneamento. Ademais, o autossaneamento será possível também depois da aplicação do impedimento ou da declaração de inidoneidade. Esse autossaneamento reativo

(posterior à aplicação das medidas sancionatórias) consiste na reabilitação.

15) Sob um certo ângulo, o tratamento das exclusões de licitantes e do seu autossaneamento em sentido amplo no direito brasileiro deriva da compreensão dos procedimentos de contratação pública como verdadeiros exercícios de gestão de riscos. O que se busca é o afastamento de riscos considerados inaceitáveis, ou seja, de riscos com os quais a Administração contratante entende que não pode conviver.

16) Analisando-se a Lei 14.133/2021, pode-se dizer que há dois grandes grupos de mecanismos de tratamento dos riscos nos procedimentos de contratação: preventivos e reativos. A aplicação de sanções é um mecanismo reativo. Dentre elas, há sanções internas ao contrato (quando os seus efeitos são exauridos dentro dos limites daquela contratação), e externas ao contrato (que produzem suas consequências para além dos limites da licitação ou do contrato no âmbito do qual a penalidade foi aplicada). Estas últimas são o impedimento de licitar e contratar e a declaração de inidoneidade (art. 156, incisos III e IV, da Lei 14.133/2021).

17) O que diferencia as medidas de impedimento e declaração de inidoneidade das demais sanções administrativas (advertência e multa) é que aquelas têm efeitos prospectivos. Independentemente de terem um caráter punitivo ou não, a geração de efeitos *pro futuro* em função da finalidade de proteção ao Estado deve ser ponderada na sua aplicação.

18) Há dois critérios de ponderação que a Administração Pública deverá ter em conta na definição pela aplicação ou não do impedimento e da declaração de inidoneidade. Trata-se do critério *finalístico* e do critério *consequencialista*.

19) Sob o aspecto finalístico, deve-se verificar se as finalidades buscadas com essas medidas são adequadas e necessárias ("proporcionalidade-adequação" e "proporcionalidade-necessidade"). Logo, só faz sentido a aplicação do impedimento e da declaração de inidoneidade nos casos em que a Administração Pública concluir que o contratado representa um risco tão significativo para o Estado que o seu afastamento do mercado de contratações públicas é imprescindível para a proteção do poder público. Quando não se fizer presente a necessidade de proteção da Administração Pública por

meio do afastamento do particular – *v.g.*, porque o ato praticado não é tão grave a ponto de fazer com que o contratado represente um risco insuportável para o Estado, ou eventualmente porque esse particular assumiu compromissos de autossaneamento que minoram esses riscos –, caberá a aplicação de outras penalidades, notadamente de natureza pecuniária. Não deverão ser aplicados o impedimento nem a declaração de inidoneidade, ou tais medidas poderão ser afastadas por meio de um procedimento de reabilitação caso já tenham sido aplicadas.

20) Sob o ângulo consequencialista, o juízo de ponderação na aplicação do impedimento e da declaração de inidoneidade deverá tomar em conta as consequências práticas que poderão advir da aplicação da penalidade. Trata-se de dar concretude a dois vetores consagrados pelo ordenamento jurídico brasileiro: o *princípio da preservação da empresa* e o de que devem ser levadas em conta as *consequências da decisão administrativa*, que se aplica inclusive às decisões de natureza sancionatória (art. 20 da LINDB).

21) Logo, quando cogita da aplicação do impedimento ou da declaração de inidoneidade, a Administração Pública deverá ponderar as possíveis consequências da aplicação dessas medidas sobre a empresa-alvo e sobre o próprio Estado. Isso não significa que o impedimento e a declaração de inidoneidade simplesmente devam deixar de ser aplicados. Significa apenas que deverá haver uma ponderação desses efeitos na decisão pela aplicação ou não das sanções – não por benevolência das autoridades competentes, mas porque o ordenamento jurídico assim determina. Em última análise, deverá haver uma verdadeira *"Análise de Impacto Sancionatório"*.

22) O fato é que não se pode vulgarizar a aplicação do impedimento e da declaração de inidoneidade. Tais medidas não devem ser consideradas como meras "camadas adicionais de punição" aos contratados. Por sua gravidade e levando em conta as finalidades a que se prestam, somente poderão ser aplicadas quando forem realmente necessárias, proporcionais e adequadas ao caso concreto.

23) Três situações podem ser consideradas como uma verdadeira demonstração de aplicação dos critérios finalístico e

consequencialista: (i) alterações de controle de boa-fé (o que foi objeto de uma aprofundada análise pelo TCU no Acórdão 1.257/2023-Plenário), (ii) continuidade dos contratos em curso com contratantes impedidos ou declarados inidôneos, e (iii) contratações com empresas sancionadas para o enfrentamento de situações de crise.

24) Outro aspecto central no sistema brasileiro diz respeito à adoção de mecanismos de consensualidade pela Administração Pública no exercício de seu poder sancionador.

25) De um lado, a celebração de acordos entre a Administração Pública e particulares que tenham por objeto a negociação de prerrogativas públicas reflete um *viés pragmático* no exercício dessas prerrogativas. Busca-se resolver uma questão concreta por meio da negociação dessas prerrogativas, de modo a se alcançar uma resposta mais eficiente ao problema enfrentado. Quando bem construída, uma solução consensual pode inclusive ter a virtude de customizar o exercício dessas prerrogativas às peculiaridades daquele caso, buscando observar os valores que devem ser protegidos, mas afastando os efeitos colaterais negativos que uma solução não consensual poderia gerar. Uma solução *tailor-made*, enfim, focada na situação-problema, com todas as virtudes que qualquer solução especializada pode apresentar.

26) De outro lado, os acordos entre Administração Pública e particulares revelam a existência de uma margem de *autonomia da vontade no âmbito do aparato estatal*. As atuações mediante consenso derivam de uma aquiescência bilateral pública e privada. A vontade do Estado não está totalmente contida na vontade legal, e os meios para o seu atingimento serão construídos com base em termos atípicos voltados à solução do caso específico.

27) O art. 26 da LINDB consiste no permissivo legal genérico à adoção de mecanismos de consensualidade na aplicação de sanções administrativas. Além disso, observa-se no ordenamento brasileiro um consistente movimento de criação de mecanismos que deslocam as atenções do puro punitivismo para um tratamento mais prospectivo do direito sancionador: acordos em ações de improbidade (acordos de não persecução civil), acordos de leniência, acordos substitutivos de sanções, reconhecimento de efeitos a programas de

integridade e termos de compromisso em geral (de que é exemplo aquele previsto na Portaria Normativa 155/2024 da CGU). Todas essas figuras derivam de um realinhamento de incentivos por meio da substituição de uma lógica punitiva (do *big stick*) por outra centrada em incentivos positivos (*carrots*). Podem contemplar soluções de autossaneamento de licitantes, de autossaneamento reativo (que corresponde à reabilitação prevista no art. 163 da Lei 14.133/2021), e podem inclusive estabelecer verdadeiros "Regimes de Recuperação Habilitatória".

28) A expressão "Regime de Recuperação Habilitatória" não é utilizada no direito positivo, mas as normas sobre consensualidade e as previsões abertas, inclusive no art. 163 da Lei 14.133/2021, conferem fundamento a tal possibilidade. Tal como ocorre em regimes de recuperação de empresas ou de recuperação regulatória, é plenamente possível que sejam estabelecidas condições para a recuperação da confiabilidade das empresas, inclusive com o abreviamento ou mesmo a não aplicação de eventuais medidas que resultariam no seu afastamento do mercado de contratações públicas. Nada impede inclusive que haja um monitoramento da adoção dessas medidas e, simultaneamente, a reintegração do interessado ao mercado de contratações públicas enquanto elas são adotadas e monitoradas.

29) Nos contornos estabelecidos pelo art. 163 da Lei 14.133/2021, a reabilitação de licitantes e contratados consiste no restabelecimento da sua capacidade de participar de procedimentos de contratação administrativa e de estabelecer relações contratuais com a Administração Pública antes do decurso do prazo da medida que lhe foi aplicada. A reabilitação é um ato constitutivo negativo. Extingue antecipadamente a medida de impedimento ou de declaração de inidoneidade diante do reconhecimento de que o particular preencheu os requisitos aplicáveis a esse efeito e, portanto, deixou de representar um risco inaceitável para a Administração Pública.

30) A reabilitação é o resultado do autossaneamento em sentido amplo, com a peculiaridade de que ocorre depois de já aplicados o impedimento ou a declaração de inidoneidade. A reabilitação envolve a superação de uma concepção meramente punitivista do direito administrativo sancionador.

Em lugar de simplesmente punir o particular que adotou condutas gravemente desabonadoras, cria-se uma sistemática de incentivo para que o apenado passe realmente a adotar práticas consideradas positivas pelo ordenamento e, assim, obtenha como contrapartida a redução do prazo de afastamento do mercado de contratações públicas.

31) A reabilitação está longe de ser uma simples benevolência do sistema jurídico em favor do infrator. Do lado do particular, a obtenção da reabilitação envolve o emprego de tempo e recursos significativos. São necessárias medidas custosas, que, ao serem adotadas com seriedade, demonstram que o particular realmente retomou a sua confiabilidade e deixou de representar um risco inaceitável para a Administração Pública. O fato é que o cumprimento dos requisitos de reabilitação não é fácil nem trivial. Além disso, a reabilitação não resulta na ausência de penalização do particular que agiu mal. Há prazos mínimos de aplicação da penalidade (um ano no caso de impedimento de licitar e contratar e três anos no caso da declaração de inidoneidade) que devem ser observados de toda forma. A reabilitação somente abrevia o período de afastamento do particular a partir do momento em que ele realmente comprova que restabeleceu os predicados de um licitante confiável.

32) Do lado da Administração Pública, a reabilitação gera benefícios relevantes. Primeiro, porque o instituto permite o retorno ao mercado de contratações públicas de empresas que restabeleceram a sua confiabilidade. Segundo, porque a reabilitação reduz os riscos de judicialização e os custos do *enforcement* das penalidades aplicadas. Portanto, é equivocado compreender a reabilitação como uma espécie de benevolência desnecessária e excessiva do sistema em favor de particulares que não mereceriam esse tratamento.

33) Antes da Lei 14.133/2021, a reabilitação era uma possibilidade aplicável apenas às declarações de inidoneidade. Era assim no Decreto-Lei 2.300/1986 (art. 73, inciso IV) e na Lei 8.666/1993 (art. 87, inciso IV). A partir da edição da Lei 14.133/2021, a reabilitação passou a ser uma possibilidade também aos licitantes e contratados que sofreram a penalidade de impedimento de licitar e contratar com a Administração Pública.

34) O art. 163 da Lei 14.133/2021 estabelece uma relação de exigências que deverão ser cumpridas cumulativamente para que os licitantes obtenham sua reabilitação. São elas: (i) reparação integral do dano causado à Administração Pública, (ii) pagamento da multa, (iii) transcurso do prazo mínimo de um ano de impedimento de licitar ou três anos de declaração de inidoneidade, (iv) cumprimento de condições de reabilitação definidas no ato punitivo e (v) análise jurídica prévia com posicionamento conclusivo a respeito dos requisitos estabelecidos, sendo que (vi) para certas situações, a reabilitação exigirá a implantação ou o aperfeiçoamento de programa de integridade pelo interessado.

35) Outra evolução relevante é que eventuais requisitos adicionais para a reabilitação devem estar previstos já na decisão que aplicou a penalidade (art. 163, inciso IV, da Lei 14.133/2021). Isso obriga a autoridade a fazer um exercício de refletir sobre a penalidade do ponto de vista de quais medidas são necessárias para superar a sua aplicação.

36) Deverá haver um nexo causal entre os danos objeto da reparação e as condutas que resultaram na aplicação do impedimento ou declaração de inidoneidade. Danos sem relação com tais condutas serão irrelevantes para fins de reabilitação. A exigência de reparação de danos que não tenham relação com as condutas que levaram à aplicação do impedimento ou da declaração de inidoneidade incorreria em duas invalidades. A uma, seria um desvio de finalidade e um abuso de direito por parte da Administração Pública, que não pode se aproveitar do interesse do particular em obter sua reabilitação para impor a ele valores não devidos ou sem relação com os fatos ocorridos. A duas, haveria um efeito similar ao do *bis in idem*, estendendo-se os efeitos do impedimento ou da declaração de inidoneidade a ocorrências que não tinham a mesma gravidade e que eventualmente nem se enquadram nas hipóteses legais que em tese dão ensejo à aplicação dessas penalidades.

37) A reparação de eventuais danos ocasionados a terceiros (por exemplo, concorrentes que perderam a possibilidade de celebrar um contrato com a Administração em decorrência de um ato ilícito praticado na licitação) não é requisito legal para a reabilitação do interessado.

38) Caso a conduta que levou à aplicação da penalidade não tenha gerado danos à Administração Pública, não há que se falar em reparação como requisito para a reabilitação do interessado.
39) Reparação de danos não é sanção. Seu conteúdo é restitutório, e não disciplinar. Deve levar em conta a possível presença de interesses tanto negativos quanto positivos. Na reparação do interesse positivo, a indenização busca colocar o lesado na situação em que estaria se o contrato tivesse sido cumprido; já na reparação do interesse negativo, a indenização pretende colocar o lesado na situação em que estaria se não houvesse confiado na perfeita execução do contrato. Assim, por exemplo, se o contratado praticou no *iter contratual* um ato (*v.g.* um descumprimento contratual integral) que provocou dano à Administração Pública, a reparação integral desse dano não constituirá necessariamente na reposição do contratante ao *status quo ante*, mas na sua colocação em uma posição em que o ente estatal nunca esteve na realidade, mas deveria estar não fosse a ocorrência do ato lesivo que gerou o dano. Contudo, não se trata de colocar a Administração em uma situação irreal, meramente imaginária, mas numa situação que *razoavelmente* poderia se esperar que tivesse acontecido se não fosse o ato praticado pela empresa que foi penalizada com o impedimento ou a declaração de inidoneidade.
40) As metodologias já utilizadas pelo TCU para a aferição dos danos sofridos pela Administração Pública podem ser classificadas da seguinte forma: (i) metodologias tradicionais baseadas em engenharia de custos; (ii) análise de notas fiscais; (iii) métodos econométricos; (iv) teoria do Produto Bruto Mitigado; e (v) índice de recuperação projetado. Todas elas são aplicadas pelo TCU. Em certos casos, há a aplicação simultânea de duas ou mais.
41) A remoção dos ganhos ilícitos (ou *disgorgement of profits*) não é um requisito legal para a reabilitação de um contratado. Não deve ser compreendido como inserido na previsão de "reparação integral do dano causado à Administração Pública" do art. 163, inciso I, da Lei 14.133/2021. Isso porque há uma incompatibilidade funcional da responsabilidade civil com a remoção dos lucros ilícitos. Apesar de haver uma diversidade de danos indenizáveis, o que é uma decorrência da

própria complexidade das relações jurídicas e da variedade de situações lesivas, isso não autoriza se falar que existiria uma nova categoria de danos, ao lado das duas categorias tradicionais: os *danos morais* (que abarcam todos os *danos extrapatrimoniais*, relacionados à dignidade da pessoa humana) e os *danos patrimoniais* (que se dividem em *danos emergentes* – os quais se relacionam à diminuição do ativo ou acréscimo do passivo – e *lucros cessantes* – que é o não aumento do ativo ou a não diminuição do passivo). Não há uma terceira categoria de danos. O *disgorgement of profits* não é um dano patrimonial, uma vez que o dano patrimonial ocorre por uma diminuição do patrimônio da vítima ou por um não incremento por ato do ofensor. Tampouco pode ser qualificado como dano moral. O dano moral não guarda relação com aspectos patrimoniais. Muito menos com as repercussões do dano sobre a esfera patrimonial do ofensor. A indenização por danos morais tem por objetivo compensar a vítima pelos danos sofridos, o que não guarda relação com o eventual aumento patrimonial obtido pelo ofensor.

42) É imprescindível que a multa (cujo recolhimento seja requisito para a reabilitação do interessado) tenha sido aplicada em decorrência de um procedimento sancionador válido, ou seja, que tenha observado as garantias constitucionais e legais aplicáveis, dentre elas o contraditório e a ampla defesa, com todos os meios e recursos – inclusive probatórios – que lhes são inerentes.

43) O requisito do pagamento da multa somente se aplica a multas efetivamente exigíveis, ou seja, cujos procedimentos administrativos prévios à decisão pela sua aplicação já tenham sido encerrados por decisão final aplicando a penalidade em questão.

44) O inciso II do art. 163 da Lei 14.133/2021 deve ser lido como fazendo referência à multa que foi aplicada *em relação às circunstâncias fáticas que levaram à aplicação do impedimento ou declaração de inidoneidade,* nos termos do §7º do art. 156 da Lei 14.133/2021. Não se trata de outras multas, que não tenham nenhuma relação com a conduta que deu ensejo à declaração de inidoneidade ou ao impedimento de licitar e contratar com a Administração Pública.

45) Deve-se reputar que a existência de um parcelamento em dia é suficiente para o cumprimento do requisito previsto no inciso II do art. 163. Isso porque o parcelamento de um débito gera a suspensão da exigibilidade desse débito, para todos os efeitos.

46) Admite-se que haja a compensação total ou parcial da multa com créditos devidos pela Administração ao interessado, decorrentes do mesmo ou de outros contratos administrativos que o contratado possua com o mesmo órgão ou entidade sancionadora.

47) A possibilidade de compensação de multa com créditos do interessado é expressamente admitida pela Instrução Normativa SEGES/ME 26/2022, da Secretaria Especial de Desburocratização, Gestão e Governo Digital do Ministério da Economia, e não parece haver motivos para excluir essa possibilidade em um processo de reabilitação.

48) Quando o impedimento de licitar e contratar é aplicado por prazo inferior a um ano, será possível que o particular busque a sua reabilitação, não se aplicando, portanto, o requisito do inciso III do art. 163 da Lei 14.133/2021 – cuja aplicabilidade fica restrita aos casos em que o impedimento foi aplicado por pelo menos um ano. A decisão que tiver aplicado o impedimento por menos de um ano, entretanto, poderá estabelecer um prazo mínimo de vigência da penalidade para que o interessado possa obter a sua reabilitação. O estabelecimento desse prazo mínimo se daria com fundamento no inciso IV do art. 163 da Lei 14.133/2021, que prevê a possibilidade de o próprio ato punitivo estabelecer condições de reabilitação que não estejam previamente estabelecidas em lei. Contudo, deverá observar os postulados da proporcionalidade e da razoabilidade, de modo a não impedir na prática a possibilidade de reabilitação nessas hipóteses.

49) A contagem do prazo para que possa haver a reabilitação deve considerar o início dos efeitos da sanção aplicada. A partir do momento em que os efeitos da penalidade estiverem em vigor, estará em curso o prazo para a obtenção da reabilitação.

50) Quando os efeitos do sancionamento estiverem sendo experimentados pelo particular em função de penalidade aplicada por outro órgão da Administração por conta dos mesmos

fatos, o prazo mínimo para a reabilitação deverá considerar essa penalidade. Esse entendimento foi consolidado pelo TCU no Acórdão 977/2023-Plenário, em que, alterando o seu entendimento até então, o Tribunal reconheceu a necessidade de considerar a declaração de inidoneidade aplicada pela CGU com base na lei de licitações para o cômputo da inidoneidade imposta pelo próprio TCU (desde que referente aos mesmos fatos). O fundamento da decisão foi, dentre outros, o art. 22, §3º, da LINDB, segundo o qual as sanções aplicadas devem considerar as "demais sanções de mesma natureza e relativas ao mesmo fato".

51) Os prazos mínimos de um e três anos são para a obtenção da reabilitação. Não significa que o interessado deva esperar um ou três anos para, somente então, apresentar um requerimento de reabilitação que dará início a um procedimento administrativo específico.

52) Extrai-se do inciso IV do art. 163 da Lei 14.133/2021 que há relativa margem de liberdade para o estabelecimento de requisitos não previstos expressamente em lei para a reabilitação do licitante ou contratado apenado. Mas não haverá liberdade total na sua fixação. Na ausência de parâmetros mais concretos, será importante que as condições previstas atendam aos requisitos da proporcionalidade e da efetividade.

53) É possível que a empresa sancionada e a Administração Pública estabeleçam os requisitos de reabilitação para o caso concreto de modo consensual. O racional de consensualidade aplicável é o mesmo que informa acordos de suspensão de procedimentos e acordos de leniência. Em muitos casos será até mesmo recomendável que haja o estabelecimento consensual de requisitos de reabilitação. Isso permite que se evitem possíveis dúvidas que acabam dificultando processos de reabilitação (como a definição do montante dos danos causados à Administração, por exemplo). Além disso, as partes (Administração pública e licitante apenado) são os maiores interessados em definir os requisitos de modo concreto, líquido e suficientemente claro, de modo a evitar possíveis discussões judiciais que costumam ser negativas para todos os envolvidos.

54) No silêncio do ato punitivo, deve-se concluir que o ato não estabeleceu requisitos adicionais para a reabilitação. Assim, para obter a sua reabilitação, o particular deverá cumprir os requisitos previstos no art. 163 da Lei 14.133/2021.
55) A Lei 14.133/2021 exige a implementação ou aperfeiçoamento de programa de integridade para reabilitação de licitantes que incorreram apenas nas condutas descritas nos incisos VIII e XII do art. 155. Isso não quer dizer que o ato punitivo não possa exigir a criação e o aperfeiçoamento de programa de integridade em casos concretos que não envolveram as condutas especificadas pelos incisos VIII e XII do art. 155 da Lei 14.133/2021. De todo modo, a exigência de um programa de integridade como requisito para reabilitação não pode ser vulgarizada. Somente poderá ser exigida quando efetivamente fizer sentido à luz das circunstâncias concretas. Caberá ao ato punitivo fundamentar adequadamente a exigência estabelecida e como ela efetivamente contribui para a reabilitação da empresa naquela situação concreta.
56) É plenamente possível que o ato punitivo estabeleça requisitos que conduzam a um *Regime de Recuperação Habilitatória*, com o estabelecimento de prazos e a previsão de monitoramentos. A Lei 14.133/2021 não veda essa possibilidade.
57) Mesmo em relação aos requisitos de reabilitação estabelecidos em lei, é conveniente que o ato punitivo trate deles. Isso porque os requisitos legais, de modo geral, são bastante genéricos e poderão não ser cumpridos pelo interessado na ausência de um maior detalhamento acerca do seu conteúdo no caso concreto. A clareza na definição dos requisitos de reabilitação não é uma mera benevolência da Administração Pública em favor do particular. Trata-se de uma medida necessária para a execução da reabilitação como instituto relevante para o direito administrativo sancionador e para o aprimoramento das relações público-privadas. Seria contraditório prever a figura da reabilitação no ordenamento jurídico e não propiciar condições materiais para a sua concreta aplicação.
58) Não é admissível que a empresa sancionada seja surpreendida com alterações nos requisitos de reabilitação. Ainda que a autoridade competente, depois do ato punitivo, altere o seu entendimento e repute que seria necessário o cumprimento

de requisitos adicionais, não será possível modificar os requisitos de reabilitação de modo unilateral. Entretanto, é possível que as condições de reabilitação sejam modificadas mediante consenso entre a Administração Pública e o interessado. E é possível também que haja a revisão dos requisitos de reabilitação a pedido do interessado quando houver fatos ou circunstâncias novas ou não conhecidas antes que justifiquem a modificação pretendida.

59) As modificações que podem conduzir à necessidade de revisão dos requisitos de reabilitação são diversas. Havendo uma justificativa para o requerimento de revisão, seu embasamento normativo será a previsão do art. 65 da Lei 9.784/1999, que permite a revisão dos processos administrativos que resultaram na aplicação de sanções.

60) Uma das maiores omissões da Lei 14.133/2021 a propósito da reabilitação de licitantes e contratados diz respeito à ausência de prazo para uma decisão sobre o cumprimento dos requisitos aplicáveis. Entretanto, apesar de não haver previsão legal, é direito do interessado que haja uma decisão a respeito do requerimento de reabilitação em prazo razoável. A razoável duração do processo é um direito constitucional. Eventual demora excessiva na decisão do requerimento de reabilitação acaba por frustrar a aplicação concreta do instituto, o que serve de desincentivo para medidas como essa nas contratações públicas em geral.

61) Em determinados casos, o cumprimento de certos requisitos de reabilitação não será atingido de modo imediato. Envolverá a adoção de providências ao longo do tempo. Para essas situações, pode-se reputar que o oferecimento de uma garantia por parte do interessado será suficiente para a sua reabilitação.

62) Caso o requerimento de reabilitação seja acolhido, a decisão terá efeitos imediatos. O interessado terá restabelecida sua capacidade de participar de procedimentos de contratação pública, devendo ser excluídos dos registros nos cadastros de empresas inidôneas e suspensas.

63) Se a decisão rejeitar o pedido de reconsideração, o interessado poderá recorrer administrativamente ou questioná-la em juízo. Mas poderá também adotar as providências necessárias para atender os requisitos de reabilitação reputados

pela decisão como não suficientemente cumpridos. Não será necessário dar início a um novo procedimento. Isso poderá ocorrer no mesmo processo, por meio de simples requerimento complementar comprovando a adoção de providências adicionais e pedindo que elas sejam examinadas pela mesma autoridade.

64) Por reabilitações anômalas, refere-se às hipóteses em que os interessados podem ser reabilitados sem necessariamente atender aos requisitos do art. 163 da Lei 14.133/2021. A primeira hipótese de reabilitação anômala é a da alteração de controle societário da empresa penalizada com o impedimento ou declaração de inidoneidade. Outra forma de reabilitação anômala consiste na revisão da penalidade aplicada. Pode ocorrer que, depois da aplicação da penalidade, cheguem ao conhecimento da Administração fatos e circunstâncias até então desconhecidas, que podem demonstrar a total ausência de culpa do particular ou, quando menos, atenuar a gravidade dos fatos ocorridos, levando-se à conclusão de que o sancionado não representa de fato um risco intolerável. Nessas situações, a Administração Pública deve promover a revisão da penalidade, seja afastando-a completamente, seja atenuando-a (por exemplo, mediante redução do prazo da penalidade ou aplicação de uma sanção mais branda, como uma multa).

65) O decurso do prazo de aplicação das sanções de impedimento e de declaração de inidoneidade não torna superado o dever do particular de reparar integralmente os danos causados à Administração Pública. Entretanto, a existência de eventual pendência acerca da quantificação desses danos ou do seu pagamento caso já totalmente quantificados não será motivo para o afastamento do particular do mercado de contratações públicas.

66) A reabilitação de licitantes e contratados perante empresas estatais apresenta algumas peculiaridades em relação ao que acontece perante a Administração Pública em geral. O fato de as empresas estatais atuarem em ambiente empresarial por si só já provoca algumas nuances diferenciadas. Cada eventual exclusão de um licitante pode ter efeitos sobre a própria competitividade da estatal. Outro fator relevante é que as empresas estatais possuem regras diferenciadas

na Lei 13.303/2016 a respeito da aplicação de penalidades. No caso das empresas estatais, a configuração de um risco como intolerável apresenta certas peculiaridades. A empresa estatal muitas vezes já atua num mercado competitivo e que envolve riscos econômicos marcantes. De outro lado, os riscos reputacionais tendem a ser muito mais sensíveis em ambiente empresarial, notadamente em mercados competitivos. Aliar a imagem de uma empresa estatal a um parceiro econômico notadamente não confiável pode afetar a própria reputação da empresa estatal, com todos os possíveis danos decorrentes disso no mercado. Logo, a configuração de um risco como intolerável terá certos matizes a depender de se estar em um ambiente empresarial ou não.

67) Deve-se ponderar também se a empresa estatal possui outros instrumentos de proteção, que eventualmente podem tornar desnecessária a suspensão ou o impedimento de um potencial licitante – como, por exemplo, seguros e cláusulas de *hardship* (que contemplem mecanismos para se lidar com fatores imprevisíveis pelas partes). Como diversas contratações realizadas pelas empresas estatais são submetidas ao direito privado, há muito maior liberdade na definição de mecanismos contratuais de proteção. A adoção dessas ferramentas pode ser mais adequada e proporcional do que a suspensão ou o impedimento de um fornecedor.

68) Empresas estatais não podem aplicar declarações de inidoneidade, mas apenas suspensões temporárias de participação em licitação e impedimentos de contratar com estatal por prazo não superior a dois anos. Além disso, os requisitos para reabilitação de licitantes e contratados previstos na Lei 13.303/2016 (art. 37, §2º) são mais genéricos do que os da Lei 14.133/2021.

69) A Lei 13.303/2016 contém uma previsão de reabilitação de licitantes e contratados frente às empresas estatais – ainda que sem utilizar expressamente o termo "reabilitação". Trata-se da previsão contida no §2º do art. 37. O dispositivo estabelece que as empresas estatais que aplicarem sanções deverão informar sua aplicação no âmbito do cadastro de empresas inidôneas do art. 23 da Lei 12.846/2013.

70) Diferentemente do que ocorre na Lei 14.133/2021, a Lei 13.303/2016 não exige o transcurso de um prazo mínimo para

a solicitação da reabilitação pelo interessado. Pelo contrário: o §2º do art. 37 da Lei 13.303/2016 admite expressamente que a reabilitação (por meio da exclusão do interessado do cadastro de empresas inidôneas) pode ocorrer "a qualquer tempo", desde que a empresa penalizada demonstre a superação dos motivos que deram causa à restrição contra eles promovida.
71) O §2º do art. 37 da Lei 13.303/2016 estabelece apenas um requisito para que haja a reabilitação de licitantes e contratados perante a empresa estatal: a demonstração da "superação dos motivos que deram causa à restrição".
72) A Lei 14.133/2021 não deve simplesmente ser aplicada para suprir lacunas da Lei 13.303/2016. Muitas lacunas inclusive são intencionais e devem ser supridas pela instituição de regras no regulamento de licitações e contratações públicas de cada estatal. Além disso, o §1º do art. 1º da Lei 14.133/2021 prevê que "Não são abrangidas por esta Lei as empresas públicas, as sociedades de economia e as suas subsidiárias, regidas pela Lei nº 13.303, de 30 de junho de 2016, ressalvado o disposto no art. 178 desta Lei". Logo, a única conclusão possível é que cada empresa estatal possui ampla margem de liberdade para a definição de requisitos de reabilitação em seus regulamentos internos.
73) A partir do levantamento feito, é possível concluir que há quatro linhas básicas de previsões sobre reabilitação nos regulamentos de licitações e contratações de empresas estatais: (i) regulamentos omissos sobre o tema; (ii) regulamentos que simplesmente repetem o disposto na Lei 13.303; (iii) regulamentos que contêm regras apenas procedimentais sobre reabilitação; e (iv) regulamentos que dispõem acerca do tema da reabilitação tratando o assunto como forma de acordo com o particular.

REFERÊNCIAS

AKERLOF, George A. The market for "lemons": quality uncertainty and the market mechanism. *The Quarterly Journal of Economics.* Vol. 84, n. 3, ago. 1970, p. 488-500.

ALVES, Francisco Sérgio Maia; ZYMLER, Benjamin. *Processo do Tribunal de Contas da União.* Belo Horizonte: Fórum, 2023.

AGUIÃ. Pedro Henrique Muniz Teixeira de Brito. *A remoção de lucros ilícitos contratuais*: disgorgement e commodum ex negotiatione. Dissertação (Mestrado) – Universidade de Coimbra, 2020.

ARROWSMITH, Sue. *Constructing rules on exclusions (debarment) under a post-Brexit regime on public procurement*: a preliminary analysis. Disponível em: <https://ssrn.com/abstract=3659909>. Acesso em: 10 jan. 2024.

ARROWSMITH, Sue; PRIESS, Hans-Joachim; FRITON, Pascal. Self-cleaning – an emerging concept in EC Public Procurement Law? *In*: PÜNDER, Hermann; PRIESS, Hans-Joachim; ARROWSMITH, Sue (org.). *Self-cleaning in public procurement law.* Köln: Carl Heymanns, 2009.

ARROWSMITH, Sue; KUNZLIK, Peter (coord.). *Social and environmental policies in EC procurement law*: new directives and new directions. Cambridge: Cambridge University Press, 2009.

ATHAYDE, Amanda. *Manual dos acordos de leniência no Brasil*: teoria e prática. Belo Horizonte: Fórum, 2019.

AURIOL, Emmanuelle; SOREIDE, Tina. An economic analysis of debarment. *International Review of Law and Economics*, n. 50, jun. 2017, p. 36-49.

BEDNAR, Richard J. Emerging issues in suspension & debarment: some observations from an experienced head. *Public Procurement Law Review*, vol. 13, 2004, p. 15-22.

BETTI, Emilio. *Teoria geral das obrigações.* Campinas: Bookseller, 2005.

BIANCHI, Bruno Guimarães. *Acordos de leniência*: entre a consensualidade e a imperatividade na lei anticorrupção. Curitiba: Íthala, 2023.

BINENBOJM, Gustavo. *Uma teoria do direito administrativo*: direitos fundamentais, democracia e constitucionalização. Rio de Janeiro: Renovar, 2006.

BIRKS, Peter. *An introduction to the law of restitution*. Oxford: Oxford, 2003.

BIRKS, Peter. *Unjust enrichment*. 2. ed. Oxford: Oxford University Press, 2005.

BODNER, Ronit; PRELEC, Drazen. Self-signaling and diagnostic utility in everyday decision making. In: BROCAS, Isabelle; CARRILLO, Juan D. *The psychology of economics decisions*. Vol. I (Rationality and well-being). Oxford: Oxford Press, 2003, p. 105-126.

BRIAN, Danielle. Contractor debarment and suspension: a broken system. *Public Procurement Law Review*, vol. 13, 2004, p. 28-33.

BRILHANTE, Tércio Aragão. Presunção de Inocência do Processo Administrativo Disciplinar. *Revista Síntese de direito administrativo*, v. 5, n. 60, p. 34-42, dez., 2010.

CANETTI, Rafaela Coutinho. *Acordo de leniência*: fundamentos do instituto e os problemas de seu transplante ao ordenamento jurídico brasileiro. 2. ed. Belo Horizonte: Fórum, 2020.

CANNI, Todd J.; SHAW, Steven A. Comments on wartime contracting commission's recommendations on suspension and debarment. *Service contractor*, set. 2011, p. 11-18.

CARANTA, Roberto; SANCHEZ-GRAELLS, Albert. *European Public Procurement*: commentary on Directive 2014/24/EU. Cheltenham-Northampton: Edward Elgar Publishing, 2021.

CASTRO, Flávia Câmara e. *A cláusula de hardship em contratos empresariais no Brasil*. Dissertação (Mestrado) – Universidade Federal de Minas Gerais – UFMG, 2022.

CIBINIC, John; NASH, Ralph C. *Formation of government contracts*. 3. ed. Washington D. C.: George Washington University Law School, Government Contracts Program, 1998.

COLLINS, Susan M. What the MCI case teaches about the current state of suspension and debarment. *Public Procurement Law Review*, vol. 13, 2004, p. 9-14.

COSTA, Judith H. Martins. A cláusula de hardship e a obrigação de renegociar nos contratos de longa duração. *Revista de Arbitragem e Mediação*, vol. 25, p. 11-39, abr./jun. 2010.

COSTA, Mário Júlio de Almeida. *Direito das obrigações*. 8. ed. Coimbra: Almedina, 2000.

COX JR., Louis Anthony. *Risk analysis of complex and uncertain systems*. New York: Springer, 2009.

CYRINO, André; SALATHÉ, Felipe: A consensualidade abusiva no direito administrativo: notas iniciais de teorização. *Revista Estudos Institucionais*, v. 10, n. 2, p. 634-660, mai./ago. 2024.

DANTAS, Bruno. *Consensualismo na administração pública e regulação*: reflexões para um direito administrativo do século XXI. Belo Horizonte: Fórum, 2023.

DUBOIS, Pascale; SWAN, Collin D.; CASTELLANO, Nathaniel. Suspension and debarment on the rise: a popular enforcement tool in the United States. *International Bar Association Anti-Corruption Committee Newsletter*, vol. 7, n. 2, set./2015, p. 19-22.

EDELMAN, James; BANT, Elise. *Unjust enrichment*. 2. ed. Oxford: Hart, 2016.

EU COMMISSION. *Green Paper on the modernisation of EU public procurement policy*, COM (2011) 15 final, 27 de janeiro de 2011.

FERRAZ, Luciano. *Controle e consensualidade*: fundamentos para o controle consensual da Administração Pública – TAG, TAC, SUSPAD, acordos de leniência, acordos substitutivos e instrumentos afins. Belo Horizonte: Fórum, 2019.

FORTINI, Cristiana. YUKINS, Christopher; AVELAR, Mariana. A comparative view of debarment and suspension of contractors in Brazil and in the USA. *A&C – Revista de Direito Administrativo e Constitucional*, Belo Horizonte, ano 16, n. 66, p. 61-83, out./dez. 2016.

FRITON, Pascal; ZÖLL, Janis. Exclusion grounds. In: CARANTA, Roberto; SANCHEZ-GRAELLS, Albert (org.). *European Public Procurement*: commentary on Directive 2014/24/EU. Cheltenham-Northampton: Edward Elgar, 2021, p. 588-635.

GABRIEL, Yasser. *Sanções do direito administrativo*. São Paulo: Almedina, 2023.

GARCIA, Victor. *O direito administrativo sancionador e a preservação da empresa*. Dissertação (Mestrado em Direito) – Instituto Brasileiro de Ensino, Desenvolvimento e Pesquisa – IDP. Brasília, 2021.

GLITZ, Frederico Eduardo Zenedin. *Contrato e sua conservação*: lesão e cláusula de hardship. Curitiba: Juruá, 2012.

GRAELLS, Albert Sánchez. *Public procurement and the EU competition rules*. 2. ed. Oxford: Hart Publishing, 2015.

GUEDES, Gisela Sampaio da Cruz. *Lucros cessantes*: do bom-senso ao postulado normativo da razoabilidade. São Paulo: RT, 2011.

GUERRA, Sérgio. PALMA, Juliana Bonacorsi de. Art. 26 da LINDB: novo regime jurídico de negociação com a Administração Pública. *Revista de Direito Administrativo*, Rio de Janeiro, Edição Especial: Direito Público na Lei de Introdução às Normas do Direito Brasileiro – LINDB (Lei nº 13.655/2018), nov. 2018, p. 135-169.

HARUTYUNYAN, Sati. Risk and expectation in exclusion from public procurement: understanding market access and harmonization between the European Union and the United States. *Public Contracts Law Journal*, n. 45, 2016, p. 449-476.

HEINEN, Juliano. *Comentário à lei de licitações e contratos administrativos*. Salvador: JusPodivm, 2021.

HJELMENG, Erling; SOREIDE, Tina. Debarment in public procurement: rationales and realization. *In*: RACCA, G. M.; YUKINS, C. *Integrity and efficiency in sustainable public contracts*. p. 1-15. Disponível em: <https://papers.ssrn.com/sol3/papers.cfm?abstract_id=2462868>. Acesso em: 23 abr. 2025.

HONDIUS, Ewoud; JANSSEN, André (coord.). *Disgorgement of profits*: gain-based remedies throughout the world. Heidelberg: Springer, 2015.

JONES, Alison. Combatting corruption and collusion in UK public procurement: proposals for post-Brexit reform. *The Modern Law Review*, n. 4, vol. 84, jul. 2021, p. 667-707.

JORDÃO, Eduardo. Art. 22 da LINDB – acabou o romance: reforço do pragmatismo no direito público brasileiro. *Revista de Direito Administrativo – Edição Especial – Lei de Introdução às Normas do Direito Brasileiro – LINDB (Lei nº 13.655/2018)*, Rio de Janeiro, FGV, p. 63-92.

JUSTEN FILHO, Marçal. *Comentários à lei de licitações e contratações administrativas*. 2. ed. São Paulo: RT, 2023.

KOEHLER, Mike. Measuring the impact of non-prosecution and deferred prosecution agreements on foreign corrupt practices act enforcement. *U.C. Davis Law Review*, n. 49, dez. 2015, p. 497-565.

LEFÈVRE, Mônica Bandeira de Mello. Sanções administrativas – impedimento de licitar e contratar e declaração de inidoneidade: inovações da Lei 14.133/2021. *In*: NIEBUHR, Karlin Olbertz; POMBO, Rodrigo Goulart de Freitas (org.). *Novas questões em licitações e contratos (Lei 14.133/2021)*. São Paulo: Lumen Juris, 2023, p. 459-489.

LEROY, Anne-Marie; FARIELLO, Frank. *The World Bank Group sanctions process and its recents reforms*. Washington DC: The World Bank, 2012.

LIMA, Guilherme Corona Rodrigues. *Direito administrativo sancionador e a função social da empresa*. São Paulo: Lumen Juris, 2022.

LIMA, Guilherme Corona Rodrigues. *O papel do direito administrativo sancionador no combate à corrupção e a necessária preservação da atividade empresarial*: uma análise à luz do princípio da função social da empresa. Tese (Doutorado em Direito) – Pontifícia Universidade Católica de São Paulo. São Paulo, 2021.

LINARELLI, John. Corruption in developing countries and in countries in transition: legal and economic perspectives. *In*: ARROWSMITH, Sue; DAVIES, Arwel (editors). *Public Procurement*: global revolution. Kluwer Law, 1998, p. 125-137.

LOPES, Sara Martins Gomes. Comentários ao estudo de direito comparado resolving foreign bribery cases with non-trial resolutions da OCDE. *In*: FRIDRICZEWSKI, Vanir; SOUZA, Carolina Yumi de; VELHO, Rafael Rott de Campos (coord.). *Acordos de Leniência da Lei nº 12.846, de 2013*: a experiência da CGU e da AGU (aspectos práticos, teóricos e perspectivas). Vol. 12, n. 03, Brasília, set./dez. 2020, p. 9-23.

MAJTAN, Roman. The self-cleaning dilemma: reconciling competing objectives of procurement processes. *George Washington International Law Review*, vol. 45, 2013, p. 291-347.

MARKOFF, Gabriel. Arthur Andersen and the myth of the corporate death penalty: corporate criminal convictions in the twenty-first century. *University of Pennsylvania Journal of Business Law*, n. 15, 2013, p. 797-842.

MARRARA, Thiago. Acordos de leniência no processo administrativo brasileiro: modalidades, regime jurídico e problemas emergentes. *Revista Digital de Direito Administrativo*, Ribeirão Preto, v. 2, n. 2, p. 509-527.

MEDEIROS, Fábio Mauro; ANTINARELLI, Mônica. *In*: SARAI, Leandro (organizador). *Tratado da nova lei de licitações e contratos administrativos*: Lei 14.133/21 comentada por advogados públicos. São Paulo: JusPodivm, 2021.

MEIRELLES, Hely Lopes. *Licitação e contrato administrativo*. 7. ed. São Paulo: RT, 1987.

MEIRELLES, Hely Lopes. *Direito administrativo brasileiro*. 16. ed. rev. e ampl. 2. tir., São Paulo: RT, 1991.

MENDONÇA, André Luiz de Almeida. *Sistema de principios para la recuperación de activos procedentes de la corrupción*. Tese (Doutorado em Direito) – Universidade de Salamanca, 2018.

MEUNIER, Robert F.; NELSON, Trevor B. A. Is it time for a single federal suspension and debarment rule? *Public Contract Law Journal*, vol. 46, n. 3, 2017, p. 553-587.

NEGRÃO, Ricardo. *Preservação da empresa*. São Paulo: Saraiva, 2019.

NESTI, Lorenzo. The 2010 "agreement on mutual enforcement of debarment decisions" and its impact for the fight against fraud and corruption in public procurement. *Journal of Public Procurement*, vol. 14, n. 1, 2014, p. 62-95.

NIEBUHR, Joel de Menezes. *Licitação pública e contrato administrativo*. 5. ed. Belo Horizonte: Fórum, 2022.

NÓBREGA, Marcos; JURUBEBA, Diego Franco de Araújo. Assimetrias de informação na nova lei de licitação e o problema da seleção adversa. *In*: NÓBREGA, Marcos (coord.) *Um olhar além do óbvio*: temas avançados de licitações e contratos na Lei 14.133/21 e outros assuntos. São Paulo: JusPodivm, 2023, p. 83-113.

OCDE. *Resolving foreign bribery cases with non-trial resolutions*: settlements and non-trial agreements by parties to the anti-bribery convention. 2019. Disponível em: <www.oecd.org/corruption/Resolving-Foreign-Bribery-Caseswith-Non-Trial-Resolutions.htm>. Acesso em: 10 jan. 2024.

OLIVEIRA, Rafael Carvalho Rezende. *Nova lei de licitações e contratos administrativos*: comparada e comentada. Rio de Janeiro: Forense, 2021.

OSÓRIO, Fábio Medina. *Direito administrativo sancionador*. 9. ed. São Paulo: RT, 2023.

OTERO, Paulo. *Legalidade e administração pública*: o sentido da vinculação administrativa à juridicidade. Coimbra: Almedina, 2003.

PACHTER, John S. The new era of corporate governance and ethics. *Public Procurement Law Review*, vol. 13, 2004, p. 42-46.

PACHTER, John; YUKINS, Christopher; TILLIPMAN, Jessica. US Debarment: an introduction. *In*: VAN ROOJI, Benjamin; SOKOL, D. Daniel. *The Cambridge Handbook of Compliance*, n. 288. Cambridge: Cambridge University Press, 2021, p. 288-307.

PALMA, Juliana Bonacorsi de. *Sanção e acordo na administração pública*. São Paulo: Malheiros, 2015.

PAVAN, Vitor Ottoboni. *Responsabilidade civil e ganhos ilícitos*: a quebra do paradigma reparatório. Rio de Janeiro: Lumen Juris, 2020.

PEDRA, Anderson; TORRES. Ronny Charles Lopes de. O regime sancionatório na nova lei de licitações (Lei nº 14.133/2021). *In*: CARVALHO, Mateus; BELÉM, Bruno; TORRES, Ronny Charles Lopes de (coord). *Temas controversos da nova lei de licitações e contratos*. São Paulo: JusPodivm, 2021, p. 211-258.

PEREIRA, Cesar. Suspensão do direito de licitar e contratar na Lei das Empresas Estatais: afastamento ou cessação da medida restritiva por meio do autossaneamento (self-cleaning). *Direito do Estado*, 2016. Disponível em: <http://www.direitodoestado.com.br/colunistas/cesar-a-guimaraes-pereira/suspensao-do-direito-de-licitar-e-contratar-na-lei-das-empresas-estatais-afastamento-ou-cessacao-da-medida-restritiva-por-meio-do-autossaneamento-self-cleaning>. Acesso em: 20 jan. 2022.

PEREIRA, Cesar A. Guimarães. Sanções Administrativas e Tutela Judicial – Arts. 81 a 88 da Lei no 8.666/1993. *In*: PEREIRA JÚNIOR, Jessé Torres. *Comentários ao sistema legal brasileiro de licitações e contratos administrativos*. São Paulo: NDJ. 2016. p. 439-461.

PEREIRA, Cesar A. Guimarães. SCHWIND, Rafael Wallbach. Autossaneamento (*self-cleaning*) e reabilitação no direito brasileiro anticorrupção. *In*: *Revista de Direito Administrativo Contemporâneo*, São Paulo: RT. Ano 3. v. 20. set/out 2015.

PICKER, Randal. An introduction to game theory and the law. *Coase-Sandor Institute for Law & Economics Working Paper*, n. 22, 1994, p. 1-21.

POULSEN, Sune Troels; JAKOBSEN, Peter Stig; KALSMOSE-HJELMBORG, Simon Evers. *EU public procurement law*. 2. ed. Copenhagen: DJOF Publishing, 2012.

PÜNDER, Herrman; PRIESS, Hans-Joachim; ARROWSMITH, Sue. *Self-cleaning in public procurement law*. Köln: Carl Heymanns, 2009.

PUTSIS, William. *The carrot and the stick*: leveraging strategic control for growth. Toronto: University of Toronto Press, 2020.

ROBBINS, David. Is it time to define 'present responsibility'? *The Government Contractor*. Vol. 64, n. 40, Thomson Reuters. out/2022, p. 1-4.

ROSENVALD, Nelson. *A responsabilidade civil pelo ilícito lucrativo*: o disgorgement e a indenização restitutória. 2. ed. São Paulo: JusPodivm, 2021.

SACILOTTO, Kara. One is the loneliest number: a case for changing suspension and debarment regulations to better address potential exclusion of individual suspension and debarment. *Public Contract Law Journal*, vol. 47, n. 4, 2018, p. 479-508.

SALGADO, Laís Rocha. *Debarment e a declaração de inidoneidade para contratar com a administração pública*: análise comparada entre o instituto brasileiro e o norte-americano. Dissertação (Mestrado em Direito) – Universidade Federal de Minas Gerais, Faculdade de Direito. Belo Horizonte, 2019.

SANTOS, André Luiz Rigo Costa. Cláusula de *hardship*: a possível solução para assegurar relações contratuais internacionais em tempos de crise como a brasileira. *Revista de Direito Internacional e Globalização Econômica*, vol. 1, n. 1, jan.-jun. 2017, p. 136-159.

SCHOENI, Daniel. Personal debarment for non-distributive corporate misconduct: on the efficacy of debarring the individual from government contracts for collective wrongdoing. *Public Contract Law Journal*, n. 51, 2016, p. 51-94.

SCHOENMAEKERS, Sarah. Self-cleaning and leniency: Comparable objectives but different levels of success? *European Procurement & Public Private Partnership Law Review*, n. 13, 2018, p. 3-17.

SCHOONER, Steven L. The paper tiger stirs: rethinking suspension and debarment. *Public Procurement Law Review*, vol. 13, 2004, p. 1-8.

SCHWIND, Rafael Wallbach. *O Estado acionista*. São Paulo: Almedina, 2017.

SCHWIND, Rafael Wallbach. Reabilitação de empresas declaradas inidôneas pela Administração Pública. *In*: WALD, Arnoldo; JUSTEN FILHO, Marçal; PEREIRA, Cesar Augusto Guimarães (coord.). *O direito administrativo na atualidade*: estudos em homenagem ao centenário de Hely Lopes Meirelles (1917-2017). São Paulo: Malheiros, 2017, p. 974-992.

SCHWIND, Rafael Wallbach. Celebração de acordos nas ações de improbidade: necessidade de revisão do artigo 17, §1º, da Lei nº 8.429 à luz da evolução legislativa e da noção de *self-cleaning* do direito europeu. *In*: CUNHA FILHO, Alexandre Jorge Carneiro da; ISSA, Rafael Hamze; SCHWIND, Rafael Wallbach (coord.). *Direito, instituições e políticas públicas*. São Paulo: Quartier Latin, 2017, p. 777-797.

SJAFJELL, Beate; WIESBROCK, Anja (coord.). *Sustainable public procurement under EU Law*. Cambridge: Cambridge University Press, 2016.

SOUZA, Ana Paula Peresi de. O ressarcimento do dano em acordos de leniência da lei anticorrupção. *Revista Digital de Direito Administrativo*, vol. 8, n. 2, p. 251-289, 2021.

STEINER, Renata C. *Reparação de danos*: interesse positivo e interesse negativo. São Paulo: Quartier Latin, 2018.

STEVENSON, Drury; WAGONER, Nicholas J. FCPA Sanctions: too big to debar? *Fordham Law Review*, New York, vol. 80, issue 2., 2011, p. 775-820.

SUNDFELD, Carlos Ari. *Direito administrativo*: o novo olhar da LINDB. Belo Horizonte: Fórum, 2022.

TEPEDINO, Gustavo; BARBOZA, Heloisa Helena; BODIN DE MORAES, Maria Celina. *Código Civil interpretado de acordo com a Constituição da República*, vol. II. Rio de Janeiro: Renovar, 2006.

TERRA, Aline de Miranda Valverde; GUEDES, Gisela Sampaio da Cruz. Revisitando o lucro da intervenção: novas reflexões para antigos problemas. *Revista Brasileira de Direito Civil – RBDCivil*, Belo Horizonte: v. 29, p. 281-305, jul./set. 2021.

TILLIPMAN, Jessica. A House of Cards Falls: why 'Too Big to Debar' is all slogan and little substance. *Fordham Law Review Res Gestae*, New York, Vol. 80, n. 49, 2012, p. 49-58.

TOJAL, Sebastião Botto de Barros. Da inconstitucionalidade da pena prevista no inciso II do artigo 19 da Lei Anticorrupção. *Revista do Advogado*, ano XXXIV, n. 125. p 140-141, dez. 2014.

TORRES, Ronny Charles Lopes de. *Leis de licitações públicas comentadas*. 12. ed. São Paulo: Juspodivm, 2021.

TREPTE, Peter. *Public procurement in the EU*. 2. ed. New York: Oxford, 2007.

TREPTE, Peter. Exclusion and debarment under EU Procurement Law. *In*: LA CHIMIA, Annamaria; TRYBUS, Martin. *Reforming public procurement law*. Oxford: Hart, 2024, p. 173-187.

TREUMER, Steen; COMBA, Mario (org.). *Modernising public procurement*: the approach of EU Member States. Cheltenham: Edward Elgar, 2018.

UHLMANN, David M. Deferred prosecution and non-prosecution agreements and the erosion of corporate liability. *Maryland Law Review*, vol. 72, 2013, p. 1295-1344.

VAN GARSSE, Steven; DE MARS, Sylvia. Exclusion and self-cleaning in the 2014 Public Sector Directive. *In*: Marique, Y. and Wauters, K. (eds.). *EU Directive 2014/24 on Public Procurement*: a new turn for competition in public markets? Brussels: Larcier, p.121-138.

VORONOFF, Alice. *Direito administrativo sancionador no Brasil*: justificação, interpretação e aplicação. Belo Horizonte: Fórum, 2018.

VOSGERAU, Bruno Roberto; BERTONCINI, Mateus Eduardo Siqueira Nunes. A dissolução compulsória da pessoa jurídica na lei anticorrupção e o aparente conflito com o princípio da função social da empresa e o princípio da preservação da empresa. *Revista de Direito Administrativo e Gestão Pública*, Porto Alegre, v. 4. n. 2, p. 60-78, jul./dez. 2018.

WEIBLEN, Fabrício Pinto; DI SENA JÚNIOR, Roberto; PARGENDLER, Vitor Silveira. A teoria do produto bruto mitigado como alternativa para o ressarcimento de danos ao erário nas fraudes em contratações públicas. *Atuação: Revista Jurídica do Ministério Público Catarinense*, v. 15, n. 32, p. 47-78, 1 out. 2020.

WILLIAMS, Sope. Coordinating public procurement to support EU objectives – a first step? The case of exclusions for serious criminal offences. *In*: ARROWSMITH, Sue; KUNZLIK, Peter (coord.). *Social and environmental policies in EC procurement law*: new directives and new directions. Cambridge: Cambridge University Press, 2009, p. 479-498.

WILLIAMS-ELEGBE, Sope. *Fighting corruption in public procurement*: a comparative analysis of disqualification or debarment measures. Oxford: Hart Publishing, 2012.

WILLIAMS-ELEGBE, Sope. The implications of negotiated settlements on debarment in public procurement: a preliminary inquiry. *In*: SOREIDE, Tina; MAKINWA, Abiola (org.). *Negotiated settlements in bribery cases*: a principled approach. Northampton: Edward Elgar, 2020, p. 68-94.

WORLD BANK. *World Bank Sanctions Procedures*. Disponível em: <http://siteresources.worldbank.org/EXTOFFEVASUS/Resources/WBGSanctions_Procedures_April2012_Final.pdf>. Acesso em: 16 maio 2016.

YUKINS, Christopher R. Cross-debarment: a stakeholder analysis. *George Washington International Law Review*, nº 219, 2013, p. 219-234.

YUKINS, Christopher R. Mandatory disclosure: case study in how anti-corruption measures can affect competition in defense markets. *GW Legal Studies Research Paper* nº 2015-14, abril/2015. Disponível em: <http://www.ssrn.com/abstract=2600676>. Acesso em: 9 maio 2016.

YUKINS, Christopher. The U.S. Federal Procurement System: an introduction. *Upphandlingsrättslig Tidskrift*, n. 2, 2017, p. 69-93.

YUKINS, Christopher; KANIA, Michal. Suspension and debarment in the U.S. Government: Comparative Lessons for the EU's Next Steps in Procurement. *Upphandlingsrättslig Tidskrift (UrT)*, vol. 19, n. 2, 2019, p. 47-73.

ZANCHIM, Kleber Luiz; SAVOIA, José Roberto Ferreira. Management trustworthiness in distressed companies: relevance for the approval of restructuring plans by Brazilian private banks. *International Journal of Development Research*, vol. 12, Issue, 06, p. 56497-56508, junho 2022.

ZARDO, Francisco. *Infrações e sanções em licitações e contratos administrativos*. São Paulo: RT, 2014.

ZILIOTTO, Mirela Miró. Grau de risco de integridade nas contratações por estatais: mecanismo de incentivo à ética ou instrumento de sanção? *In*: SADDY, André; SOUZA, Diogo Alves Verri Garcia de; SOUZA, Pablo Ademir de. *Direito administrativo sancionador nas estatais*. Vol. 05, Rio de Janeiro: CEEJ, 2023, p. 389-411.

ZUCKER, Jennifer S. The Boeing suspension: has consolidation tied the defence department's hands? *Public Procurement Law Review*, vol. 13, 2004, p. 56-77.

Esta obra foi composta em fonte Palatino Linotype, corpo 10
e impressa em papel Pólen Bold 70g (miolo) e Supremo 250g (capa)
pela Gráfica Formato.